广东省高等学校"精品教材"立

等院校应用型特色规划教材

创业管理实践

李文龙　徐湘江　陈芳芸　编著

清华大学出版社
北　京

内 容 简 介

本书根据创业管理的过程,围绕网络零售、现代制造、新型农业、金融等不同行业的不同产品或服务开展创业经营模拟实践,让读者借助创业模拟的软件工具,在亲身体验中仿真实践创业企业的全过程,包括企业创办、机会识别、战略管理、品牌建设、科研管理、生产制造、市场营销,以及金融市场的股票发行与操作、银行贷款,企业兼并与退出等,从而在创业实践中发现自己感兴趣的创业机会,体验创业管理的过程。其中创业管理的相应知识体系分散在知识链接中,以方便读者分散学习或体验创业后再自主选择学习。

本书可供高等学校特别是实践性较强的应用型本科教学使用,同时也适合于有志于创业或二次创业的读者,以及从事企业管理的读者参考。

图书在版编目(CIP)数据

创业管理实践/李文龙,徐湘江,陈芳芸编著. —北京:清华大学出版社,2016(2018.7 重印)

(十三五高等院校应用型特色规划教材)

ISBN 978-7-302-44750-4

Ⅰ. ①创… Ⅱ. ①李… ②徐… ③陈… Ⅲ. ①企业管理—高等学校—教材 Ⅳ. ①F270

中国版本图书馆 CIP 数据核字(2016)第 185969 号

责任编辑:张 伟
封面设计:汉风唐韵
责任校对:王荣静
责任印制:李红英

出版发行:清华大学出版社
        网 址:http://www.tup.com.cn,http://www.wqbook.com
        地 址:北京清华大学学研大厦 A 座   邮 编:100084
        社 总 机:010-62770175   邮 购:010-62786544
        投稿与读者服务:010-62776969,c-service@tup.tsinghua.edu.cn
        质量反馈:010-62772015,zhiliang@tup.tsinghua.edu.cn
印 装 者:三河市少明印务有限公司
经 销:全国新华书店
开 本:185mm×260mm   印 张:16   字 数:367 千字
版 次:2016 年 8 月第 1 版   印 次:2018 年 7 月第 2 次印刷
印 数:4001~6000
定 价:34.00 元

产品编号:069493-01

前　言

　　根据对创业者的调查与了解,创业者初期往往有很强的创业冲动,但并不是很清楚或确定所要创业的行业或方向。创业者如果一个行业一个行业或一个方向一个方向地进行创业,不仅资金消耗不起,时间也消耗不起,过多的创业失败对创业者的热情是严重的打击。为此本书提供一个创业实践的模拟平台,让创业者在真实创业之前进行一次为期10~30年的创业模拟实践。在创业模拟体验中,通过寻找适当的机会,创办相应商业企业,并开展一系列决策与实践,管理一家模拟公司,通过模拟公司的业绩成效来帮助学员开发和提高商业判断力。模拟经营的公司可在老师的指导下由学生根据创业的初步意向自己决定行业、产品或服务,其中所有的事件和环境都会随着经营决策的进行而改变。创业模拟实践的特殊之处在于它们能够使学生亲身参与从品牌建设、科研管理、产品生产、供应、销售到金融市场的股票发行与操作、银行贷款等各个阶段。在每一个决策阶段制定竞争战略的时候,学生都将学会承担风险,这也是创业管理中必学的一课。同时在模拟实践的过程中,学生必须对变化的市场环境作出反应。对竞争对手的行动采取积极的应对措施,在多种备选行动方案中作出选择,学生可以洞悉行业的变革信号,准确寻找市场的机会,评价公司的竞争地位及所面临的威胁,在现在较高的利润和将来较高的利润之间寻找平衡,评价短期决策所带来的长期后果。学生需要制定创业公司的长期发展方向,建立公司的战略目标和财务目标,并且要制定出追求竞争优势的不同竞争战略。学生也会逐渐成为一名积极的战略思考者、计划者、分析者以及决策者,因为他们必须遵循自己所做出的决策,自己体会那种责任感,对自己作出的决策担负责任,并且负责获取创业满意的结果。所有这些都可以将学生训练成一个责任心很强的决策者,从而提高他们的商业洞察力和管理判断力。而这也是本书的一个显著特点。

　　在知识体系方面,本书在借鉴最新的战略管理的环境学派与资源学派管理的理论基础上,采用以资源学派为主的体系,同时加强了不同行业的领域基础知识。这些内容主要在知识链接中加以阐述,学生可在老师的引导下,自主并选择性地学习,特别是在创业模拟实践的体验中,同相关知识点相互验证,真正做到教、学、做相结合。

　　在课程编排方面,本书遵循工学结合的基本原则,同时借鉴了学校正在进行改革的CDIO理论,以创业企业的模拟经营作为其行动领域,用零售、制造、农业、金融及综合行业的企业模拟实践作为创业管理学习领域,每一章(学习情境)都是一个完整的创业过程模拟,也都包括了机会辨识、创业的商业模式设计、创业团队的构建、创业资源的整合等创业过程,每章(学习情境)包含了若干任务,每个任务都有相应的实践内容。本书的主题结构设计如图0-1所示,它是基于工作过程导向来设计的。

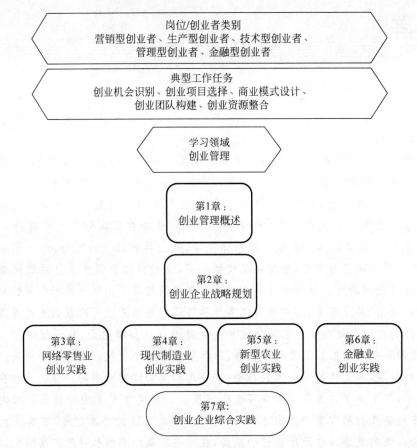

图 0-1　本书的主题结构设计

在本书的使用方面，建议先进行引导案例学习，然后进行创业企业经营实践，有了直接体验后，再学习知识链接中的相关内容或在创业企业经营实践过程中插入知识链接中的相关内容，最后再学习进阶技巧以，进一步提升业务能力。

本书的所有教学实践采用了"金融帝国Ⅱ"软件工具，该软件可从互联网上下载，在此对此软件的作者及公司表示感谢。在软件工具的安装或教学使用中如有不清楚的地方可联系 QQ 群：276776471，可注明为本书读者。在此还要强调一点，通过软件工具的运用，对所预期的创业企业进行模拟实践，在模拟实践的基础上对行业知识、管理知识与技能进行反思与总结，并在此基础上产生发现创业机会的能力与动力，是读者学习本书的主要受益方面，知识链接的阅读与理解也是很重要的。

本书是在"十二五"职业教育国家规划教材《创业管理：企业经营模拟》基础上，对知识结构、案例与实践进行了较大幅度修订与提升而产生的，因在创业实践方面的特殊性及可体验性等，本书获 2015 年广东省本科高校教学质量与教学改革工程的"精品教材"立项，主要读者对象为高等学校特别是应用型本科学校学生，对创业学院或创业班的教学效果更明显。

　　本书在编写过程中得到广东东软学院院领导、教务部领导的大力支持,得到信息技术与商务管理系张义先、黄天成等多位老师的指点与帮助,并得到广大师生及互联网上许多朋友的大力帮助,清华大学出版社的编辑为本书的出版也做出了大量的工作,在此一并表示感谢。

　　由于作者水平有限,书中难免有不当之处,殷切期待读者、专家、学者的批评指正。

作　者

2016 年 4 月

目 录

第 1 章

创业管理概述

◆ 了解创业管理的项目背景

◆ 掌握创业管理的基础知识

◆ 掌握模拟创业软件的安装方法

◆ 能够客观判断创业者是否具备创业素质及条件

◆ 能够成功地安装模拟创业软件

◆ 能够掌握模拟创业软件的基础配置并进行基本操作

1.1 创业管理简介

马云与扎克伯格谈创业

腾讯财经讯 2016 年 3 月 19 日上午,在"中国发展高层论坛 2016"上,全球最大社交网站 Facebook 创始人兼首席执行官马克·扎克伯格(Mark Zukerberg)与阿里巴巴集团董事局主席马云就人工智能、虚拟现实、创新创业等多个问题进行了交流。

谈及创业时,扎克伯格建议道:年轻人创业首先要解决问题,而不是开办公司去赚钱。很多年轻人并不理解自己要解决什么问题,实现什么理想,只是想要建立一家公司去赚钱,这样的创业是不会成功的。年轻人要先想好自己要做什么产品,有了想法再成立公司。

马云则重申了"梦想"的重要性,他说,年轻人要带着使命和信念进行创业,要规划公司的发展方向,有明确的目的,将来才会有好的前途。

资料来源:http://www.xwlb.com.cn/5275.html。

本书期望读者运用模拟创业软件来模拟企业经营及创业管理,发现行业风险及机会所在,结合所学的创业管理知识,放飞自己的梦想,加上个人的创新、胆识、忍耐、毅力等综合特质,以最低的成本,最大限度地体验创业的成与败,从中吸取宝贵的经验及教训,为创业成功做好多方准备。

你可以考虑完成以下三个子任务。

任务一：找出创业成功的主要因素。

任务二：找出适合个人或团队创业的行业及模式。

任务三：模拟组建创业公司团队。

🔍 任务分析

创业仅有激情远远不够，还需要冷静、客观地分析下面的问题：

（1）我为什么要创业？是否有足够的决心，愿意承担风险吗？过去的利益是否舍得放弃？

（2）我是否具备创业者应有的能力与素质，是否能承受挫折，是具有综合全面的素质，还是有专项技术特长？

（3）我创业成功的核心资源优势是什么？我具备的条件是：足够的资本？行业经验？客户资源？技术创新？商业运作能力？与即将面对的竞争对手相比是否有明显的优势？

（4）我是否有足够的耐心与耐力应对创业期的消耗，估计用多长时间走过创业瓶颈期，自己有多长时间的准备？

（5）创业最大的风险是什么，最坏的结果是什么，我是否能承受？

曾担任苹果公司技术推广的 Kewene-Hite 说："如果一个人能够发现一般人所无法发现的机会，运用一般人所不能运用的资源，找到一般人所无法想象的办法，那么他就具有企业家的创新精神。如果一个人积极主动、热情执着，能从另一个角度看问题并找到更好的答案，那么他就是一名创业者。"

2015 年博鳌亚洲论坛李彦宏对话比尔·盖茨时，李彦宏提到："提交了 500 个问题，我在看一个一个问题的时候，发现给比尔·盖茨的问题，大多数是有关微软的……"比尔·盖茨说："大家能记住我，我就已经很高兴了，实际上经济最重要的一部分就是私营部门，一定要记住二三十年之后，大多数的增长都是来自私营公司。数字的革命是在早期开始的。像百度、谷歌、苹果、微软这样的公司，它们是做了巨大的贡献的，他们发明创造的工具在各个领域得到应用，比如其中之一就是教育。假以时日，它们很快就可以和人们的学习、目标和抱负联系起来，这是一个很好的开始。每一个人都有机会可以建立一个公司，而且作出巨大的贡献……"

本书主要是对创业企业实践的项目背景及相关基础知识点进行介绍，并以一套模拟创业软件为工具，对零售行业、制造行业、农业、金融业等不同行业在未来 30 年或若干年的创业经营情况进行综合模拟，也就是说给创业者一个创业的尝试机会，一切从零开始，零风险，零成本，让创业者在电子模拟环境中发现创业的兴趣点与机会，实现心中的创业梦想。

在模拟创业的过程中，模拟创业者要紧紧围绕创业成功的因素、适合创业或感兴趣的行业来进行。当然创业者须先尝试组建一个创业团队，这个团队要为适合进行计算机模拟创业而组建，每个团队不超过 7 个人，建议不少于 3 个人。

知识链接

1.1.1　创业与创业者

1. 创业的概念

创业的概念目前并没有统一的定义，下面收集了一些主要观点。

根据杰夫里·提蒙斯(Jeffry A. Timmons)所著的创业教育领域的经典教科书《创业创造》(*New Venture Creation*)的定义：创业是一种思考、推理和行为方式，它为机会所驱动，需要在方法上全盘考虑并拥有和谐的领导能力。

科尔(Cole,1965)提出：把创业定义为发起、维持和发展以利润为导向的企业的有目的性的行为。

史蒂文森(Stevenson)、罗伯茨(Roberts)和苟斯拜客(Grousbeck)提出：创业是一个人——你不管是独立的还是在一个组织内部——追踪和捕捉机会的过程，这一过程与当时控制的资源无关。

现在较通用的一种定义是"创业过程"，即创业是指某个人发现某种信息、资源、机会或掌握某种技术，利用或借用相应的平台或载体，将其发现的信息、资源、机会或掌握的技术，以一定的方式转化、创造成更多的财富、价值，并实现某种追求或目标的过程。

对于创业，一部分创业者没有很好地理解其内涵，有一夜暴富的心态，不能很好地理解并享受创业过程，这是对创业概念的不当理解所致。

2. 创业者

2010 年 5 月 18 日下午，创新工场董事长兼 CEO(首席执行官)李开复，在当日举行的 2010 年中国站长大会上接受网易科技专访时，建议创业者认真审视自己是不是一个真正的创业者。

以下为访谈部分摘录。

李开复：我非常佩服创业者们的激情，也希望他们能在今天相对困难的环境之下坚持下去。

在创新工场做了 8 个月之后，我深深地发现创业者跟非创业者其实是两种人。那些真正的创业者、对创业有激情的人是不怕失败的，他们碰到挑战是越战越勇。

那我给他们的建议就是，我觉得首先还是要审视一下自己是不是一个真的创业者，是不是一个有热情的人，是不是想为客户做有价值的东西。如果你是，我相信你一定能找到合适的路。

资料来源：http://tech.163.com/10/0529/15/67S4CJVE00094DUI.html.

一般来说，一个成功的创业者需具备良好的个人条件、相应的外部资源以及各种能力，主要表现在如下方面。

1) 创业所需的个人条件

(1) 心理素质。心理素质是指创业者的心理条件，包括自我意识、性格、气质、情感等心理构成要素。作为创业者，他的自我意识特征应为自信和自主；他的性格应刚强、坚持、果断和开朗；他的情感应更富有理性色彩。成功的创业者大多不以物喜、不以己悲。

（2）身体素质。身体素质是指身体健康、体力充沛、精力旺盛、思路敏捷。现代小企业的创业与经营是艰苦而复杂的，创业者工作繁忙、时间长、压力大，如果身体不好，必然力不从心，难以承受创业重任。

（3）知识素质。创业者的知识素质对创业起着举足轻重的作用。创业者要进行创造性思维，要做出正确决策，必须掌握广博的知识，具有一专多能的知识结构。具体来说，创业者应该具有以下几方面的知识：用足、用活政策，依法行事，用法律维护自己的合法权益；了解科学的经营管理知识和方法，提高管理水平；掌握与本行业、本企业相关的科学技术知识，依靠科技进步增强竞争能力；具备市场经济方面的知识，如财务会计、市场营销、国际贸易、国际金融等。

（4）能力素质。创业者至少应具有创新能力、分析决策能力、预见能力、应变能力、用人能力、组织协调能力、社交能力、激励能力。

当然，这并不是要求创业者必须完全具备这些素质才能去创业，但创业者本人要有不断提高自身素质的自觉性和实际行动。要想成为一个成功的创业者，就要做一个终身学习者和改造自我者。

哈佛大学拉克教授讲过这样一段话："创业对大多数人而言是一件极具诱惑的事情，同时也是一件极具挑战的事。不是人人都能成功，也并非想象中那么困难。但任何一个梦想成功的人，倘若他知道创业需要策划、技术及创意的观念，那么成功已离他不远了。"

2）创业所需的外部资源

创业阶段的外部资源主要包括客户资源、产品资源、法律法规、经济发展阶段、财务资源、团队资源、人脉关系资源等。

3）创业者所需的十大能力

世界创业实验室消息："企业的成败取决于业主的素质和行为。"这是创业专家说得最多的一句话。专家们认为，在一个人决定进行创业之前，必须评价一下自己，看看自己有没有作为业主应有的性格特点、技能水平的物质条件。成功的业主之所以成功不是因为他们"走运"，而是因为他们工作努力，并且有管理企业经营活动的素质和能力。

那么，促使创业成功的能力到底有哪些呢？专家们给出了如下 10 个答案。

（1）承担责任的能力。创业要成功，就要承担责任和义务。这意味着你将把企业看得非常重要，并经常为之加班加点地工作。

（2）创业的动力。你创业的动力越足，创业成功的可能就越大。

（3）良好的信誉。如果你做事不注重信誉，那你的生意一定不会长久地保持良好态势，你的商业伙伴也会越来越少。

（4）健康的身体。没有健康的身体，你将无法为自己的企业承担义务。

（5）面对风险的信心。办企业，遇到风险在所难免。你必须有承担风险的准备。

（6）果断决策的能力。在企业里，你随时要作出决定，当你面对一些对企业发展有重大影响的决定时，必须果断决策，绝不能优柔寡断。

（7）家庭的支持。办企业将占用你很多时间，因此来自家庭的支持将显得举足轻重。若家庭成员赞同你的创业想法并支持你的创业计划，你创业成功的可能性才会大大增加。

（8）高人一等的技术能力。这是你生产产品或提供服务所必需的实用技能。技术能力的类型将决定你计划创办企业的类型。

（9）企业管理技能。这是指经营你的企业所需要的技能。仅有单一的销售技能是不够的，其他技能（如成本核算、做账等能力）你也应该有所了解和掌握。

（10）相关行业知识。懂行就意味着更容易成功。你对生意的特点有所了解和认识，做起生意来才能做到心里有数。

3. 创业模式

创业模式是指创业者根据自身综合条件，为了实现创业理想与目标，将创业的组织形式、方式、行业或领域等要素进行合理配置。准确判断自己的优势和劣势，选择最适合自己的创业模式，是创业成功的关键。

通常创业模式可分为以下几种。

（1）白手起家。因为缺少资金，这是最困难的创业方式之一，它适合于能吃苦耐劳、有良好的市场预见性及优秀个人品质的创业者，如创业成功代表人物马云、马克·扎克伯格等。

（2）收购现有企业。其特点是不用从头开始，节省创业时间，适合于具备一定的经济基础，而且具有较强的管理与判断能力的创业者。

（3）代理或加盟创业。其特点为借助别人的品牌开创自己的事业，成功率较高。适合于有相关行业经验的创业者。

（4）内部创业。这是由一些有创业意向的企业员工发起，在企业的支持下承担企业内部某些业务内容或工作项目，进行创业并与企业分享成果的创业模式。这种激励方式不仅可以满足员工的创业欲望，同时也能激发企业内部活力，改善内部分配机制，是一种员工和企业双赢的管理制度。适合在某企业工作时间相对较长的创业者。

传统公司管理文化与内部创业管理文化有何不同？

传统文化的向导性指令是：①坚持执行已下达的指示；②不要犯任何错误；③不要失败；④不要自行行事，而是等待指示；⑤在分工负责的领域内开展工作，同时保护自己，防备暗枪。这种限制性的环境不利于发扬创造性、灵活性、独立性或冒险精神，然而这些恰恰是内部创业家的指导原则。内部创业文化的目标是颇不相同的：①拟订出公司的愿景、目标和行动计划；②奖励已采取的行动；③提建议、作尝试并开展试验；④不分地域地进行创造与发展；⑤负起责任，当家做主。

以下是一个内部创业小案例。

国内通信业巨头深圳华为，为解决机构庞大和老员工问题鼓励内部创业，将华为非核心业务与服务业务以内部创业方式社会化。通过相关政策提供一些资源给公司的优秀人才，帮助他们走出去创办企业，比如广州市鼎兴通讯技术有限公司就是这样一家华为内部创业公司，他们承担华为公司湖南、江西、广东市场近 1/3 的工程安装调试工作。这样公司的存在为华为解决了很多后顾之忧，减少了市场运作成本，双方获利。而用友软件公司，则通过内部创业中的分公司制度，鼓励内部部分员工转为自行创业的代理商，建立各地自行创业的代理商，用友公司还为这些内部创业员工提供资金和产品的支持，其中员工级的能获得 8 万元,经理级的能获得 15 万元赞助。

选择以上创业模式的行业主可以选择以下三大产业进行实践。

(1) 农业。农业又称第一产业,包括农、林、牧、副、渔业。

(2) 工业。工业又称第二产业,包括各类产品的生产、供应、销售等。

(3) 服务业。服务业又称第三产业,主要涉及各种服务业项目和贸易买卖等。

对创办企业来说,行业是围绕某一类产品或商品而形成的生产、供应、销售和物流等产业链的生意范围。例如,围绕服装而形成的服装行业,涵盖服装及其面料和辅料的生产、分销、批发、零售等生意的各个环节,同时也包括服装类产品的各个细分品种。

创业的领域是指围绕自己的专长、技能、经验及其他优势资源所开展创业的范围,即创业者选择项目时通常应考虑和选择的领域。

1.1.2 创业的利弊和风险

1. 创业的利弊

创业的主要利益有:

(1) 有创造一些全新东西的机会;

(2) 自主创业能够与志同道合的亲人朋友一起奋斗;

(3) 自主创业具有极强的挑战性,能够充分发挥一个人的潜能;

(4) 收获财富、经历、知识、人脉等。

创业的弊端也不少,主要表现在:

(1) 风险高,收入不稳定;

(2) 自主创业需要全身心投入,既是老板,也是推销员、财务人员、行政人员、后勤人员等;

(3) 工作时间不固定,不管什么时候,只要有需要,就得干活,没有下班的概念;

(4) 创业,在财物投入方面比较庞大,往往是全部积蓄压在上面,甚至负债经营;

(5) 创业还可能会走入法律法规的误区,从而承担相应法律责任等。

2. 创业风险及防范对策

根据哈佛商学院最新调查研究显示,创业企业失败率比我们看到的数据要高得多。本次调查的带头人 Shikhar Ghosh 研究了 2004—2010 年获得风投投资 100 万美元以上的 2 000 多家创业企业,得出了"风投支持的创业企业失败率也高达 75%"的结论。获得投资的企业失败率都这么高,更别说那些白手起家的创业者了。究竟是什么原因令无数怀揣着创业梦想的人折戟沉沙?

一位名人曾说:在追求目标的早期,我们常常会产生错觉,以为成功必然在望,因为此阶段的问题比较容易解决。然而,问题的真正困难及其错综复杂之处,往往都在后来才浮现出来。这句话也是对创业中所隐含风险最好的诠释。

那么,创业风险究竟有哪些呢?表 1-1 就列举一些创业过程常见的风险及防范对策。

表 1-1　创业过程常见的风险及防范对策

创业阶段	可能存在风险	起　因	后　果	对　策
准备阶段	心理准备不足	成功预期过高； 对可能遇到的问题准备不充分或根本就没有思考对策与设计好退出机制； 对创业初期核心工作存在认识偏差	创业信心动摇,临事慌乱,不知所措,知难而退,最终导致失败	调整好心态：无我、进取、创新、务实、负责任、合作、共赢
	项目选择风险	进入不熟悉的领域； 创业定位不准确； 对竞争对手和自身优劣势认识不充分	成功的概率低	选择一个熟悉、精通的行业且要符合国家政策倾向和整个市场大方向
	市场策略风险	未充分评估市场需求量、市场接受时间、市场价格等,市场决策失当	公司投资决策失误及后续销售业绩不佳	进行客观、全面的市场调查； 准确把握客户需求、消费趋势； 根据客户需求、竞争对手及自己的优劣势制定市场(竞争)策略
	资金风险	缺少创业资金； 融资渠道比较单一； 融资成本高	企业运作受限制	充分利用政府性创业奖学金、创业基金等； 选择总风险较低的最佳融资组合,先内部融资,后外部融资；先负债融资,后股权融资
	技术风险	技术成功、前景、效果和寿命的不确定性	无法收回前期投资	创新设想阶段,需明确技术方面的不确定因素及可行性； 调研评估阶段,需确定顾客/市场需求前景； 研发阶段,要确定产品/技术可靠性
创业过程	经营环境风险	政治、政策、法律环境变化； 社会资源相对匮乏	既有风险也有机遇	适时关注内外部经营环境变化,识别变化给创业所带来的风险和机遇,快速反应
	管理风险	创业者不具备营销、财务、管理、税务、法律、风险等知识； 决策错误； 营运过程失误	组织效能低	关注顾客、快速反应； 客观、务实、进取、守法； 组织架构精简、自我管理； 组建利益共同体团队
	财务风险	急于扩张； 流动资金少	公司正常运转困难,抵抗风险能力降低	确定一个最优的现金持有量； 对各种借支款项要严格审批
		债务结构不合理	陷入财务困境	选择合理的资本结构,债务资本和自有资本的比例要适当； 做好资金来源、资金占用、资金分配和资金回收的测算与平衡
		应收账款周期过长； 坏账损失率高	加速企业现金大量流出； 企业生产循环不畅； 财务成本增加； 资金枯竭	正式签订合同之前对客户的资信进行调查评估； 建立有效的应收账款内部控制制度； 加强应收账款的催收工作； 建立应收账款坏账准备制度
	法律责任风险	未充分识别、遵守适用法律法规； 投机、侥幸心理,明知故犯	行政处罚； 民事责任； 刑事责任	强化法律风险防范意识； 充分识别、遵守适用法律法规； 建立规范的企业内部管理制度； 建立法律风险评估和预警机制
	竞争风险	产品性能、成本、服务差异； 替代品的威胁； 恶性竞争	市场占有率下降； 预期收益减少； 利润空间压缩	不断创新； 产品价格定位合理； 培养客户忠诚度

除了以上几个方面的风险要特别关注以外,创业者还要遵循如下九大原则。

- ☑ 合法。
- ☑ 长久。
- ☑ 稳定。
- ☑ 制度。
- ☑ 零风险,不伤人脉。
- ☑ 必需品,好推广,易接受。
- ☑ 市场大,前景广。
- ☑ 国家支持。
- ☑ 有成熟的系统和团队。

丰田汽车进军美国的风险、机遇和对策

1958 年,丰田车首次进入美国市场,年销量仅为 288 辆。丰田进入美国的第一辆车简直就是一场灾难,这种车存在严重缺陷:发动机开起来像载重汽车一样响,内部装饰既粗糙又不舒服,灯光太暗不符合加利福尼亚州的行车标准,块状的外形极为难看。并且该车与其竞争对手"大众牌甲壳虫"车 1 600 美元的价格相比,它的 2 300 美元的定价吸引不了顾客。

面对困境,丰田重新制定了市场策略。他们投入大量人力和资金,有组织地收集市场信息,对美国市场及消费者行为进行深入研究,去捕捉打入市场的机会。

通过调查,丰田发现美国的汽车市场并不是铁板一块:

(1) 美国人的消费观念、消费方式正在把车作为身份象征逐渐转向为纯交通工具;许多移居郊外的富裕家庭开始考虑购买第二辆车作为辅助车;交通阻塞,停车困难。这些因素使低价、节能、耐用的小型车成为消费者追求的目标。美国一些大公司都无视这些信号,继续生产以往的高能耗车、宽体车、豪华型的大型车。

(2) "大众甲壳虫"车的成功在于它建立了能提供优良服务的机构,由于向购车者提供了可以信赖的维修服务,大众汽车公司得以消除顾客所存有的买外国车花费大,而且一旦需要时买不到零配件的忧虑。

根据调查结果,在接下来的 10 年里,丰田开始了一系列的动作:

(1) 丰田公司开发一款新汽车——花冠牌汽车,以其外形小巧、购买经济、舒适平稳、维修方便的优势敲开了美国市场大门。当然最主要的原因是丰田的小汽车始终低于美国同类车的价格,每辆车都有 100 美元到 400 美元的差价。

(2) 针对美国人对外国车质量的担心,以前,丰田在每一个城市都建立销售网络,开设相应的配件维修店,保证每一辆丰田车随时都有备件可更换维修,让顾客对丰田的安全品质建立信心。后来,丰田在海外采取了最新的多店制,即一个城市拥有不止一家丰田销售店,为了避免恶性竞争,每个销售店负责不同的车型,彼此互补,保证市场占有率。同时丰田认识到自己在美国的势单力薄,遂积极主动地"交朋友",与经销商建立良好关系,签订合同,将销售渠道紧紧抓在手里,到 1965 年花冠进入美国市场时,丰田已经拥有 384 家经销店和 200 万美元的汽车零件仓库,1970 年剧增到 1 000 家,超越了美国第三大汽车生

产商克莱斯勒。

1975 年 12 月,随着第二次石油危机的来临,美国福特总统签署了企业平均油耗法规,这标志着全球小汽车大战正式爆发了。石油危机给丰田轻巧、低能耗车制造了机会,在 20 世纪 70 年代尚未结束之前就以日本方面的压倒性胜利告终,到 1980 年,三大巨头已经亏损 40 亿美元,克莱斯勒甚至不得不面临重组的困境。

资料来源:http://wenku.baidu.com.

思考与讨论

1. 丰田进军美国市场时存在哪些风险? 它的机遇又有哪些?

2. 丰田采取了什么措施来化解风险,抓住机遇?

1.1.3　创业管理

1. 创业管理的概念

创业管理是指以创业者的行为和创业过程为主要对象,以创业机会为导向的管理活动和过程。创业管理包括识别和利用机会,合理组织资源,制订与实施创业计划,努力实现创业企业的使命与愿景。

2. 创业管理的八项注意

1) 实现创业梦想的基本原则

(1) 找准行业。要考虑从事哪个行业最合适,做哪些买卖能成功,预测事业将以什么样的速度增长。请考虑以下行业:

☑ 利润与销售紧密相连的行业,如当销售额增长 20% 时,净利润可以增长 50% 的行业;

☑ 对其他行业依赖性小、有较强独立性的行业;

☑ 有连续不断的市场需求的行业;

☑ 少有破产、倒闭事件发生的行业。

(2) 你的梦想要有不同于竞争对手的特点,重要的是在创业之初,要在一定市场中占据主导地位。

(3) 一定要保证产品和服务的质量,这是成功的关键。要有最完善的服务、最丰富的存货和最优秀的信誉,要成为你的竞争对手难以抗拒的强者。无论是商品还是一项服务,都是最好的;市场营销也别具一格,大有成效。

(4) 必须辛辛苦苦地工作。一般要遵循"5+10"规则。也就是说,它将要花费 5 年的时间和比你想象多 10 倍的费用才能达到成功的彼岸。

(5) 做生意之前,要清楚自己到底有多少现金和存款,因为你可能会失去它们,再也赚不回来。

(6) 刚创业者必须亲自作市场调查,不能参照别的公司或政府的资料,因为他们的目标有可能不适合你自己的目标。

(7) 办公司前,先到这一相关领域去工作一段时间,会缩短你在这一行业独自摸索的时间。

2) 制订一个切实可行的发展计划

正式的书面计划,可为新创立公司树立一个无价的、积极的发展目标。它包括以下四个部分。

(1) 目标陈述,包括公司的发展目标以及达到目标的方式。例如,想获得多少资金,还需要多少资金,怎样利用这笔资金,怎样偿还和偿付投资者的红利,等等。

(2) 公司经营范围的描述,说明公司是做什么的,有哪些特色新产品或服务。如果是创业初始,还应详列创业费用和五年计划,包括公司对财务、保险、安全措施、仓库控制等记录的保障体系。

(3) 市场宣传计划部分,应说明公司的潜在客户是哪些人以及赢得这些客户的方法,包括所有直接或间接的竞争对手及公司的竞争优势。所有的促销、价格、包装、批发等都应在计划中详述。再就是根据市场宣传计划,研究市场发展趋势,以及如何让公司走在市场的前沿。

(4) 资金计划,应说明公司目前的已有资金以及公司实际需要的资金。刚创办的公司应有一个形式上的现金流动报表,并参照此表和年收入情况,制订一个三年收入计划。可借助对市场及竞争对手的调查,或有关书籍作为参考资料。企业计划可以把你从一天天的苦心经营的磨难中解放出来,使你的精力得以集中到未来的发展上,创业者非常需要抽出一些时间来制订公司的发展计划。

3) 学会授权

学会把日常工作交由他人来做,这样你可以有更多的时间来发展自己的事业。要授权,而不要对整个程序全盘管理。如果一个企业家把太多的时间花在任何人都能胜任的日常工作上,而从来不考虑老板应做的战略计划及高层次的管理工作,那么其代价有时是致命的。如果你允许人们作决定,他们会做得很好。他们也会犯我们都会犯的错误,但他们可以学习而且下一次会做得更好。权力下放是一个公司成长的唯一途径。

4) 造就有经商技巧的头脑

深入地了解你的产品,经常听取用户意见,培养你的搭档和下属一种能感知企业内部资金流入流出状况的直觉能力,与你的搭档和下属一起精诚合作,并把自己以往获得的经验与他们分享,商业头脑的获得会使你的注意力迅速地集中在焦点上。

(1) 要找准自己的用武之地,不能脱离实际,好高骛远。

(2) 把主攻方向确定在一个特定而非漫无边际的范围是非常重要的,公司起步时更要如此。

(3) 与贸然闯入一个知之甚少的陌生领域相比,循序渐进,是促成公司快速增长更为可取的方式。欲速则不达,往往会带来鸡飞蛋打、功亏一篑的悲惨后果。

5) 要舍得花大价钱,尽可能招聘最好的人才

最好的人才将会给公司带来比你付出的高薪多得多的利润和好处,如果你的员工是一流的,你的公司也会成为一流的。老板必须清楚公司需要什么样的员工,并且让公司的每个员工知道自己的职责范围。同时也要培养他们的团队精神,使之与其他员工默契配合。只要做到这一点,费点时间和精力也是值得的。这样不仅有利于老板明白自己需要什么样的人才,还有利于公司吸引人才。

一般来说,部门经理要在自己公司内部选拔,而优秀的销售员和市场营销人员则要到竞争对手的公司里去聘请。

6) 创业之前,应当不辞辛苦地去了解其他公司的薪金制度

(1) 要建立定额销售制度,完成销售额的员工将获得公司毛利一定比例的收入。完不成销售额者收入会少些,超额完成者收入相对要多一些,形成能者多、平者少、庸者下的竞争机制。企业刚起步时,你对薪金制度了解得越多,公司今后的发展越容易。

(2) 企业从创办的第一天起,就应该有书面的规章制度。不严谨、漏洞百出的混乱状态会给公司经营带来麻烦。没有任何规章制度的公司,只会陷入举步维艰的境地。规章制度最大的好处是:使每个人都处在相同的行为准则下朝着共同的目标前进。如果公司没有这个准则,不指明这个方向,那么员工就会自行其是。

(3) 规章制度中,不能限制老板处理事物的决定权。对违反规章制度的处理方法也要清楚地写入,例如,对于那些在工作中一贯失误者,可以根据制度最终解雇他。但准则的重点应放在员工的工作表现上。

7) 任何事情都不要独自一人去做,合伙人可提供无价的帮助

要在能干的员工中找到伙伴,来合伙做生意,但事先应该有一个书面协议,写明双方的权利和义务。通常双方应能为公司的发展带来不同的经营才干、经验或其他相关的优势。友情不能维持合伙关系,而且事实上,生意上的合伙关系很容易破坏多年的友情。合伙要想成功、愉快,必须在合伙之前写好协议。如果是两个意见经常相背者合伙,更应该有书面协议书。

典型的协议书应该说明生意的具体目的,说明每个合伙人的有形资产、财产、设备、专利等和无形的服务、特有技术、关系网等投入,以及每个人在收入上应得的百分比。这样的协议允许合伙人占有的公司股份各不相同,但一定要说明各个合伙人在公司管理中的地位和职务,是否允许合伙人从事公司以外的其他业务等。有一点很重要,那就是合伙双方以什么样的方式结束合伙关系,一定要在协议中写明。

8) 一开始就建立专业的管理班子,要把小作坊变成一个正规的公司

小作坊式的管理方式会给你带来巨大的工作压力,公司发展也会因此而受到限制。公司规模小时,一个人独自管理还行得通,但当你开始做上百万元的大合同时,客户会关注你的公司是否具有专业的管理水平,这时就要靠一个正规而专业的管理班子运转了。

首先应该分析公司每天都在做什么,如何做的,公司的主要收益是哪些,这些调查不能急于求成,而是要细心有加。这一过程既能帮助企业下放权力,又能指导企业有针对性地招聘那些人品和才能都适合公司发展的人才。严谨的调查有助于这些工作的进行。要为一个职位找到最合适的管理人才,可能会经历一个漫长的过程。你必须了解他们每个人的特点,以便"因材施位"。

你不能随便找一个人便完事大吉,必须不停地挖掘,要把有真才实学的人选进公司。许多公司在朝专业化管理转变的过程中消亡了,原因就在于没有建立起一个高效、专业的管理班子。要搭建这个班子必须遵循以下几项原则:

(1) 聘请有经验的人员;

(2) 选择素质较高的人;

（3）力图使其拥有的经验和才能适应公司的环境；

（4）尽量到你过去共过事的朋友中去寻找；

（5）管理层的人数要尽可能地少；

（6）盯住目标——利润才是最终目的。

这一搭建过程十分艰辛。开始，你不可避免地要同一群你不认识、不了解也难以信任的人相处，这些人会经常更换，直到形成最为满意的群体。也可以采取通过"顾问"体系来形成管理班子的办法：先从一些职业退休人士或业务关系中有这方面经验的人中聘请，他们能够弥补年轻员工经验不足的缺陷。为每个年轻的管理人员都配上一个顾问指导其工作。这样一来，公司的管理班子很自然地就随着业务的增长而成熟起来。

3. 创业管理与传统管理的比较

创业管理与传统管理的不同之处表现为以下四方面。

1）时代背景不同

传统职能管理产生、成熟于机器大工业时代；而今天世界正在经历从工业社会向消费社会的转变，从工业社会向信息社会的转变，这就是创业管理产生的新经济时代。传统的管理范式聚焦于商品，是技术导向型的，研发、设计、工程、大批量制造、大市场、大规模操作、自动化和专业化都是重要因素。在知识经济时代，产品市场的生命周期缩短，重点是如何快速进入和退出市场，迅速推出升级产品，竞争的关键转向产品生命周期的前端，新事业、新产品策略，包括研发管理、创新管理、知识产权管理等，成为管理关注的重点。

2）管理理论不同

传统管理理论侧重于向人们提供在现存大企业中开展管理工作所需要的知识和技能，灌输用保守的规避风险的方式来运用这些理论和分析方法，为的是培养优秀的职业经理人。创业管理培养优秀的企业家，着重于从无到有的生存之道，其内容也不是一般企业管理知识在中小企业领域的翻版。

3）出发点不同

传统职能管理的出发点是效率和效益；而创业管理的出发点是通过找寻机会并取得迅速的成功与成长。创业管理的核心问题是机会导向，即创业是在不局限于所拥有资源的前提下，识别机会，开发机会，利用机会并产生经济成果的行为。

4）内容体系不同

传统职能管理通过计划、组织、领导和控制来实现生产经营；而创业管理则是在不成熟的组织体制下，更多地依靠团队的力量，靠创新和理性冒险来实现新事业的起步与发展。创业管理的内容体系是围绕如何识别机会、开发机会、利用机会而展开的。其中创业过程中组织与资源之间的关联性和耦合是其研究重点之一。它包括：个人的知识准备与新机会之间的耦合；创业过程中核心团队成员知识和性格的耦合；现有资源和能导致事业成功的战略之间的耦合；新的潜在事业特征和当前用户实践之间的耦合；等等。

创业管理不同于传统管理。它主要关注企业管理层的创业行为，关注企业管理层如何延续注入创业精神和创新活力，增强企业的战略管理柔性和竞争优势。因此创业管理与传统管理有较明显的差异，详见表1-2、表1-3。

表 1-2　创业管理与传统管理范式比较

创业管理范式	传统管理范式	创业管理范式	传统管理范式
机会驱动模式	资源分配模型	强调创新和风险	强调稳定性
创业领导力	一般管理	以创新为框架	受资源约束
成长导向	成本导向		

表 1-3　创业管理与传统管理差异

	传 统 管 理	创 业 管 理
战略不同	由可控资源驱使	由对机会的洞察力驱使
导向不同	从效率效益出发,资源与成本导向,有多少资源办多少事	机会导向,更侧重于通过寻找机会获取迅速成功,发现商机,利用商机
职能运用	通过计划、组织、领导、控制来实现生产经营	在不成熟的组织体制下,更多地依靠团队合作、创新、冒险来实现新事业的发展

资料来源:王铁生.创业管理与传统管理的内容比较[J].集团经济研究,2007(9).

1.1.4　创业者的自我测试

想创业者,可自我测试以下两道题,看看自己是否适宜创业。

1. 美国创业者的自测题

你是具有潜能的创业者吗?

目前,越来越多的人都在自行创业经商,但风险是很大的。在那些没有获得成功的创业者中,其创业的公司几乎有一半的创办时间还不到五年或更短一些。你能成为一个成功的创业者吗? 不管你具有一些什么特质,都无法进行确切的预测。然而,由心理学教授和测验学家约翰·布劳设计的一个测验,可以为你提供一些重要的预测结果。"我们的兴趣主要在于辨别那些具有潜能的创业者。"约翰·布劳解释道。为了初步了解你的创业商数,请用"是"或"否"简单回答下列问题,然后把各题分数进行累计。虽然这不是一个完整测验,但它至少能为你的决策选择提供一些创造性的建议。

(1)你是家族第一代创业者吗?

在调查中,50%的成功创业者都认为自己是家族第一代创业人,而非成功创业者中只占 23%。

回答是,加 1 分;回答否,减 1 分。

(2)你曾经是一个优秀学生吗?

奇怪的是,几乎很少有创业者认为自己在学校里是一位"优秀学生",而行政雇员中却占 2/3。其他研究也得到了同样结果。

回答是,减 4 分;回答否,加 4 分。

(3)你曾经喜欢参加学校中的各种活动如俱乐部、球队甚至两人约会吗?

学生时代,67%的创业者都说自己在学生时代积极参与过群体活动,而非创业者却占 92%。

回答是,减 1 分;回答否,加 1 分。

（4）年轻时你总是喜欢单独行动吗？

39％的创业者年轻时都喜欢经常单独行动，然而，大约5％的非创业者都喜欢经常与别人一起行动。

回答是，加1分；回答否，减1分。

（5）童年时代，你经营过小生意吗？

童年时代经营过摊店，是成功创业者的一种重要预测因素。几乎80％的成功创业者年轻时都做过某种生意。而非创业者中则只占31％。

回答是，加2分；回答否，减2分。

（6）你曾经是一个性格坚强的孩子吗？

坚强和毅力是大多数成功创业者的特征。"这些特征可促使你去努力实现自己的目标。"约翰·布劳解释道。在调查中发现，成功创业者在童年时性格坚强的人数比非成功创业者几乎多了3倍。

回答是，加1分；回答否，减1分。

（7）你是一个谨小慎微、害怕冒险的年轻人吗？

童年时代，如果你不愿意冒险，那么，在创办一个新企业时，这可能会成为一个严重的障碍。90％的成功创业者都认为自己具有冒险特征，而非成功创业者则只占15％。

回答是，减4分；回答否，加4分。如果你是一个特别喜欢冒险的人，就再加4分。

（8）你担心别人对你的看法吗？

成功创业者经常谈到，人们可以不考虑别人的意见，但一定要有追求不同目标的信念。50％的成功创业者都不担心别人对自己的看法，但非成功创业者中只占8％。巴布森学院所进行的一项早期研究表明，56名成功创业者中，有90％的人比非成功创业者表现出更大的独立性需要。

回答是，减1分；回答否，加1分。

（9）你对每天固定的生活方式感到厌烦吗？

厌烦通常有助于事业上的成功。61％的成功创业者都把"喜欢多样性变化"作为自行经商的因素。对21名成功创业者的研究表明，在大多数情况下，"挫折是企业获得成功的主要动力"。

回答是，加2分；回答否，减2分。

（10）你乐于把自己所有的储蓄都用于创办企业吗？

调查中发现，94％的成功创业者都说，他们乐于把大笔储蓄用于创办企业。而非成功者中大约只有一半的人愿意冒这种风险。

回答是，加2分；回答否，减2分。

（11）如果你新办的企业失败了，你还愿意立即开始再办企业吗？

94％的成功创业者回答是，而非成功者中则只占8％。最有效的创业者不会因一时的挫折而丧失信心，他们看到的是机会，而在其他人看来则是障碍。

回答是，加4分；回答否，减4分。

（12）你是一个乐观主义者吗？

对于创业者来说，积极的态度是至关重要的。"至少有五六个人提醒过我，开办摄影企业不仅经济状况糟糕,而且竞争相当激烈,"鲍布·萨特尔回忆说,"但是,我还是坚信,我可以获得成功,而且现在我已成功。"

回答是,加 2 分;回答否,减 2 分。

现在,请看看你的总分。如果你的得分在 20 以上,则说明你肯定适合于独自创业。得分在 0～19,虽然不很乐观,但是经过努力,还是可以实现自己的理想的。如果得分在 -10～0,你创业成功的可能性几乎为零。最后,如果创业商数在 -11 以下,这就很清楚地表明,你适宜从事其他工作。

2. 从点菜心理、习惯测试创业潜力

当你和朋友或其他人到酒店里用餐,你点菜时通常是:

A. 不管别人,只点自己想吃的。

B. 点和别人同样的菜。

C. 先说出自己想吃的东西。

D. 先点好,再视周围情形而变动。

E. 犹犹豫豫,点菜慢吞吞的。

F. 先请店员说明菜的情况后再点菜。

测试结果:

A. 做事果断,容易跨出创业第一步,但是否正确却难说。

B. 顺从型,不适合创业。

C. 性格直爽、胸襟开阔,适合创业。

D. 小心谨慎,缺乏掌握全局意识,在创业中千万不可犹豫不决。

E. 做事一丝不苟,安全第一,较有创业优势。

F. 讨厌别人指挥,如能谦虚,将对创业更有帮助。

资料来源:廖云新. 创业. 2010.

1.2　创业实践资源配置

创业模拟软件安装与配置

现在你作为一位创业实践者,正为你所在的公司开展企业经营活动进行准备。作为创业实践者,你必须具备熟练模拟系统的配置与操作能力,考虑创业的需要,你还要掌握团队组建的一些基本技能。现在请你以一款创业管理的模拟经营软件为工具,学习体验创业实践软件的安装与配置,以培养企业创业经营工作所需的基本资源配置的能力。

为此,你需要完成以下三个子任务。

任务一:虚拟光驱安装。

任务二:创业实践软件的安装。

任务三:创业实践软件的基本配置与操作。

任务分析

本章节主要培养对创业企业经营工具的熟练操作能力及团队建设的能力，学习效果要点在于能否对软件进行安装操作，在于对电脑基础知识（包括操作系统）的掌握运用，以及能否组建一个有竞争力的团队。

创业实践软件采用了网上可下载的"金融帝国Ⅱ"软件，可从 QQ 群（群号：276776471）下载及讨论。

知识链接

1.2.1　模拟创业软件简介

创业模拟经营采用了"金融帝国Ⅱ"软件作为工具，"金融帝国Ⅱ"简介如下：

"金融帝国Ⅱ"软件基本上完整地再现了一个较完整的商业市场的经济世界。你作为一个企业家，可以参与到第一产业和第二产业的经营活动中去，并与 NPC 或者联网玩家的企业产生互动。在这个创业模拟的经济体系中，有着零售业、矿业、种植业、畜牧业、制造业、房地产业、传媒业以及金融业和运输业。金融业和运输业是中性的存在，你只能付运费、借还款，或者买卖和发行股票，不能开设一家金融业或者运输业的公司。传媒业限定每座城市只有报纸、电台、电视台三家，你可像同房地产一样去买卖，不用开设一家新的传媒企业。市场，或者说城市居民，也是中性的存在，居民总人口随着时间的流逝只有一些微不足道的变化。另外，你无须考虑政府的税收、行业政策，以及不同国家之间的差别。

创业模拟软件一开始，你就拥有一家上市公司。这家公司也许是新成立的，也可模拟已经开设了几年的公司（意味着你在产品品牌上已经有了一定的投入，并且拥有几家公司）。这家上市公司，在软件中被称为总公司。你对前述的几个行业的参与，也就是设立企业（设立的企业在软件中被称为公司，其实称为分公司更贴切些）从事具体的经济活动，从中获取利润，并成长和壮大自己。你和 NPC（电脑玩家）或者联网玩家之间，存在着合作与竞争的关系。软件的目的只是公司的成长，虽然每关都有一些特殊的要求（销售额、利润、市场占有率、股价、净资产收益率、公司总市值等），但是总的来说，本模拟软件将在模拟创业企业经营中加深对企业的成长的认识与理解，软件使用的基本流程可参考本章的实践内容进行。

1.2.2　软件安装与配置

1. 安装步骤

本软件安装包括精灵虚拟光驱（DAEMON Tools Lite）安装与"金融帝国Ⅱ"软件安装两步，详细安装步骤如下：

1）安装精灵虚拟光驱（DAEMON Tools Lite）

（1）双击 DTLite4491-0356.exe 安装文件，如图 1-1 所示。

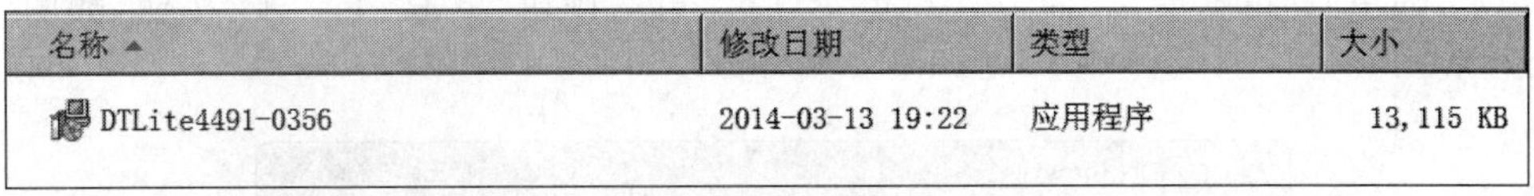

名称 ▲	修改日期	类型	大小
DTLite4491-0356	2014-03-13 19:22	应用程序	13,115 KB

图 1-1 安装文件

（2）在弹出的如图 1-2 所示的窗口中直接单击"下一步"按钮。

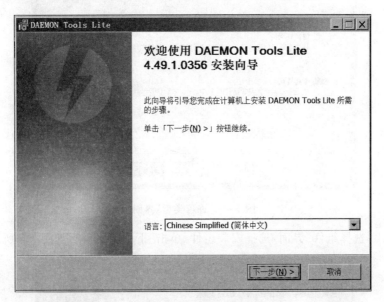

图 1-2 安装向导

（3）弹出"许可协议"界面，单击"我同意"按钮，如图 1-3 所示。

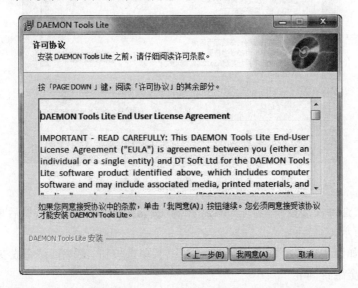

图 1-3 "许可协议"界面

（4）弹出"许可类型"界面，选中"免费许可"单选按钮，单击"下一步"按钮，如图 1-4 所示。

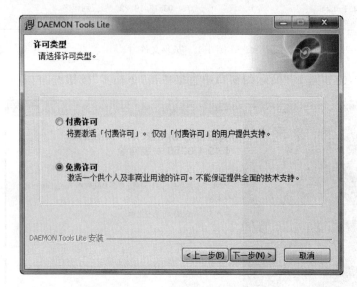

图 1-4　"许可类型"界面

（5）弹出"选择组件"界面，选择安装组件，单击"下一步"按钮，如图 1-5 所示。

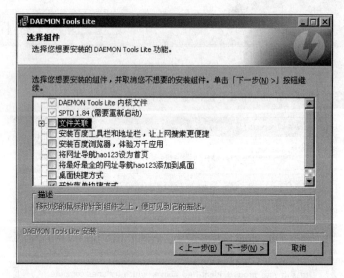

图 1-5　"选择组件"界面

（6）弹出"选择安装位置"界面，单击"浏览"按钮来选择安装路径，然后单击"安装"按钮，如图 1-6 所示。

（7）弹出如图 1-7 所示界面，选中"立即重启"单选按钮，或"稍后"完成安装。

2）安装"金融帝国Ⅱ"

（1）启动精灵虚拟光驱，点图标 添加映像，选择安装文件"JRDG2cn. ISO"，如图 1-8 所示。

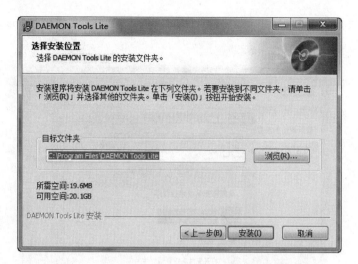

图 1-6　"选择安装位置"界面

图 1-7　完成安装

图 1-8　添加 JRDG2cn. ISO

（2）在"映像目录"窗口中双击打开 JRDG2cn. ISO，然后运行 Capinst. exe，如图 1-9
所示。

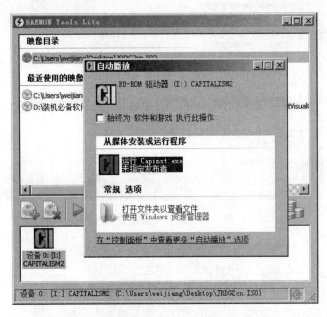

图 1-9　运行 Capinst. exe

（3）在弹出的如图 1-10 所示界面中，单击"安装金融帝国Ⅱ"按钮。

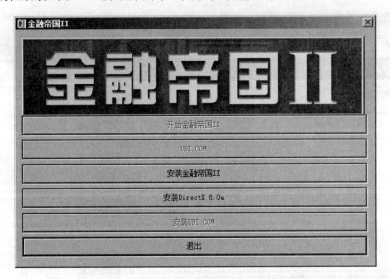

图 1-10　单击"安装金融帝国Ⅱ"按钮

（4）在弹出的如图 1-11 所示界面中单击"下一步"按钮。

（5）弹出"许可证协议"界面，单击"是"按钮，如图 1-12 所示。

（6）弹出"选择目的地位置"界面，单击"浏览"按钮选择安装路径，如图 1-13 所示。

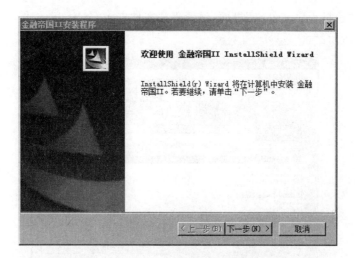

图 1-11　安装向导

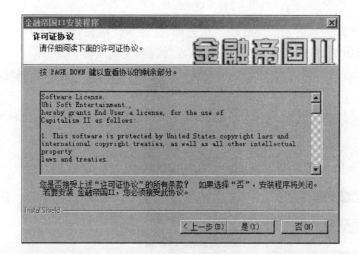

图 1-12　"许可证协议"界面

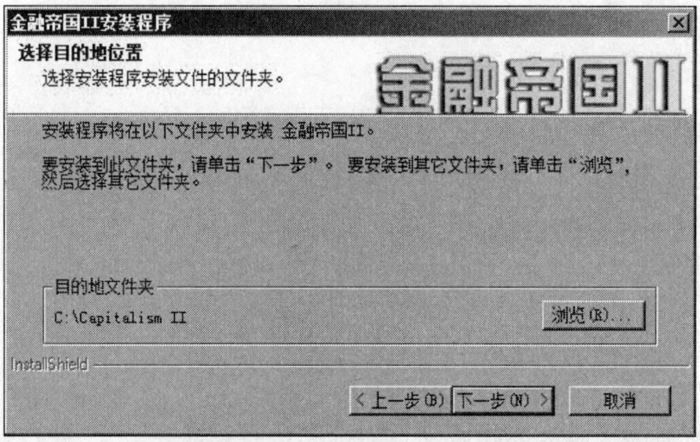

图 1-13　"选择目的地位置"界面

（7）弹出"选择程序文件夹"界面，设置程序文件夹为 Capitalism Ⅱ，单击"下一步"按钮，如图 1-14 所示。

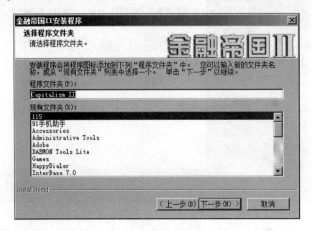

图 1-14　"选择程序文件夹"界面

（8）弹出"你想安装 ubi. com 吗？"信息框，选择"否"按钮，如图 1-15 所示。

（9）弹出如图 1-16 所示界面，单击"完成"按钮，完成安装。

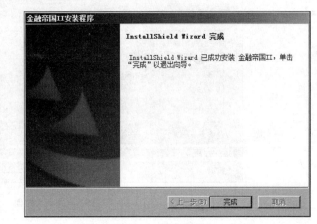

图 1-15　信息框　　　　　　　　　　图 1-16　完成安装

2. 软件配置

图 1-17　图标

（1）双击桌面上的 Capitalism Ⅱ 图标（图 1-17），或双击 Windows 程序组中相应的 Capitalism Ⅱ程序，启动软件。

（2）软件可分别进入单人游戏或多人游戏，其中单人游戏可分别进入普通模式与自定义游戏，普通模式又可分为新手模式与高手模式。初学者可选其中的新手模式（教学模式）进入初步训练，然后进入高手模式，再进入自定义游戏。

（3）多人游戏的配置是重点。多人游戏可组织 2～7 人参与，其中一台配置为服务器，其他配置为客户端。服务器端及客户端都需要配置连接方式，建议都选中 TCP/IP 连接，如图 1-18 所示。

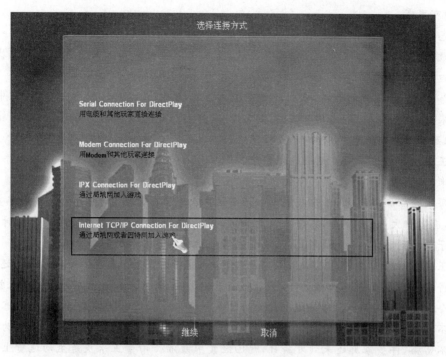

图 1-18　选择连接方式

（4）在下一步联网时，服务器端选"创建"，客户端选"加入"。

（5）服务器端需分别配置相关信息，可按本书的实践要求进行。

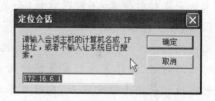

图 1-19　输入 IP 地址

（6）客户端选择服务器的 IP 地址加入，如局网中只有一组人员也可不输入 IP，让电脑自动选择，完成相应配置，如图 1-19 所示。

联机补充说明：作为服务端的主机，如果"Windows 防火墙"设为"关闭"状态，则客户端可正常连接，如果设为"启动"，需在允许程序通过 Windows 防火墙中增加通过"CAP2"及"Microsoft DirectPlay 助手"，否则主机会阻止客户端登入。

典型案例

世界塑胶大王王永庆的创业史

王永庆出生于台北县一个贫苦的茶农家庭。15 岁时，由于家里供不起他继续念书，王永庆小学毕业即到嘉义一家米店当学徒；1932 年，16 岁的王永庆开办了自己的米店，踏出了创业的第一步。当时，小小的嘉义已有米店近 30 家，竞争非常激烈。而创业资金仅有 200 元的王永庆，只能在一条偏僻的巷子里承租一个很小的铺面。他的米店开办最晚，规模最小，更谈不上知名度了，没有任何优势。在新开张的那段日子里，生意冷冷清清，门可罗雀。

怎样才能打开销路呢？王永庆感觉到要想米店在市场上立足，自己就必须有一些别人没做到或做不到的优势。仔细思考之后，王永庆很快从提高米的质量和服务上找到了突破口。

20世纪30年代的台湾，农村还处在手工作业状态，大米加工技术落后，大米中往往掺杂米糠、沙粒和小石头，用户在做米饭之前，都要经过一道淘米的程序，用起来非常不便，但买卖双方对此都习以为常，见怪不怪。

王永庆却从这一司空见惯的现象中找到了切入点。他带领两个弟弟一齐动手，将夹杂在米里的秕糠、沙石之类的杂物拣干净，买主得到实惠，一来二去便成了回头客。

每次给新顾客送米，王永庆就细心记下这户人家米缸的容量，并且问明这家有多少人吃饭，有多少大人、多少小孩，每人饭量如何，据此估计该户人家下次买米的大概时间，记在本子上。到时候，不等顾客上门，他就主动将相应数量的米送到客户家里。

王永庆给顾客送米，并非送到了事，还要帮人家将米倒进米缸里。如果米缸里还有米，他就将旧米倒出来，将米缸擦干净，然后将新米倒进去，将陈米放在上层，这样，陈米就不至于因存放过久而变质。王永庆这一精细的服务令不少顾客深受感动，赢得了很多顾客。

不仅如此，在送米的过程中，王永庆还了解到，当地居民大多数家庭都以打工为生，生活并不富裕，许多家庭还未到发薪日，就已经囊中羞涩。由于王永庆是主动送货上门，要货到收款，有时碰上顾客手头紧，一时拿不出钱，会弄得大家很尴尬。为解决这一问题，王永庆采取按时送米，不即时收钱，而是约定到发薪之日再上门收钱的办法，极大地方便了顾客，深受顾客欢迎。

他的米店开门早、关门晚，比其他米店每天要多营业4个小时以上。米的质量好、随时买随时送、赊账等为顾客着想的措施，用现在的话说，王永庆向嘉义县老百姓提供的是针对性极强的个性化服务，在维系客户关系上逐渐占了上风，生意也随之兴隆，米店由最初的一天卖米不到12斗到后来一天能卖100多斗，业务额大大越过了同行店家。几年下来，米店生意越来越火，王永庆筹办了一家碾米厂，同时完成了个人资本的原始积累。上下整合的经营模式让王永庆受益良多。

1943年，第二次世界大战后期，台湾经济复苏使建筑业出现良好的发展势头。王永庆敏锐地发现了这一点，抓住时机经营木材生意，成为当地一个小有名气的商人。随着木材业的商家越来越多，竞争也越来越激烈。王永庆便决然确定放弃木材行业。

1954年，王永庆作出一个大胆的决定：进军塑胶行业。虽然他对塑胶工业还是生手，但他向许多专家、学者去求教，还造访了不少出名的实业家，对市场情况作了详细严谨的研究，并去日本考察。他以为，烧碱生产遍及台湾，每年有70%的氯气不妨回收运用来制造PVC塑胶粉。这是开展塑胶工业的一个大好条件。于是他和商人赵廷箴互助，筹措了50万美元的资金，创造了中国台湾岛上第一家塑胶公司——台塑集团。

当台湾企业界一哄而上角逐于木材行业时，王永庆毅然地转向了塑胶行业；当他在塑胶行业站稳脚跟之后，又去关注他起初借以发家致富的木材行业。这一看，又让他看出了新的发财门路。

王永庆看到，由于台湾木材销路好，商家多量砍伐，可是他们要的只是树干，有1/3乃至一半的树枝丫，都被白白地抛弃了。王永庆想，台湾的棉花产量紧张不敷。一直靠进口来补充，倘若运用废弃在山上的树枝丫制造纺织纤维，以替代天然纤维，必定会有发展前途！经过考察论证，1964 年 10 月，王永庆着手创造台湾化学纤维工业公司。两年半以后，台南新化八卦山下耸立起了一座新型的工业城，这就是当时世界首创的连接作业的天然纤维工厂。它使大量从前被抛弃的木材废料变成了纺织纤维，既节省了外汇，又降低了成本，为台湾纤维工业发展史写下了极新的一页！

　　资料来源：从细节中寻找机会的台湾首富王永庆，http://www.zbedu.net/jeast/002931.html；王永庆传奇的起点与终结，http://msn.ynet.com/view.jsp? oid＝45704494.

思考与讨论

　　1. 案例中王永庆共有几次创业？ 每次创业时他面临的风险、机遇及所采取的对策分别有哪些？

　　2. 王永庆在创业过程中哪些行为表现出了成功创业者的哪些特质？ 如果角色对换，你会怎么做？ 判断自己是否具备自主创业的基本素质。

　　3. 对周边创业者进行一次采访，采访内容参考如下：

　　(1) 您为什么创业？

　　(2) 您是什么时候开始创业的？

　　(3) 您在创业初期做了哪些准备？ 您遇到的最主要的困难是什么？

　　(4) 在您的创业过程中，您认为有哪几个关键环节？ 这些环节最大的风险和机遇分别是什么？ 您是如何做的？

　　(5) 您对准备进行创业的大学生有什么建议？

　　4. 结合你所学的知识与能力，谈谈你对企业创业经营的理解。

 创业实践

创业实践 1-1　基 本 技 能

?	实践主题：基本技能
	完成此练习后，你将能够： 了解创业实践软件的基本操作方法； 了解主窗口、工具栏的使用； 学会零售店的建立，零售店商品的采购与销售
	使用创业模拟经营软件时，在安装好"金融帝国Ⅱ"软件的基础上，以个人登录方式进入到"普通模式"，并选择"新手模式"

1. 基本知识收集

　　作为一名模拟创业者，你没有经历过企业的经营过程，现在要模拟经营一家超市，目前市场情况是资金缺少，客户也很少，但进口商品非常走俏，为此希望通过你的努力重整

超市的运作。为能顺利进行模拟,你必须先掌握以下一些基本操作技能:

在"新手模式"中,选择"1. 基本知识与零售业"的学习教程,通过此学习教程的模拟学习,了解主窗口、工具栏的使用,学会零售店的建立,了解零售店商品的采购与销售。

请在创业实践中做好公司以下信息的收集与整理:

公 司 名 称	
你的名称	
超市可经营的产品品种	
超市经营产品的供给与需求分别用什么表示	
你的公司所在的城市	
如何找到公司进口货物的港口	

2. 零售业运作模拟

在上一步基本知识学习的基础上,在"新手模式"中,选择"2. 细说零售业"的学习教程,通过此学习教程的模拟学习,了解如何在其他城市开设零售商店,掌握零售店商品的采购与销售。

请在创业实践中做好公司以下信息的收集与整理:

公 司 名 称	
你的名称	
零售店的类型	
百货店的采购部门库存、供应与需求分别用什么表示	
如何分析百货店采购部门的利用率及效率	
产品总体评价由哪些项构成	
如何找到公司进口货物的港口	

3. 进一步的基本技能模拟

学完以上两个步骤后,在"新手模式"中,可继续选择"3. 制造业"的学习教程进行预练习,通过此学习教程的模拟学习,了解如何建造工厂,采购原材料,选择及生产产品。第4~8项的学习教程可在下一章进行学习。

创业实践 1-2　资 源 配 置

?	实践主题:资源配置
☰	完成这些练习后,学员将能够: 进行公司团队建设; 配置网络资源
◈	先进行团队组建,然后在局域网络环境下,配置团队的软件连接

1. 团队组建

要求：分成若干组，每组 5～7 人，取团队名称，选好组长，列出团队成员并提交下表：

团队名称	
组长姓名	
成员名单	
成员模拟操作的网名	

2. 网络资源配置

网络资源配置步骤如下：

（1）选取网络环境下的任一台电脑作为服务器，可优先考虑组长电脑为服务器。

（2）全组成员都以多人登录方式进入软件模拟系统，选择 TCP/IP 方式进入，输入自己的姓名，服务器端选择"创建"，其他选择"加入"按钮，进入软件系统。

（3）在服务器端配置好"基本""环境""竞争对手""进口""目标任务"相应栏，初次配置建议参考下表，其他时间配置可进行灵活调整。

公司名称	
你的名称	
公司图标、颜色、人物头像	
难度	选第一档
环境、竞争对手、进口	默认配置
目标任务	玩家资产 500 万美元，投资回报率 10%，其他按默认配置

（4）在客户端，选中"加入"后，需输入服务器端的 IP 地址，进入系统配置窗口，在窗口中输入自己的公司名称、个人名称，选择好公司图标、颜色、人物头像，然后再单击"已准备好"，等候模拟系统开始。

（5）服务器端，单击"已准备好"按钮，并单击"开始"按钮，进入软件创业实践。

3. 软件模拟完成

按以下顺序完成软件模拟，以后未作说明的网络模拟操作可参照以下顺序进行：

（1）所定目录任务完成。

（2）电脑模拟经营时间到。

（3）软件规定时间到（如下课前 10 分钟）。

其中第一种电脑会自动排名，第二、第三种方式需要手工操作，建议选择软件中的"得分报告"，依次按总分从高到低排名，总分相同的按细分排名。

 进阶技巧

1. 观察环境

当你进入一个新地图，第一个步骤应该就是仔细观察地图和考虑发展目标。不止一个城市的情况下，开始就要决定你的基地设在哪里。一般来说，矿业、制造业尤其是技术附加值高的生产部门,最好集中在一个中心城市。这个城市应该工资水平低、矿产情况好(相对集中并优质),更重要的是港口能提供你初期发展所急需的优质原料。城市数目多于 2 个时还要考虑地理上的中心位置。

2. 市场调研

软件直接给出了市场调研的数据,经营者可以直接从产品明细中查到占有率以及销售各因素的对比。而在现实中,这种数据并没有这么容易就能拿到,要么你花钱自己去作调查,要么向 AC 尼尔森之类的公司去买。即使是 AC 尼尔森这样的大牌公司,提供的市场数据仍可能与市场的真实情况有较大的偏差。

所以,好好把握这份免费的资源,经常查一下产品明细。

3. 现金流

现金是公司经营最重要的资源,一旦经营者手中没有现金,公司就会倒闭。倒闭的标准不是资不抵债,而是经营者无法按期支付债务,这是西方 15 世纪以来的商业传统。而我国因为商人文化和契约观念比较薄弱,加之政府担心国企倒闭造成的失业压力,所以破产法的限定很严。在民间也受契约观念弱的传统影响,私营企业主往往手中有钱就拿去投资,而不能区分现金和利润的差别,等到讨债的人上门时再想办法,认为反正自己的资产放在那儿,又不是还不了钱,你怕什么,想讨债先等两天吧。

4. 产品定价

技术的提升导致质量的上升,广告的支出导致品牌的加强,两者结合的结果是经营者的产品的总体评价远远领先于竞争者。这么高的评价对你没有用,你只需要总体评价略高于竞争者就可以了,剩下的就是你的提价空间。品牌和技术上的投入,并不仅仅是从销售量的增加上来得到回报,总体评价指数下降到略高于竞争者时,所能得到的最大提价幅度,是评价经营者在技术和品牌上的投入的回报有多少的更直观的方法。

NPC 的公司在调价上做得很频繁,品质比经营者高时会上调到高过经营者一倍有余,品质太差时又完全不到经营者的一半。调价就和调房租一样,是一件很麻烦的事,调房租时经营者要时刻注意出租率,调价格要时刻注意竞争对手的价格。除非是独家垄断的生意可一次性涨价完事,否则这种麻烦事一般可丢给 COO(首席运营官)去做(后续章节中会逐级采用)。COO 的面板里有个选项是价格政策,如果选激进,那么他就会尽可能高地调价以榨取每一分钱的利润。

第 2 章

创业企业战略规划

- ◆ 了解创业战略规划的基本内容
- ◆ 理解创业管理中战略管理的重要意义
- ◆ 掌握创业企业经营中战略策略的制定方法
- ◆ 掌握制定创业战略规划的策略
- ◆ 掌握制定创业战略规划的品牌策略
- ◆ 掌握创业战略规划的科技规划
- ◆ 掌握创业战略规划的融资方法

2.1　基本战略规划

华为创业战略

1987年,43岁的部队团级干部退役的任正非,与几个志同道合的中年人,以凑来的两万元人民币创立了华为公司。

创立初期,华为靠代理香港某公司的程控交换机获得了第一桶金。此时,国内在程控交换机技术上基本是空白。任正非将华为的所有资金投入研制自有技术中。此次孤注一掷没有让任正非失望——华为研制出了C&C08交换机,由于价格比国外同类产品低2/3,功能与之类似,C&C08交换机的市场前景十分可观。成立之初确立的这个自主研制技术的策略让华为冒了极大的风险,但也最终奠定了华为适度领先的技术基础,成为华为日后傲视同业的一大资本。

但是,当时,国际电信巨头大部分已经进入中国,盘踞在各个省市多年,华为要与这些拥有雄厚财力、先进技术的电信巨头直接交火,未免是以卵击石。最严峻的是,由于国内市场迅速进入恶性竞争阶段,国际电信巨头依仗雄厚财力,也开始大幅降价,妄图将华为等国内新兴电信制造企业扼杀在摇篮里。

熟读毛泽东著作的任正非,选择了一条后来被称为"农村包围城市"的销售策略——华为先占领国际电信巨头没有能力深入的广大农村市场,步步为营,最后占领城市。

电信设备制造是对售后服务要求很高的行业,售后服务要花费大量人力、物力。当时,国际电信巨头的分支机构最多只设立到省会城市以及沿海的重点城市,对于广大农村市场无暇顾及,而这正是华为这样的本土企业的优势所在。另外,由于农村市场购买力有限,即使国外产品大幅降价,也与农村市场的要求有段距离,因此,国际电信巨头基本上放弃了农村市场。

这个战略不仅使华为避免了被国际电信巨头扼杀,而且让华为获得了长足发展,培养了一支精良的营销队伍,成长起来一个研发团队,积蓄了打城市战的资本。因此,当中国本土新兴通信设备厂商纷纷倒闭的时候,华为在广大的农村市场"桃花依旧笑春风"。

资料来源:创业网,2009-04-10. www. cye. com. cn.

作为一位有创业理想的人,你正处于筹备创业阶段,你对未来的公司充满想象,但由于你个人经验不足,对公司的前景还没有把握,你可能经常会有如下一些问题:

(1) 我要解决什么问题?

(2) 我的潜在竞争对手有哪些?

(3) 我是否有渠道获得创业所需的各种资源?

(4) 如何才能实现收支平衡或盈利?

如何才能找到上述问题的答案呢? 这时你可能需要制定一份未来公司战略规划,而战略规划的制定你可能并不是很熟悉,为此请完成以下子任务。

任务一:模拟分析"自己创业"环境与条件,确定"自己创业"使命与目标。

任务二:学会进行创业企业的基本战略规划。

任务分析

作为一位计划创业者,你不一定需要先制订一份完美的创业计划书。有创业的冲动,就一定有一个简单的梦想,这个梦想会产生一个基本的目标,在简要地考虑公司的基本目标方向后,借助创业实践软件系统对创业经营的战略进行模拟,并预演出在相应战略规划下企业的未来发展前景是否符合你的预期,将会帮助你规划好你的创业梦想。

本章任务引入内容或背景,学员可根据自己的兴趣爱好自己设计出自己个性化的创业战略规划。

知识链接

2.1.1　企业战略的概念、特征和形态

1. 企业战略的概念

什么是企业战略? "企业战略"至今尚无统一的定义。从企业未来发展的角度来看,战略表现为一种长远计划(plan);从企业过去发展历程的角度来看,战略则表现为一种模式(pattern);从产业层次来看,战略表现为一种定位(position);从企业层次来看,战略则表现为一种观念;此外,战略也表现为企业在竞争中采用的一种计谋(ploy)、视角(perspective):经久一致的思维方式。这是在全球管理界享有盛誉的管理学大师亨利·明茨伯格(Mintzberg,1998)从不同的层次和侧面对战略进行的复合定义。他采用 5 个以

P 开头的单词来为战略做出了一个综合的定义,即著名的 5P 模型。

商业史学家小钱德勒在其鸿篇巨制《战略与结构》(1962)中给出的定义:"战略可以定义为确立企业的根本长期目标并为实现目标而采取必需的行动序列和资源配置。"

战略管理大师迈克尔·波特认为,战略是定位、取舍和建立活动之间的一致性,就是企业在竞争中作出取舍,其实质是确定什么可以不做。

"竞争战略之父"迈克尔·波特在《什么是战略》(1996)一文里兼容自己早期有关战略定位的理论创建以及后来资源本位企业观的主要论点,强调了战略的实质在于与众不同,在于提供独特的消费者价值。

而 W. 钱·金和勒纳·莫博妮在《蓝海战略》(2005)中则认为战略包括企业关于消费者价值的主张,关于企业利润的主张,以及在组织活动中关于人的主张,并着重强调创新和改变游戏规则对于战略的重要性。

那么,什么是企业战略规划呢?企业战略规划是指依据企业外部环境和自身条件的状况及其变化来制定和实施战略,并根据对实施过程与结果的评价和反馈来调整,制定新战略的过程。一个完整的战略规划必须是可执行的,它包括两项基本内容:企业发展方向和企业资源配置策略。

2. 企业战略的特征

企业战略是设立远景目标并对实现目标的轨迹进行的总体性、指导性谋划,属宏观管理范畴,具有指导性、全局性、长远性、竞争性、系统性、风险性六大主要特征。

1) 指导性

企业战略界定了企业的经营方向、远景目标,明确了企业的经营方针和行动指南,并筹划了实现目标的发展轨迹及指导性的措施、对策,在企业经营管理活动中起着导向的作用。

2) 全局性

企业战略立足于未来,通过对国际、国家的政治、经济、文化及行业等经营环境的深入分析,结合自身资源,站在系统管理高度,对企业的远景发展轨迹进行了全面的规划。

3) 长远性

"今天的努力是为明天的收获。""人无远虑,必有近忧。"首先,兼顾短期利益,企业战略着眼于长期生存和长远发展的思考,确立了远景目标,并谋划了实现远景目标的发展轨迹及宏观管理的措施、对策。其次,围绕远景目标,企业战略必须经历一个持续、长远的奋斗过程,除根据市场变化进行必要的调整外,制定的战略通常不能朝令夕改,具有长效的稳定性。

4) 竞争性

竞争是市场经济不可回避的现实,也正是因为有了竞争才确立了"战略"在经营管理中的主导地位。面对竞争,企业战略需要进行内外环境分析,明确自身的资源优势,通过设计适合的经营模式,形成特色经营,增强企业的对抗性和战斗力,推动企业长远、健康的发展。

5) 系统性

立足长远发展,企业战略确立了远景目标,并需围绕远景目标设立阶段目标及各阶段目标实现的经营策略,以构成一个环环相扣的战略目标体系。同时,根据组织关系,企业战略需由决策层战略、事业单位战略、职能部门战略三个层级构成一体。决策层战略是企业总体的指导性战略,决定企业经营方针、投资规模、经营方向和远景目标等战略要素,是战略的核心(本书讲解的企业战略主要属于决策层战略);事业单位战略是企业独立核算经营单位或相对独立的经营单位,遵照决策层的战略指导思想,通过竞争环境分析,侧重市场与产品,对自身生存和发展轨迹进行的长远谋划;职能部门战略是企业各职能部门遵照决策层的战略指导思想,结合事业单位战略,侧重分工协作,对本部门的长远目标、资源调配等战略支持保障体系进行的总体性谋划,如策划部战略、采购部战略等。

　6)风险性

　企业做出任何一项决策都存在风险,战略决策也不例外。如果市场研究深入,行业发展趋势预测准确,设立的远景目标客观,各战略阶段人、财、物等资源调配得当,战略形态选择科学,制定的战略就能引导企业健康、快速地发展。反之,仅凭个人主观判断市场,设立目标过于理想或对行业的发展趋势预测偏差,制定的战略就会产生管理误导,甚至给企业带来破产的风险。

　3. 企业战略的三种形态

　战略形态是指企业采取的战略方式及战略对策,按表现形式,可以分为拓展型、稳健型、收缩型三种形态。

　1)拓展型战略

　拓展型战略是指采用积极进攻态度的战略形态,主要适合行业龙头企业、有发展后劲的企业及新兴行业中的企业选择。具体的战略形式包括:市场渗透战略、多元化经营战略、联合经营战略。

　(1)市场渗透战略。市场渗透战略是指实现市场逐步扩张的拓展战略。该战略可以通过扩大生产规模、提高生产能力、增加产品功能、改进产品用途、拓宽销售渠道、开发新市场、降低产品成本、集中资源优势等单一策略或组合策略来开展。其战略核心体现在两个方面:利用现有产品开辟新市场实现渗透;向现有市场提供新产品实现渗透。市场渗透战略是比较典型的竞争战略,主要包括成本领先战略、差异化战略、集中化战略三种最有竞争力的战略形式。成本领先战略是通过加强成本控制,使企业总体经营成本处于行业最低水平的战略;差异化战略是企业采取的有别于竞争对手经营特色(从产品、品牌、服务方式、发展策略等方面)的战略;集中化战略是企业通过集中资源形成专业化优势(服务专业市场或立足某一区域市场等)的战略。在有的教科书上,成本领先战略、差异化战略、集中化战略被分别称为"经营战略""业务战略"或"直接竞争战略"。

　(2)多元化经营战略。多元化经营战略是指一个企业同时经营两个或两个以上行业的拓展战略,又可称为"多行业经营"。主要包括同心多元化、水平多元化、综合多元化三种形式。同心多元化是利用原有技术及优势资源,面对新市场、新顾客增加新业务实现的多元化经营;水平多元化是针对现有市场和顾客,采用新技术增加新业务实现的多元化经营;综合多元化是直接利用新技术进入新市场实现的多元化经营。多元化经营战略适合大中型企业选择,该战略能充分利用企业的经营资源,提高闲置资产的利用率,通过扩大经营范围,缓解竞争压力,降低经营成本,分散经营风险,增强综合竞争优势,加快集团化进程。但实施多元化战略应考虑选择行业的关联性、企业控制力及跨行业投资风险。

（3）联合经营战略。联合经营战略是指两个或两个以上独立的经营实体横向联合成立一个经营实体或企业集团的拓展战略，是社会经济发展到一定阶段的必然形式。实施该战略有利于实现企业资源的有效组合与合理调配，增加经营资本规模，实现优势互补，增强集合竞争力，加快拓展速度，促进规模化经济的发展。在工业发达的西方国家，联合经营主要是采取控股的形式组建成立企业集团，各集团的共同特点是：由控股公司（母公司）以资本为纽带建立对子公司的控制关系，集团成员之间采用环行持股（相互持股）和单向持股两种持股方式，且分为以大银行为核心对集团进行互控和以大生产企业为核心对子公司进行垂直控制两种控制方式。

在我国，联合经营主要是采用兼并、合并、控股、参股等形式，通过横向联合组建成立企业联盟体，其联合经营战略主要可以分为一体化战略、企业集团战略、企业合并战略、企业兼并战略四种类型。一体化战略是指由若干关联企业组合在一起形成的经营联合体，通常分为横向一体化和纵向一体化。企业集团战略是指以一个实力雄厚的大型企业为核心，以产权为主要连接纽带，把多个企业或事业单位连接在一起组成的经济联合组织。企业合并战略是指参与企业通过所有权与经营权同时有偿转移，实现资产、公共关系、经营活动的统一，共同建立一个新法人资格的联合形式。采取企业合并战略，能优化资源结构，实现优势互补，扩大经营规模，但同时也容易吸纳不良资产，增加合并风险。企业兼并战略是企业通过现金购买或股票调换等方式获得另一个企业全部资产或控制权的联合形式。其特点是：被兼并企业放弃法人资格并转让产权，但保留原企业名称成为存续企业。兼并企业获得产权，并承担被兼并企业债权、债务的责任和义务。通过兼并可以整合社会资源，扩大生产规模，快速提高企业产量，但也容易分散企业资源，导致管理失控。

2）稳健型战略

稳健型战略是采取稳定发展态度的战略形态，主要适合中等及以下规模的企业或经营不景气的大型企业选择，可分为：无增长战略（维持产量、品牌、形象、地位等水平不变）、微增长战略（竞争水平在原基础上略有增长）两种战略形式。该战略强调保存实力，能有效控制经营风险，但发展速度缓慢，竞争力量弱小。

3）收缩型战略

收缩型战略是采取保守经营态度的战略形态，主要适合处于市场疲软、通货膨胀、产品进入衰退期、管理失控、经营亏损、资金不足、资源匮乏、发展方向模糊的危机企业选择。可分为转移战略、撤退战略、清算战略三种战略形式。转移战略是通过改变经营计划、调整经营部署，转移市场区域（主要是从大市场转移到小市场）或行业领域（从高技术含量向低技术含量的领域转移）的战略；撤退战略是通过削减支出、降低产量，退出或放弃部分地域或市场渠道的战略；清算战略是通过出售或转让企业部分或全部资产以偿还债务或停止经营活动的战略。收缩型战略的优点是通过整合有效资源，优化产业结构，保存有生力量，能减少企业亏损，延续企业生命，并能通过集中资源优势，加强内部改制，以图新的发展。其缺点是容易荒废企业部分有效资源，影响企业声誉，导致士气低落，人才流失，威胁企业生存。调整经营思路、推行系统管理、精简组织机构、优化产业结构、盘活积压资金、压缩不必要开支是该战略需要把握的重点。

2.1.2　企业经营战略规划

经营战略是各个战略经营单位根据总体战略的要求,开展业务、进行竞争和建立优势的基本安排。规划经营战略的关键是战略分析和战略选择。

1. 经营任务分析

经营战略的规划过程,始于明确任务。经营任务规定战略经营单位的业务和发展方向。明确经营任务首先要考虑总体战略的要求。在此基础上,经营单位要确定业务活动的范围。重点说明以下三个问题。

(1) 需求,即本单位准备满足哪些需求。

(2) 顾客,即本单位重点面向哪些顾客。

(3) 产品或技术,即本单位打算提供什么产品、依靠哪些技术,即从事什么业务达到目的。

2. 战略环境分析

企业及其经营单位的生存和发展,与环境以及环境的变化有着密切关系。把握环境的现状和趋势,利用机会,避开威胁,是企业及其经营单位完成经营任务的基本前提。

战略环境分析重要的工具是迈克尔·波特 20 世纪 80 年代初提出的波特五力模型(Porter's five forces model),如图 2-1 所示。波特五力模型认为行业中存在决定竞争规模和程度的五种力量,这五种力量综合起来影响着产业的吸引力。五种力量分别为潜在入侵者、替代品生产商、买方、供应商以及行业竞争对方。任何产业,无论是国内的还是国际的,无论是生产产品的还是提供服务的,竞争规律都将体现在这五种竞争的作用力上。因此,波特五力模型是企业制定竞争战略时经常利用的战略分析工具。

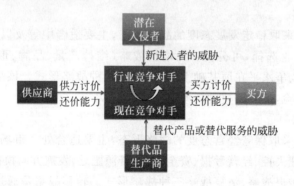

图 2-1　波特五力模型

3. 战略条件分析

分析外部环境,是为了从中辨认有吸引力的机会。而利用机会,要具备一定的内部条件。企业和经营单位要分析自己的优势和弱点,预测现有经营能力与将来环境的适应程度。能力分析的重点,是将现有能力与利用机会所要求的能力进行比较,找出差距,并制订提高相应能力的措施。为此需明确利用机会所需的能力结构、明确现有能力的实际情况。

4. **战略目标选择**

通过战略环境和条件分析,任务应当转化为特定目标。经营战略计划的制订和实施,要以特定目标为依据。大多数企业、经营单位或业务,可能同时追求几个目标。若干目标项目组成了一个目标体系,一个较大的目标,通常又可分解为若干个较小的、次一级的目标。因此,要注意两个问题:①目标体系的层次化;②目标之间的一致性。

5. **战略思想选择**

目标指出向何处发展,战略思想则说明达到目标的基本打算。美国迈克尔·波特认为,在与五种竞争力量的抗争中,蕴含着三类成功型战略思想,即总成本领先战略、差异化战略、专一化战略。姜彦福教授在《创业管理学》中则给上述三个战略予以补充,增加了特别适合于初期创业的模仿战略。

1) 总成本领先战略

总成本领先战略通常靠规模化经营来实现。所谓规模化,通俗的说法就是"造大船"。而"大船"必须同降低单位产品的成本联系起来才有意义。如果仅仅强调规模之大,而不注重成本,那么这种所谓的"规模"就同古埃及法老造金字塔、中国秦始皇筑长城无异,不具备经济学上的成本分析意义。只有类似于福特汽车在 20 世纪初期通过流水作业线把 T 型车价格降到 200 多美元,以及更早一些时间的卡耐基把每吨钢材价格降到十几美元的举措,才是真正的规模化经营。

规模化的表现形式是"人有我强"。但这个强首先不是追求质量高,而是价格低。所以,在激烈的市场竞争中,处于低成本地位的公司仍可获得高于本产业平均水平的收益。换句话说,当别的公司在竞争过程中已经失去利润时,这个公司仍可以获利。企业实施总成本领先战略,不是要开发性能领先的高端产品,而是要开发简易便宜的大众产品。正是这种思路,使工业化前期的企业往往选择这一战略。它们通过提高效率,降低成本,使过去只能由上流社会甚至皇宫王室享用的奢侈品,走进了寻常百姓家。至今,这种战略依然有效。总成本领先战略往往立足于最大限度地减少研发、服务、推销、广告等方面的成本费用,表现为市场份额的扩大。

沃尔玛的总成本领先战略

沃尔玛是一个以总成本领先战略为主导的典范。1962 年,山姆·沃尔顿开设了第一家沃尔玛(Wal-Mart)商店。迄今沃尔玛商店已成为世界第一大百货商店。作为一家商业零售企业,能与微软、通用电气、辉瑞制药等巨型公司相匹敌,实在让人惊叹。

沃尔玛始终保持自己的商品售价比其他商店便宜,是其在压低进货价格和降低经营成本方面下功夫的结果。沃尔玛直接从生产厂家进货,想尽一切办法把价格压低到极限成交。公司纪律严明,监督有力,禁止供应商送礼或请采购员吃饭,以免采购员损公肥私。沃尔玛也把货物的运费和保管费用降到最低。公司在全美有 16 个配货中心,都设在离沃尔玛商场距离不到一天路程的附近地点。商品购进后直接送到配货中心,再从配货中心由公司专有的集装箱车队运往各地的沃尔玛商场。公司建有最先进的配货和存货系统,公司总部的高性能电脑系统与 16 个配货中心和 1 000 多家商场的 POS 终端机联网,每家商场通过收款机激光扫描售出货物的条形码,将有关信息记载到计算机网络当中。当某一货品库存减少到最低限时,计算机就会向总部发出购进信号,要求总部安排进货。总部寻找到货源,便派离商场最近的配货中心负责运输路线和时间,一切安排有序、有条不紊。商场发出订货信号后 36 小时内,所需货品就会及时出现在货架上。就是这种高效的商品进、销、存管理,使公司迅速掌握商品进销存情况和市场需求趋势,做到既不积压存货,销售又不断货,加速资金周转,降低了资金成本和仓储成本。

压缩广告费用是沃尔玛保持低成本竞争战略的另一种策略。沃尔玛公司每年只在媒体上做几次广告,大大低于一般的百货公司每年的 50~100 次的水平。沃尔玛认为,价廉物美的商品就是最好的广告,我们不希望顾客买 1 美元的东西,就得承担 20~30 美分的宣传、广告费用,否则对顾客极不公平,顾客也不会对华而不实的商品感兴趣。

沃尔玛也重视对职工勤俭风气的培养。沃尔玛认为:"你关心你的同事,他们就会关心你。"员工从进公司的第一天起,就受到"爱公司,如爱家"的店训熏陶。从经理到雇员,都要关心公司的经营状况,勤俭节约,杜绝浪费,从细微处做起。这使沃尔玛的商品损耗率只有 1%,而全美零售业平均损耗率为 2%,从而使沃尔玛大量降低成本。

沃尔玛每周五上午召开经理人员会议,研究商品价格情况。如果有报告说某一商品在其他商场的标价低于沃尔玛,会议立刻决定降价,保证同种商品在沃尔玛价格最低。沃尔玛成功运用总成本领先战略,在激烈的市场竞争中取胜。

资料来源：http://class.wtojob.com/class681_32300.shtml.

2）差异化战略

差异化战略说简单一点就是"与众不同"。凡是差异化战略,都把成本和价格放在第二位考虑,首要的是看能不能做到标新立异。这种标新立异可能是独特的设计和品牌形象,也可能是技术上的独家创新,或者是客户高度依赖的售后服务,甚至包括别具一格的产品外观等。

差异化的表现形式是"人无我有",以经营特色获得超常收益。当然,差异化不是不讲成本,不过成本不是首要战略目标。差异化的实质是实现用户满意的最大化,从而形成对本企业产品的忠诚。这种忠诚一旦形成,消费者对价格的敏感程度就会下降,因为人们都有"便宜没好货"的思维定式。同时也会对竞争对手造成排他性,抬高进入壁垒。但这一战略通常是同市场份额相冲突的,二者不可兼顾。市场份额的扩大,一般会意味着产品特殊性的下降。

苹果的差异化战略运用

曾被戴尔总裁迈克尔·戴尔评论为"如果我在苹果,我会关掉这家公司,把钱还给股东"的苹果公司(Apple Inc.),2016 年 7 月 20 日,《财富》发布的最新世界 500 强排行榜上名列第九名,究其成功之处在于差异化战略的成功运用。

1. 产品差异化

苹果公司每个领域内只做一到两款产品,从而保证每一款产品都具备完善精致特性,使其成为该领域的明星产品。提起手机会想到 iPhone,笔记本电脑会想到 Mac book,平板电脑 iPad,mp4 iTouch,mp3 iPod。同时苹果公司没有忘记产品属性基本特质,虽然产品可选择性不那么丰富,但是苹果力求做到你拥有我这一款产品,其他同类产品不用考虑了。

2. 价格差异化

苹果公司生产线上所有产品价格比市场上同类高出许多,这种不纠结于成本,打破唯成本论的价格手段可谓高明。价格的差异不仅提高单位产品的利润幅度,同时又为产品的独一无二性作出解释。使消费者不再敏感于价格的高低,不会因产品价格高而作为其选购的顾虑因素。相反消费者会满足于价格上的一骑绝尘而带来至高至上的贵族心理。苹果公司准确地把握了消费者购买心理从而规避了价格偏高劣势。

1. 营销方式的差异化

营销先造势,正如管理大师德鲁克所说"市场营销的目标是使推销成为多余"。在苹果迷们盼望苹果手机面世长达一年多的时间里,网上不断发酵,有人自称搞到手机设计方案。直到发布日,人们看到 iPhone 的真实面目才惊叹它的与众不同。正如爱情真正令人高兴的是追求的过程,而非婚后生活。消费者患得患失的心理和探求未知结果的神秘感是产品推广和品牌宣传最有价值的营销工具。

饥渴式营销,应该是苹果公司最为得意的营销手段了。苹果的产品之所以如此受欢迎,很大程度来源于其对市场供应的控制,也就是使市场处于某种相对"饥渴"状态,这有利于保持产品价格的稳定性和对产品升级的控制权。iPhone 的销售显然是这种策略代表。体验营销,苹果公司从顾客角度出发,力争做到不仅卖出产品,更要捕获消费者的心。苹果全球产品直营零售商店已达到 300 多个,而且都位于租金昂贵地段。零售店里的购买者可以体验各种产品,走进体验店你会发现工作人员给你的感觉是要帮助你而不是为你推销任何东西。

企业的差异化对顾客有价值且被感知,顾客就有可能成为该产品的忠实购买者。随着忠诚度增加,对产品价格敏感程度就会降低,这样企业就能处于有利地位。这也很好地解释了为什么苹果公司每次有新产品问世,虽然价格不菲,但总有顾客在第一时间排队购买。另外实施差异化战略企业产品定价较高,具有较高收益,可以有效解决供应商涨价。由于建立起较高忠诚度,相对其他企业就构成了较高行业壁垒。可以说苹果公司的成功得益于有效实施差异化战略。

资料来源:http://www.niubb.net/article/1898364-1/1/.

3）专一化战略

专一化战略是同市场细分紧密关联的一种战略,通俗的说法就是市场定位。如果把经营战略放在针对某个特定的顾客群、某个产品链的一个特定区段或某个地区市场上,专门满足特定对象或者特定细分市场的需要,就是目标专一。

专一化与上述两种基本战略不同,它的表现形式是顾客导向。为特定的客户提供更为有效和更为满意的服务。所以,实施专一化战略的企业,可能在整个市场上并不占优势,但却能够在某一比较狭窄的范围内,要么在为特定客户服务时实现了低成本,要么针对客户的需要实现了差异化,还有可能在这一特定客户范围内低成本和差异化兼而有之。在一定意义上,专一化战略类似于差异化,不过是调换了位置(即顾客角度而不是企业角度)的差异化而已。所以,专一化战略常常意味着对获取的整体市场份额的限制。

格力集团的专业化经营战略

在中国的家电企业里,格力集团是一个很有特色的企业。第一,该公司从其成立之日起,就将空调作为主要经营业务,而且限于做家用空调,不生产中心空调、汽车空调等。第二,该公司进入空调市场时间较晚,当时春兰、华宝、美的等一批国内企业已经崛起,在市场份额与品牌声誉等方面占有了很大优势。第三,目前家电产业的许多公司出于分散风险、迅速扩张等动因,纷纷开展多元化经营,但格力集团仍然坚持专业化经营。

1. 格力选择了专业化经营战略

格力集团虽然现在走了多元化经营的道路,但公司的成长与其坚持专业化经营战略有重要的关系。专业化是格力最突出的经营特色,也是格力实现技术创新、抢占市场制高点的要害。"专"是为了"精",也只有"专"才能保证"精"和"高"。格力集团坚持专业化经营战略的主要依据是空调市场具有广阔的发展前景。充分的市场为格力集团的专业化经营战略提供了良好的机遇。

2. 格力专业化经营战略方式

格力集团的专业化经营战略主要通过内部发展的方式,即密集型成长战略加以实施。

(1)市场开发战略。格力在成立之初,由于自己实力较弱,采取的是"农村包围城市"战略,集中开发"春兰""华宝"等闻名企业影响较弱的地区,在皖、浙、赣、湘、桂、豫、冀等省树立品牌形象,建立巩固的市场阵地。实施这一战略过程中,格力所运用的主要策略是重点经营专卖店,通过良好的售后服务保证顾客利益。20世纪90年代中期,格力的市场开发重心有所变化,即在巩固原有市场的基础上,进一步向国内影响较大的城市如北京、广州、南京等地发展,同时逐步进入海外市场,2015年格力电器营业收入达1 005.64亿元,格力电器净利润率达12.55%,格力市场占有率接近50%。

(2)产品开发战略。格力产品开发的最大特点是一切以市场为导向,适应市场需要,同时又根据未来发展潮流创造市场。在适应市场需求方面,先后开发出:"空调王"——制冷效果最好的空调;"冷静王"——噪声最低的空调器;三匹窗机——最便宜的空调器。在创造市场方面,格力开发出:灯箱柜式空调——适用于酒吧、饭店广告兼制冷;家用灯箱柜机——适用于三室一厅的家庭之用;三匹壁挂机、分体吊顶式空调、分体式天井空调等,适用于黄金地段的商店之用。这些产品的开发,各有自己的特色和目标市场,又形成了较为完整的产品系列,充分显示出专业化经营战略的优势。

(3)市场渗透战略。格力市场渗透的主要方式如下。

① 在生产规模扩大、产品成本降低的基础上,降低售价,扩大市场份额。

② 广告宣传。格力的广告主题侧重于信誉与品牌,"好空调,格力造",以实实在在的质量与服务来赢得顾客。

③ 建立以专卖店和机电安装公司为主的销售渠道,形成销售、安装、维修一条龙服务,并与经销商互惠互利,长期合作。

④ 科学治理,严格保证产品的质量,使之在市场选择中得到顾客的信任。

资料来源:http://bbs.17hr.com/thread-61511-1-1.html.

（4）模仿战略

向行业龙头企业以及成功企业学习经验，是初创企业构建和维持其竞争优势的必由之路。这样做有三点好处：一是避免大量资源投入。因为技术的发明以及产业的形成，是建立在多年人力、财力和物力的投入之上的，而"拿来主义"使追赶中的企业可以避免发明的巨大耗费。二是避免风险。在很大程度上，"高风险"就是对突破性技术革命追求的定义。而追赶中的企业能够在市场走向清晰、风险减弱的条件下，利用新技术开拓市场。在技术成型的情况下，针对市场，完善改造性的创新工作，却更有的放矢，使企业更有机会成功。三是培养后进企业的勇气。创新者总是瞻前顾后，追赶者却能神闲气定。

事实上，模仿不仅和创新一样关乎企业的生存和繁荣，而且对创新的高效实施有着重大影响。人类和其他物种一样，自古以来就是依靠模仿战胜恶劣环境、制造生产工具、超越竞争对手及引领一时风骚的强者。在这个方面，商界与自然界并无多大区别——没有一家公司能在所有时间、所有方面都做到创新，它们必须在某种程度上模仿别人。

模仿符合迈克尔·波特对"战略"的定义："战略建立在一系列独特的行动之上……以实现一系列独特的价值为目的。"企业引进外来观念、做法和模式，并根据自身情况加以调整，在此过程中又融合创新和其他方面的模仿，从而形成一个特色鲜明的混合体——这样做不仅能为核心业务活动提供支持，还能为公司取得核心竞争优势打下基础。

为构建一个易于执行的框架，我们把关键的战略难题归结成了几个基本问题，分别以哪里（模仿哪个行业或领域）、什么（模仿对象是某种产品、流程还是整个商业模式）、谁（模仿对象背后的实体是谁）、何时（模仿的时机）和怎样（模仿的形式和步骤）这五个词作为关键词。这五个问题归结起来，解决的便是相符性问题和价值主张（成本－收益等式和预期收益）。

当然，在模仿时需要注意以下几点。

① 一定要做合法的模仿。

② 要从自己的能力出发，而不是另起炉灶。

③ 要去寻找那些不是谁都可以模仿的产品或模式。

④ 要做成熟的模仿，要做深入的分析，真正理解其中的原理和原因。

⑤ 要系统地模仿，要建立鼓励模仿的文化，要有相应的激励机制，把模仿变成一件体面的事情，合法地、公开地、优雅地去做。

⑥ 形成经营战略计划。规划经营战略的最后一步，是依据实现目标的战略思想，形成执行战略的具体计划，保证和支持经营战略的贯彻、落实。

比亚迪式的模仿战略

众所周知，比亚迪的成功延续了中国本土汽车品牌创业之初的必由之路——模仿，比亚迪的第一款车型 F3 的成功很大程度上归功于此。

F3 的设计理念是借鉴了日、韩系汽车发展的成功经验及模式。"mm"的设计理念（即表示人能够享受车内空间的最大化，车必需的机器占有空间小）贯穿 F3 设计始终。

从厂家公布的相关资料来看，F3 的外观模具生产线来自知名的日本狄原公司，并且全程的车身检测工作也是交给了日方来做。它的车身喷涂工艺来自德国杜尔涂装线,到2011 年时,已知的国内拥有这条喷涂生产线的还有奇瑞和上汽大众。上述列举的"名牌"效应,虽不能表明 F3 有多么出色,但在一定程度上可以看出比亚迪针对 F3 是下了重筹码的。

一位资深人士总结了比亚迪式模仿的三大特点:第一是集中,不盲目上车型,把有限资源集中在拳头产品上;第二是生猛,选择卖得最好的产品,"明目张胆"地抄;第三是精细,成本和质量控制严格,学习能力极强,什么都自己做。"同样是模仿,比亚迪做得好,与它之前在电池和 IT 领域积累的严密质量控制体系有关。"

资料来源:http://news.jschina.com.cn/system/2011/09/05/011598078_03.shtml.

企业战略是一个公司对产品和市场在竞争领域的定位选择问题,包括企业的经营范围、经营能力和管理机制三个方面。

2.1.3 企业经营战略规划的步骤

1. 认识和界定企业使命

企业使命(mission)反映企业的目的、特征和性质。明确企业使命,就是对本企业是干什么的、本企业应该是怎么样的两个问题进行思考和解答。

2. 区分战略经营单位

大多数的企业,包括规模较小的企业,都有可能同时或准备经营若干项业务,每项业务都会有自己的特点,面对的市场、环境也未必完全一样。区分战略经营单位的主要依据,是各项业务之间是否存在共同的经营主线。所谓"共同的经营主线",是指目前的产品、市场与未来的产品、市场之间的一种内在联系。

3. 规划投资组合

如何把有限的人力、物力、财力资源合理分配给现状、前景不同的各个战略经营单位,是总体战略必须考虑的主要内容。规划投资组合有"市场增长率/市场占有率"矩阵和"多因素投资组合"矩阵两种模式。

(1) "市场增长率/市场占有率"矩阵。它是美国管理咨询服务企业波士顿咨询公司提出的一种分析模式。

(2) "多因素投资组合"矩阵。它较前者有所发展。依据这种方法,企业对每个战略业务单位都从市场吸引力和竞争能力两个方面进行评估。

4. 规划成长战略

投资组合战略决定的是哪些经营单位需要发展、扩大,哪些应当收割或放弃。企业需要建立一些新的业务,代替被淘汰的一日业务,否则不能实现预定的利润目标。

一般可以遵循这样一种系统的思路规划新增业务。首先,在现有业务范围内,寻找进一步发展的机会;其次,分析建立和从事某些与目前业务有关的新业务的可能性;最后,考虑开发与目前业务无关,但是有较强吸引力的业务。这样,就形成了以下三种成长战略:

(1) 密集式成长战略。密集式成长战略包括市场深入、市场开发和产品开发。

(2) 一体化成长战略。一体化成长战略包括后向一体化、前向一体化和水平一体化。

（3）多角化成长战略。多角化成长战略包括同心多角化、水平多角化和综合多角化。

2.1.4　企业经营战略的风险

任何战略都有风险。在企业经营战略选择时，不但要看到相应的战略能带来什么效益，同时还要看到会造成什么风险。在一定意义上，对风险的认识要比对效益的掌握更重要。

1. 总成本领先战略的主要风险

（1）技术的迅速发展可能使过去用于扩大生产规模的投资或大型设备失效。为降低成本采用的大规模生产技术和设备过于专一化，是适应性差。在稳定的环境下，技术和设备的专一化也许不致引起多大的问题。但在动态环境下，非常大的工厂和企业往往比小企业更难适应需求的波动、产品结构和技术的变化。例如，晶体管的发明和投产使原来大规模生产电子管的企业蒙受重大经济损失。一种新型工艺的出现可能导致原有工艺无效。

（2）产业的进入者和追随者易于模仿，竞争对手的学习成本较低。

（3）由于实施总成本领先战略，高层管理人员或营销人员可能将注意力过多地集中在成本的控制上，而忽视消费者的心理需求和市场的变化。

20 世纪 20 年代的福特汽车公司是总成本领先战略失利的典型例子。在这之前，福特公司通过对汽车型号和品种的限制，以及通过各种措施严密控制成本，平稳地取得了成本领先地位。然而，随着美国人收入的增加，许多已经购买过一辆汽车的买主又开始考虑购买第二辆，于是他们更加重视时髦的式样、多变的型号、舒适性和密闭性。通用汽车公司注意到这种变化，并迅速开发出型号齐全的各种汽车。而在这种情况下，福特公司要想对其生产线进行调整，不得不花费巨额费用，因为以前的生产线是为降低成本而设计的大规模生产线。

（4）为与竞争对手保持足够的价格差，降价过度引起利润率降低。例如，行业中众多企业同时追逐成本领先，对盈利能力和产业结构造成的后果将是灾难性的。

（5）当大企业在工厂通过大规模生产来降低成本时，人员的激励和部门之间的合作问题往往成为重要的制约因素。这些大企业往往出现劳动关系紧张、增加监督成本和浪费等现象。

2. 差异化战略的主要风险

差异化战略的主要风险有以下几个。

（1）维持差异化特色的高成本能否被买方所接受，如果价格差距过大，客户很可能会放弃对这一品牌的忠诚度而转向采购更便宜的产品以节省费用。

（2）买主的差异化需求下降，不再愿意为保持特色支付溢出的价格。

（3）差异化形成的高额利润，会吸引投资者进入并模仿，而大量模仿的出现会导致差异缩小，利润逐渐降低。

（4）过度差异化。

3. 专一化战略的主要风险

专一化战略的主要风险有以下几个。

（1）容易限制获取整体市场份额。专一化战略目标市场总具有一定的特殊性，目标市场独立性越强，与整体市场份额的差距就越大。实行专一化战略的企业总是处于独特性与市场份额的矛盾之中，选择不恰当就可能造成专一化战略的失败。与这一对矛盾相对应的是企业利润率与销售额互为代价。例如，为愿意支付高价的顾客而进行专门设计加工服装的企业，将失去中低档服装市场。很多企业一边努力获得专一化优势一边又进入广泛市场，这种矛盾的战略最终会使企业丢失其专有的市场。

（2）企业对环境变化适应能力差。实行专一化战略的企业往往是依赖特殊市场而生存和发展的，一旦出现有极强替代能力的产品或者市场发生变化时，这些企业容易遭受巨大损失。例如，滑板的问世对旱冰鞋的市场构成极大的威胁。又如，投入成本较高的夜总会等娱乐场所，专为高收入阶层或特殊顾客群服务而获取高利润率，当出现经济萧条或严格控制公款消费时，这些娱乐性企业则亏损严重。

（3）成本差增大而使专一化优势被抵消。当为大范围市场服务的竞争对手与专一化企业之间的成本差变大时，会使针对某一狭窄目标市场服务的企业丧失成本优势，或者使专一化战略产生的差别化优势被抵消。因为这种成本差的增大将降低买方效益或者降低买方使用替代品的转移成本，而使专一化市场与广泛市场之间的渗透增大，专一化战略所构成的成本优势或差别化优势则会逐渐消失。例如，过多地依赖广告宣传效果而形成自己市场的产品，如化妆品、保健用品等，容易被面对普通用户的产品借助于专一化产品的广告宣传的高投入而获益的入侵。

4. 模仿战略的主要风险

模仿者往往需要付出巨大代价来改变领先者在消费者心理的先入为主定式，进入市场较慢；因市场的恶性竞争，使产品生命周期的变短，模仿者难以分羹。如果市场容量有限，很难取得足够高的市场占有率以享受规模效益，并且领先者对技术和产品的专利保护，跟随成本上升，使应用此战略受到一定限制。

2.2　品牌规划

宝洁品牌策略

品牌巨人宝洁公司始创于 1837 年，是全球最大的日用消费品公司之一，2015 年宝洁公司全球销售额达到 845 亿美元，年利润达 116 亿美元，世界 500 强排名第 100 名。2015年 5 月，WPP 旗下世界领先的市场调研机构华通明略（Millward Brown）发布 2015"全球最具价值品牌百强榜"（2015 BrandZ Top 100 Global Brands）。宝洁旗下品牌帮宝适、吉列齐齐上榜，品牌价值排名分别位居第 37 名和第 52 名。2015 年 5 月，福布斯日前对外发布"2015 全球品牌价值榜"（2015 Forbes The World's Most Valuable Brands），宝洁旗下品牌吉列以第 26 名上榜，位于日化行业类榜首；帮宝适排在榜单第 49 位。

多重品牌策略由宝洁公司首创。宝洁认为，单一品牌并非万全之策。因为一种品牌树立之后，容易在消费者中形成固定印象，不利于产品的延伸，尤其是像宝洁这样横跨多种行业、拥有多种产品的企业更是这样。因而宝洁公司不断推出新品牌。旗下小品牌数百个，独立大品牌 80 多个，其产品覆盖洗发护发、美容护肤、个人清洁、妇女保健、婴儿护理、家居护理等诸多领域。目前，宝洁有九大类、十六个品牌进入中国大陆市场。我国消费者熟悉的"潘婷""飘柔""海飞丝"三大洗发护发品牌都是宝洁的产品，这三个品牌分别吸引三类不同需求的消费者，从而使它在中国的洗发液市场占有率上升为第一，达 50％以上。这显然是宝洁公司成功运用多重品牌策略的成果。

我们很容易注意到一个细节，在飘柔、汰渍、舒肤佳等众多宝洁旗下的产品广告或包装上，会标有"宝洁公司，优质产品"的字样及"P&G"的标志，标明该产品出自宝洁旗下，以增强产品的权威感，提高消费者的信任度。其实，宝洁公司这一做法运用了担保品牌战略（也称为背书品牌战略）。

资料来源：http://www.pg.com.cn.

在创业公司的创业规划中，品牌规划对注重公司长远发展的创业者来说是一项十分重要的规划，宝洁等许多优秀企业都具有一个良好的品牌，为此，在此章节，请通过模拟训练与思考，完成以下两个主要任务：

任务一：了解品牌分类的基础技能。

任务二：掌握品牌规划的基本策略。

🔍 任务分析

为了有效完成本章节的两个子任务，建议先进行本章节后创业的实训 2-2 品牌策略，然后学习相应知识链接中的知识点，再学习进阶技巧中的"品牌技巧"部分。要进一步提升品牌规划能力，还需在今后的模拟训练与体验中反复加强训练与思考。

🔍 知识链接

2.2.1　品牌策略

品牌策略是企业经营自身产品（含服务）之决策的重要组成部分，是指企业依据自身状况和市场情况，最合理、有效地运用品牌商标的策略。品牌策略通常有以下几种。

1. 统一品牌策略

统一品牌策略是指企业将经营的所有系列产品使用同一品牌的策略。使用统一品牌策略，有利于建立"企业识别系统"。这种策略可以使推广新产品的成本降低，节省大量广告费用。如果企业声誉甚佳，新产品销售必将强劲，利用统一品牌是推出新产品最简便的方法。采用这种策略的企业必须对所有产品的质量严格控制，以维护品牌声誉。

2. 个别品牌策略

个别品牌策略是指企业对各种不同产品，分别采用不同的品牌的策略。这种策略的优点是，可以把个别产品的成败同企业的声誉分开，不至于因个别产品信誉不佳而影响其他产品，不会对企业整体形象造成不良后果。但实行这种策略，企业的广告费用开支很大。最好先做响企业品牌，以企业品牌带动个别品牌。

3. 系列（扩展）品牌策略

系列品牌策略是指企业利用市场上已有一定声誉的品牌，推出改进型产品或新产品的策略。采用这种策略，既能节省推广费用，又能迅速打开产品销路。这种策略的实施有一个前提，即扩展的品牌在市场上已有较高的声誉，扩展的产品也必须是与之相适应的优良产品；否则，会影响产品的销售或降低已有品牌的声誉。

4. 品牌创新策略

品牌创新策略是指企业改进或合并原有品牌，设立新品牌的策略。品牌创新有两种方式：一是渐变，使新品牌与旧品牌造型接近，随着市场的发展而逐步改变品牌，以适应消费者的心理变化。这种方式花费很少，又可保持原有商誉。二是突变，舍弃原有品牌，采用最新设计的全新品牌。这种方式能引起消费者的兴趣，但需要大量广告费用支持新品牌的宣传。

2.2.2 品牌推广策略四要素

企业要实施品牌策略，首先得有坚实的质量基础，产品的质量不高则不可能得到消费者的青睐，更不用说达到所谓的名牌效应了。同时要提高服务质量，加强促销宣传，讲求规模效益，这样才能更好地发挥品牌策略的功效。最后应借助法律框架来保护巩固产品的市场名牌地位，增强企业的整体竞争实力。

1. 奠基石：质量

高质量是品牌的坚实基础，甚至有企业家认为：质量是品牌的生命。只有不断推出高质量的新产品，才能在市场竞争中树立长盛不衰的品牌，这是世界著名企业的成功经验。没有质量这一基础，品牌则无从谈起。20世纪50年代以前，"东洋货"是劣质产品的代名词，到了70年代，日本提出了质量经营的概念，从此以后，日本的名牌产品便称雄世界。事实证明，依靠质量才能占领市场，才能取得效益，才能提高企业整体素质，促成良性循环。

2. 催化剂：服务

实施品牌策略必须有整体产品的概念，即产品应包括核心功能、形式功能和延伸功能三个层次。如满足人们收看电视节目的需求是电视机的核心功能，而不同品牌、不同品质等是电视机的形式功能，销售的服务工作是延伸功能。延伸层包括售前、售中和售后服务，具体有保修、指导、送货、安装、调试、结算方式等。一个良好的服务体系之所以能加快品牌的形成，就在于优质服务不仅能保证优质产品的正确使用，使其质量优势充分体现出来，更重要的是在服务过程中企业员工通过与顾客之间的直接接触，架设起情感的桥梁，建立良好关系，进而提高顾客的忠诚度，以维系顾客。

3. 传播机：促销

促销是指通过人员或非人员的方法传播商品信息，强化企业与顾客之间的沟通，赢得顾客的好感和信任，进而促进商品销售的活动。促销包括广告、人员推销、营业推广和公共关系等，四种方式组合运用就形成了拉式策略（即通过广告、营业推广、公共关系，激发顾客的购买兴趣）和推式策略（即人员推销策略）。产品要靠大力促销来扩大产品的知名度和美誉度，塑造一流的企业形象，逐步树立品牌的地位，形成庞大的消费者群。有一点要强调的是,企业对产品的促销、对品牌的宣传应善于利用一切手段和途径,而不仅限于广告这一单一的促销手段。

4. 护身符:法律

现今,侵害品牌的事例屡见不鲜,或假冒商标,或仿制商标用于劣质同种产品,或抢先注册。现在的假冒伪劣产品到了无处不在、无时不在的地步。从微观的角度讲,假冒品牌伤害的是某一个品牌、某一个产品,从宏观的角度看,它伤害的是整个社会的利益,广大消费者的合法权益受到了侵害。更为严重的是,它对整个社会生产力的发展产生巨大的消极和破坏作用。因此,全社会要重视打假工作,企业必须运用法律武器来保护品牌。①多方位注册,预防他人侵权。如红豆集团在 35 类产品商标和 8 类服务商标上进行了防御性注册。②技术保护。企业要运用专利法律法规保护自己。能够申请专利技术的一定要申请,以此才能享有产品的制造权、销售权、使用权和转让权等。③打假。运用法律武器,积极开展打假活动,既可以保护企业产品,保护消费者利益,又可以强化品牌形象,还可以获得很大的新闻价值。④政府支持。针对假冒名牌的不法行为,有关部门除了建立一系列有效的法律法规外,还应拨专款,采取政企联合、跨地区联合等方式,适时组织打击假冒伪劣活动,保护品牌的权益。

2.2.3　品牌战略规划的步骤

有人称品牌为经济"原子弹",每天有 3 800 万人在麦当劳就餐,每天有 10 亿人用吉列产品,每天有 1.5 亿件联合利华的产品售出。有人称品牌为克敌制胜的"撒手锏",我们亲眼看见了可口可乐、肯德基等国际品牌在中国市场过关斩将、所向披靡。

中国企业已领略了品牌的威力,也纷纷拿起了品牌的利器。然而,目前中国许多企业精于营销策划、广告创意,但却疏于品牌战略管理,这也导致许多中国品牌"昙花一现"的宿命,中国品牌的平均寿命只有 7.5 年。

企业要想打造强势品牌,必须进行品牌战略管理。那么,如何进行品牌战略规划呢?一般认为可按以下八步进行。

1. 品牌"体检诊断"

对品牌把脉体检,是决定品牌战略规划成功的第一步。这一步,就像我们穿衣服系第一颗扣子,如果第一颗系错了,那么后面的也一定跟着错。所以品牌体检是一项非常严谨细致的工作,既使一个小小的错误,也会让你错一子而输全局。

品牌体检调研的内容包括品牌所在市场环境、品牌与消费者的关系、品牌与竞争品牌的关系、品牌的资产情况、品牌的战略目标、品牌架构、品牌组织等。

品牌体检从调研问卷设计、质量控制到统计分析、得出结论,为品牌战略规划后面几步奠定了基础。

例如,红色罐装饮料王老吉在默默无闻 7 年之后,经过成美公司细致的市场调查,发现消费者在饮食时特别希望能够预防上火,而目前市场上的可乐、茶饮料、矿泉水、果汁等显然不具备这一功能,于是找准了"预防上火"的品牌诉求点,使王老吉脱颖而出,迅速飙红。

相反,可口可乐也曾跌入品牌调研陷阱,1982 年可口可乐花费两年时间和数百万美元进行市场调查,结果得出错误结论,改变了 100 年历史的传统配方。在消费者眼里,放弃传统配方就等于放弃美国精神,结果受到了强烈的抵制,最终可口可乐不得不再次启用原配方。

2. 规划品牌愿景

品牌愿景就像迷雾中的灯塔,为航船指明前进方向。

简单地说,品牌愿景就是告诉消费者、股东及员工:品牌未来的发展方向是什么,品牌未来要达到什么目标。

例如,三星的品牌愿景是"成为数字融合革命的领导者";索尼的品牌愿景是"娱乐全人类——成为全球娱乐电子消费品的领导品牌";海信的品牌愿景是"中国的索尼"。这些品牌愿景都清晰地传递着品牌的未来方向和目标的信息。

那么,如何制定品牌愿景呢?我们应该认真思索以下这些问题。

☑ 我们想进入什么市场?市场环境怎样?

☑ 企业可以投入的有效资源是什么?

☑ 企业的财务目标是什么?品牌又在这些目标里扮演什么角色?

☑ 品牌现在地位怎样?未来预期目标又如何?

☑ 现在的品牌能够达到未来目标吗?

3. 提炼品牌核心价值

品牌核心价值是品牌的灵魂和精髓,是企业一切营销传播活动围绕的中心。

提炼品牌核心价值应遵循以下原则。

☑ 品牌核心价值应有鲜明的个性。在当今需求多元化的社会,没有一个品牌能成为通吃的"万金油",只有高度差异化、个性鲜明的品牌核心价值才能"万绿丛中一点红",以低成本吸引消费者眼球。例如,可口可乐的"乐观向上"、海尔的"真诚"等。

☑ 品牌核心价值要能拨动消费者的心弦。提炼品牌核心价值,一定要揣摩透消费者的价值观、审美观、喜好、渴望等,打动他们的内心。

☑ 品牌核心价值要有包容性,为今后品牌延伸预埋管线。如果随着企业发展,品牌需要延伸,发现原来的品牌核心价值不能包容新产品,再去伤筋动骨地改造,则将造成巨大的浪费。

4. 制定"品牌宪法"

品牌核心价值确定后,应该围绕品牌核心价值制定"品牌宪法",使其具有可操作性。"品牌宪法"是统率企业一切营销传播活动的大法,它使企业一切营销传播活动有法可依、有章可循。

"品牌宪法"由品牌战略架构和品牌识别系统构成。

品牌战略架构主要确定以下问题。

☑ 企业是采取单一品牌战略,还是多品牌战略、担保品牌战略等?

☑ 企业品牌与产品品牌的关系如何处理,是采用"宝洁—潘婷",还是像 SMH 那样,根本就不希望消费者知道雷达、浪琴是 SMH 公司的品牌?

☑ 企业发展新产品,是用新品牌,还是用老品牌来延伸,抑或是采用副品牌来彰显新产品个性?

☑ 新品牌、副品牌的数量多少合适？

☑ 如何发挥副品牌反作用于主品牌的作用？

品牌战略架构是事关企业发展的大事，战略架构决策的正确与否会导致企业数千上亿元资产的得失，甚至企业的命运。例如，雀巢公司曾经推出"飘蓝"矿泉水，但投入巨大，收效甚微，2001 年改用"雀巢"作为矿泉水的品牌，结果未做很大的广告投入，产品很快占领了市场。如果雀巢公司没有及时果断采取措施，那么，成千上亿元的费用就会白白损失。

品牌识别系统包括品牌的产品识别、理念识别、视觉识别、气质识别、行为识别、责任识别等，在这些识别系统中，具体界定规范了一个品牌的企业理念文化，价值观和使命，品牌的产品品质、特色、用途、档次，品牌的产品包装、VI 系统、影视广告、海报，品牌的气质特点，品牌在同行业中的地位，品牌的企业社会责任感，品牌的企业行为制度、员工行为制度等。

这些品牌识别系统具体界定了企业营销传播活动的标准和方向，使品牌核心价值这个抽象的概念能和企业日常活动有效对接，具有可操作性。把品牌战略的文字性东西，分解到产品的研发、生产、品质、特色、渠道、广告、促销、服务等方面，甚至每个员工的行为上。

例如，麦当劳汉堡包的肉饼成分很有讲究，必须由 83％的肩肉与 17％的五花肉混制而成，体现出其产品特色识别；派克笔 1 000 元一支的价位体现着其产品档次识别；张裕干红广告片的浪漫幽雅情节体现出其气质识别；等等。

5. 设置品牌机构

目前，我国许多企业非常重视品牌管理，但品牌管理的组织机构设置并不科学。许多企业品牌经理设置在市场部中，等同于一般意义的广告经理，他们的作用也只是广告宣传、视觉设计等，还没有在品牌战略管理层面发挥作用。

而像宝洁这样真正的品牌管理型公司，品牌经理几乎就是某个品牌的"小总经理"，他们要负责解决有关品牌的一切问题，通过交流、说服调动公司所有的资源，为品牌建设服务。这种定位使他们成为品牌真正的主人。

当然品牌管理组织机构的设置没有放之四海而皆准的法则，生搬硬套宝洁的做法也并非可取之策，企业更应该结合自身情况。

对于实力雄厚、品牌较多的企业可以借鉴宝洁的经验，例如上海家化实施品牌经理制度就取得了成功。

对于其他多数以品牌为核心竞争力的企业，建议成立一个由精通品牌的公司副总挂帅、市场部或公关企划部主要负责、其他部门参与的品牌管理组织，从而有效组织调动公司各部门资源，为品牌建设服务。品牌管理组织应拥有产品开发制造权、市场费用支配权、产品价格制定权等，从而把握品牌发展的大方向。

6. 品牌传播推广

品牌战略一旦确定，就应该进行全方位、多角度的品牌传播与推广，使品牌深入人心。

品牌传播与推广没有一成不变的模式，脑白金依靠广告轰炸脱颖而出，而星巴克的无广告经营照样一枝独秀，企业应该结合自身情况制定相应的传播与推广策略。

品牌传播与推广应把握以下原则：

☑ 合理布局运用广告、公关赞助、新闻炒作、市场生动化、关系营销、销售促进等多种手段。例如，可口可乐在中国捐建了 50 多所希望小学和 100 多个希望书库，使6 万多名儿童重返校园就运用了"公关赞助、新闻炒作"两种品牌推广手段，既提高了品牌知名度，又形成品牌美誉度，并积淀形成品牌文化。

☑ 根据目标消费群的触媒习惯选择合适的媒体，确定媒体沟通策略。媒体不一定非得是央视、卫视，但一定是适合产品阶段与市场阶段的。

☑ 品牌传播要遵循聚焦原则。千万不可将有限的资源"撒胡椒面"似的盲目乱投，而应进行合理规划与聚焦，在某一区域市场"集中兵力打歼灭战"。例如，脑白金刚问世时，史玉柱向朋友借了 50 万元，投入 10 万元在无锡江阴这个小县城做广告宣传，很快便在当地产生了市场效应，为其进军全国市场走好了第一步。

☑ 品牌传播要持久、持续。品牌的提升是一项系统工程，需要长久的投入与坚持，"老鼠啃仓"的结果只能是前功尽弃、半途而废。

7. 持之以恒坚持

一个强大的品牌不是由创意打造的，而是由"持之以恒"打造的。

品牌核心价值一旦确定，企业的一切营销传播活动都应该以滴水穿石的定力，持之以恒地坚持维护它，这已成为国际一流品牌创建百年金字照牌的秘诀。

横向坚持：同一时期内，产品的包装、广告、公关、市场生动化等都应围绕同一主题和形象。

纵向坚持：1 年、2 年、10 年……品牌不同时期的不同表达主题都应围绕同一品牌核心价值。

叱咤风云的强势品牌，无一不是几十年如一日地坚守品牌对消费者的承诺。可口可乐演绎"乐观向上"百年未变，吉列诠释"男人的选择"达 100 年，力士传达"滋润高贵"的形象已有 70 年，万宝路表现"阳刚豪迈"也有 50 年，钻石广告语"钻石恒久远，一颗永流传"流传已有 60 年……

反观我们国内许多品牌（甚至知名品牌），品牌核心价值定位不清、广告诉求主题朝令夕改，成了信天游，"换个领导人，换个 logo（徽标）"，"换个广告公司，换个品牌定位"，尽管品牌建设投入巨大，但品牌资产却未得到有效提升。

8. 理性品牌延伸

一个品牌发展到一定阶段推出新产品，是用原有品牌还是推出新品牌？这时就应打好品牌延伸这张牌。

在竞争日趋激烈的市场上，要完全打造一个新品牌将耗费巨大的人力、物力、财力，据统计，新品牌的失败率高达 80%，在美国开发一个新品牌需要 3 500 万～5 000 万美元，而品牌延伸只需 50 万美元，不失为一条快速占领市场的"绿色通道"。雀巢经过品牌延伸后，产品拓展到咖啡、婴儿奶粉、炼乳、冰淇淋、柠檬茶等，结果每种产品都卖得不错，乐百氏品牌延伸前销售额只有 4 亿多元，延伸后不到 3 年就达到近 20 亿元。

然而，品牌延伸是把"双刃剑"，它可以是企业发展的加速器，也可以是企业发展的滑铁卢。所以品牌延伸应该谨慎决策，一定应遵循以下品牌延伸的原则。

☑ 延伸的新产品应与原产品符合同一品牌核心价值。例如,金利来品牌核心价值是"男人的世界",但曾一度推出女装皮具,结果收效甚微。

☑ 新老产品的产品属性应具有相关性。例如,三九胃泰曾延伸出三九啤酒,结果惨败而归。

☑ 延伸的新产品必须具有较好的市场前景。例如,海尔公司遵循的原则是,延伸产品发展到一定规模后,必须能在同类产品中位居前三名。

2.3　科 技 规 划

苹果的复兴之路

苹 果 坠 落

20 世纪 90 年代初,苹果在斯卡利的领导下市场份额和收入持续下降,乔布斯对斯卡利的愤怒和蔑视也与日俱增。他感觉斯卡利对利润的追逐是以牺牲市场份额为代价的,而不在乎如何制造出色的产品。麦金塔之所以输给微软,是因为斯卡利坚持榨取每一分利润,而不是努力改进产品和降低价格。

苹果的市场份额已经从 20 世纪 80 年代末的高达 16% 下降到 4%。股价从 1991 年时的每股 70 美元暴跌到 14 美元,而当时,高科技泡沫正把其他股票的价格推向史无前例的高点。

当时,《财富》杂志的科技记者布伦特·施伦德写了一篇文章,详细描述了苹果的混乱局面:"苹果计算机公司正步入危机,面对销售剧减、科技战略错乱、品牌价值流失等一系列问题,行动迟缓、手足无措,它已成为硅谷管理失控、说着科技呓语的典型代表。"

回　　归

乔布斯的一个过人之处是知道如何做到专注。"决定不做什么跟决定做什么同样重要,"他说,"对公司来说是这样,对产品来说也是这样。"

1997 年乔布斯一回到苹果,就开始在工作中应用他的专注原则。产品评估显示出苹果的产品线十分不集中。这个公司在官僚作风的驱动下对每个产品炮制出若干版本,去满足零售商的奇思怪想。乔布斯大刀阔斧地砍掉 70% 的型号和产品,最终,公司产品高度集中在四个领域:专业级台式电脑,开发出了 PowerMacintoshG3;专业级便携电脑,开发出了 PowerBookG3;消费级台式电脑,后来发展成了 iMac;消费级便携电脑,就是后来的 ibook。

这种专注能力拯救了苹果。在他回归的第一年,乔布斯裁掉了 3 000 多人,扭转了公司的财务状况。到 1997 年 9 月乔布斯成为临时 CEO 时,之前的一个财政年度苹果已经亏损了 10.4 亿美元。"我们离破产不到 90 天。"他回忆说。1998 年整个财年,苹果实现了 3.09 亿美元的盈利。

设 计 原 则

自从在第一本苹果手册里宣称"至繁归于至简"以来,乔布斯就以追求简洁为目标。

追求简洁不是要忽视复杂性,而是要化繁为简。"要把一件东西变得简单,还要真正地认识到潜在的挑战,并找出漂亮的解决方案。"他说,"这需要付出很多努力。"

"为什么我们认为简单就是好? 因为对于一个有形的产品来说,我们喜欢那种控制它们的感觉。简洁并不仅仅是视觉上的,也不仅仅是把杂乱无章的东西变少或抹掉,而是要挖掘复杂性的深度。要想获得简洁,你就必须挖得足够深。打个比方,如果你是为了在产品上不装螺丝钉,那你最后可能会造出一个极其烦琐复杂的东西。更好的方式是更深刻地理解'简洁'二字,理解它的每一个部分,以及它是如何制造的。你必须深刻地把握产品的精髓,从而判断出哪些部件是可以拿掉的。"

这样一来,苹果公司的产品设计过程就和工程及制造结合到了一起,在产品设计、产品本质和产品制造这三者之间的关系中,设计再次成为主导。

乔布斯说:"有些人说'消费者想要什么就给他们什么',但那不是我的方式。我们的责任是提前一步搞清楚他们将来想要什么。我记得亨利·福特曾说过:'如果我最初是问消费者他们想要什么,他们应该是会告诉我,要一匹更快的马! 人们不知道想要什么,直到你把它摆在他们面前。'正因如此,我从不依靠市场研究。我们的任务是读懂还没落到纸面上的东西。"

资料来源:沃尔特·艾萨克森. 史蒂夫·乔布斯传[M]. 北京:中信出版社,2011.

在创业公司的创业规划中,科技规划是一项关系公司核心竞争力的重要规划,有良好的科技是创业成功的关键因素,苹果公司也正是因为在技术上的领先造就了创业的成功,为此,在此章节,请通过模拟训练与思考,完成以下两个主要任务。

任务一:具备科技规划的应用能力。

任务二:掌握企业技术创新的基本策略。

🔍 任务分析

为了有效实现本章节的两个子任务,建议先进行本章节后的实训 2-3 研发中心规划实训,然后学习相应知识链接中的相应知识点,再学习进阶技巧中的研发部分。要进一步提升科技规划能力还需在今后的模拟训练与体验中反复加强训练与思考,并致力于加强自我的科研能力或寻求相关伙伴。

🔍 知识链接

2.3.1　科技规划工具

在贸易全球化的今天,所有的公司都面临激烈的市场变化。所有的产品、服务和业务都依赖于迅速变化的技术。产品变得更加复杂,而消费者的需求也变得更加个性化和多样化。产品的生命周期变得越来越短,从产品到市场的时间也越来越短。全世界都在变成一个市场。即使是最强大的企业对于预测、分析、计划也没有什么秘诀。为了能够在未来竞争中获胜,确保企业的长期发展,企业必须集中力量于它们未来的市场并建立正确的科技发展策略。

1. 科技路线图

科技路线图作为企业科技管理新兴工具,能够帮助一个企业预测未来市场所需的技术和产品需求;描述在未来竞争中取得成功需要走过的道路;引导技术研发决策;增加协作、知识共享和新的合作伙伴;降低技术创新的风险;帮助企业抓住未来市场发展的机会。

科技路线图作为一种战略工具,可以提高技术预见活动、把握科技发展规律和未来的能力。科技路线图遴选出的关键技术及关键技术领域和重要科学方向是科技规划的重要内容,科技路线图对科技决策和规划具有重要支撑作用,主要体现在以下三个方面。

(1) 科技路线图为科技规划提供整合不同利益的共同体观点,并可以将达成共识的结果落实到发展战略中。

(2) 科技路线图可以提高科技规划的针对性和准确性,有利于决策者更好地把握科技的未来走势和可选的应对策略。

(3) 科技路线图能提升科技规划管理过程中的执行和实施能力。作为战略图谱,科技路线图可以为作为部署科技项目的重要指南。

2. 科技路线图构建步骤

1) 初期准备阶段

这一阶段包括三个步骤:一是前期调研分析;二是团队建设;三是科技路线图范围的界定与划分。在这一阶段最重要的是领导者能够确定企业当前与未来所面临的挑战,带领团队构建适合本企业的科技路线图为企业的后续发展确定方向。

(1) 在调研分析阶段首先必须明确企业事实情况,并同时检查事实情况是否满足科技路线图项目的实施。如果事实条件不满足,则必须采取必要措施创造条件来满足。条件包括:企业领导者必须对科技路线图的实施高度重视,认为科技路线图的实施最终能够解决企业所面临的问题;需要不同部门(市场部、研发部、战略决策层等)在不同技术规划与愿景的情况下通力合作,驱动科技路线图的实施。所有的这些条件在科技路线图的实施前都必须满足,只有这样才能使科技路线图向下一个阶段发展。

(2) 团队建设阶段。由于在科技路线图的实施过程中时间和团队精力是有限的,因此一个强有力的领导者是必需的。同时在科技路线图的实施过程中还需要各部门人员的通力协作,构建一个扁平化的组织结构驱动科技路线图的发展,并同时利用科技路线图进行资源的分配。

(3) 科技路线图的范围界定与划分。在这一阶段科技路线图的关键点将被确定。一个共同的愿景必须存在于企业的每个员工之中,而且明确知道科技路线图可以支持他。

在以上条件满足的前提下,实施计划、路线图的实施过程和科技路线图细则都必须明确设定。范围可以分为技术范围与合作范围。

2) 科技路线图实施阶段

科技路线图实施阶段主要包括以下 8 个步骤。

(1) 确定科技路线图的主要产品。在这一步骤中所有的市场需求都必须明确并同时得到团队成员的一致认可。这是所有科技路线图实施者能够共同协作与实施的必要条件。在这一步骤中如果不能够确定市场需求则需要基于市场事实的假设与论证进而得到最终的结果。

（2）确定系统关键需求与目标。一旦关键系统需求被确定且明确，一个科技路线图的整体框架将会建立。科技路线图的要求也就有目标了，例如，可靠性与成本等。

（3）确定主要技术领域。在这些领域，可以帮助实现系统的关键要求。每个技术领域的若干技术可以被找到。例如，技术领域包括市场评估、跨领域技术、构件化开发和系统开发。

（4）确定技术驱动及目标。在这一步骤中，关键系统需求在特定技术领域从步骤②转化为技术驱动力（与目标）。这些驱动是关键的因素，将决定哪些替代性技术会被选出。驱动在很大程度上依赖于技术领域，但它们涉及技术如何满足关键的系统需求。

（5）确定替代性技术与时间表。在这一步骤，技术驱动及目标被确定。与此同时能够满足这些目标的替代性技术也会被确定。每一种替代性技术都必须确定其是如何满足技术驱动与目标的。

（6）时间。时间这一因素可以适应特定的情况。这个时间跨度在电子商贸及软件相关的行业通常是短期的。

（7）确定需要推进的替代性技术。替代性技术在成本、时间等方面有区别，因此必须确定所要推进的替代性技术。在这一阶段由于不同的替代技术有不同的目标，因此必须权衡利弊作出最终决定。

（8）建立科技路线图报告。在这一阶段科技路线图已经完成并且可以发现其包括5个部分：对每个技术领域的定义与描述；科技路线图的决定性因素；未涉及技术领域；实施建议与技术建议；其他相关注意事项。

3）科技路线图的发展阶段

在这一阶段中科技路线图已经在企业的发展中起到了相当的作用，且随着时间的推移科技路线图也在不断地完善以及修正，从而能够更加准确而高效地为企业的发展服务。

2.3.2 科技规划实施步骤与工作流程

科技规划实施步骤一般分为如图 2-2 所示的六个阶段。

图 2-2 科技规划实施步骤

1. 现状与需求分析

主要针对企业产品结构及其技术定位的现状与未来发展趋势所需要的新技术而展开调查与分析，相关信息包括：

☑ 生产经营目标；

☑ 对生产的需求；

☑ 对科技的需求并建立技术需求框架。

2. 技术的优劣势分析

需要收集现阶段国内外同行业的科技相关资讯，我们已掌握了什么？还没掌握什么。

紧密围绕企业当前及近 5 年、10 年或更长时间的业务领域、业务方向,深入研究国内外相应领域的技术现状与未来发展预期。

1) 行业、本企业技术现状与发展趋势

(1) 研究和了解国内外同行与企业中长期发展相关的每一个产品的进展和动态,一是目前已实现工业化的最新技术(理论);二是已进入实验或试验阶段的最新技术;三是国内外同行提出的新理念、新设想或科学假设,分三个层次表述。

(2) 各产品三个层次技术前沿的领军人物、最具实力的研发团队实力分析,包括团队组成、实验条件、体制机制、发展趋势等。

(3) 目前已实现工业化的最新技术(特别是企业未来发展的需求技术)的国内外市场占有率分析及近 5 年、10 年或更长时间预期变化。并提出我们的对应设想(追随、合作、超越、保持领先及如何追随,如何合作,如何超越,如何保持领先等)。

(4) 本公司、国内外同行技术现状与发展趋势研究。必须用对比的方法,表示出本次研究和前人研究所增加的新内容、新观点。

2) 差距与优势对比

企业的技术优势和差距研究可以采用以下三种方法。

(1) 宏观对比法。从科技成果的数量、水平(获奖项目、专利项目)及应用效果以及科技投入、研发队伍、领军人物、研发条件等方面宏观分析研究,从大的方向、领域等方面综合判断企业的优势和差距。

(2) 价值链分析法。应用价值链分析法将企业当前已投入工业化应用的新技术及未来拟应用的可实现工业化的新技术,按室内理论研究,技术发明与开发,中试与工业化试验三个阶段逐项进行源头追踪。

☑ 企业已大规模应用的新一代技术,其室内方法和技术发明来自直属院所,中试和现场试验在企业形成标准规范后在企业大规模应用并产生了重大效益。

☑ 企业已大规模应用的新一代技术,源头在企业的研究院。

☑ 源头在国内本企业以外的研发单位。

☑ 源头在国外。

通过因果关系的分析研究,可以明确优势并找出问题和差距。

(3) 重大指标对比法。通过各国内外相关的产品主要技术经济指标综合对比优势与差距。在国外技术现状与发展趋势、国内技术现状与发展趋势、企业技术现状等研究的基础上列表对比。

3. 明确宏观定位和发展方向

公司发展战略可以分为发展目标和战略规划两个层次。其中,发展目标是公司发展战略的核心和基本内容,是在最重要的经营领域对公司使命的具体化,表明公司在未来一段时期内所要努力的方向和所要达到的水平。战略规划是为了实现发展目标而制定的具体规划,表明公司在每个发展阶段的具体目标、工作任务和实施路径。

(1) 制定发展目标。公司发展目标作为指导公司生产经营活动的准绳,通常包括盈利能力、生产效率、市场竞争地位、技术领先程度、生产规模、组织结构、人力资源、用户服

务、社会责任等。关于发展目标的编制,有以下几点值得注意:

☑ 发展目标应当突出主业。

☑ 发展目标不能过于激进,不能盲目追逐市场热点,不能脱离公司实际,否则可能导致公司过度扩张或经营失败。

☑ 发展目标不能过于保守,否则会丧失发展机遇和动力。

(2) 编制战略规划。发展目标确定后,就要考虑使用何种手段、采取何种措施、运用何种方法来达到目标,即编制战略规划。战略规划应当明确公司发展的阶段性和发展程度,制订每个发展阶段的具体目标和工作任务,以及达到发展目标必经的实施路径。

4. 技术优选和项目组合

应用科学测评方法把最需发展的新技术和最重大的项目具体化。

(1) 技术的三项特性与测评方法见表 2-1。

表 2-1　技术的三项特性与测评方法

技 术 特 征	说　明
技术分类(技术竞争性)	常规技术:竞争对手均广泛掌握的技术
	核心技术:同竞争对手相比具有竞争优势的技术
	超前技术:未大规模投入应用的前沿技术,是企业未来的竞争优势
技术对生产力的影响	非常重要
	重要
	一般
技术水平	国际领先
	国际先进
	国内领先
	国内一般
	薄弱

① 技术分类(技术竞争性),分为三类:常规技术、核心技术、超前技术,见表 2-2。

表 2-2　技术分类及特征描述

技术分类(技术竞争性)	特 征 描 述
常规技术	• 是业务所必需的技术; • 已经广泛为行业内的竞争对手所使用; • 对企业竞争力差异性影响很小; • 是"过去"的竞争优势的来源
核心技术	• 已投入工业化应用,是本企业独有技术或竞争对手使用有限; • 对市场有很大影响; • 是"今天"的竞争优势的来源
超前技术	• 在本行业中处于研发早期阶段,某些竞争对手正在试用该项技术; • 竞争力影响很可能很大,有潜在商业应用价值; • 是"明天"的竞争优势的来源

注:一般情况,在总体技术系列中,常规技术占 70%,核心技术占 20% 以下,超前技术占 10% 以下。

② 技术对生产力的影响,分为三类:非常重要、重要、一般,主要是指技术对形成生产力的作用与贡献。它是指对业务板块整体业务面的影响程度,一般情况,非常重要的技术只占总体技术的 20% 以下。

③ 技术水平,分为五类:国际领先、国际先进、国内领先、国内一般、薄弱。

(2)技术合理性测评。见表 2-3。

表 2-3　技术合理性测评

技术分类 (技术竞争性)	技术水平			
	国际领先/国际先进	国内领先	国内一般	薄　弱
常规技术	表明存在资源浪费,可以适当减少投入		需要结合其他指标确定技术发展对策	企业面临生存危险,必须尽快提高技术水平
核心技术	在目前可能成为竞争优势,值得重视			当前技术存在问题需要解决
超前技术	在将来可能成为竞争优势			将来有发生危机的潜在可能性

☑ 常规技术过多地处于"国际先进""国内领先"区间说明科技资源存在浪费,处于"薄弱"表示企业有危机。

☑ 核心技术数量较少并处于一般水平,则不符合企业总体目标,需大力加强攻关。

☑ 超前技术处于"薄弱"应引起重视。

(3)技术获取策略。技术发展主要有三种策略,即自主研发、合作研发和技术引进,应根据企业的实际选择自己的发展策略,见表 2-4。

表 2-4　技术获取策略

技术获取策略	适用条件		效　果
	内　部	外　部	
技术引进	• 生产部门提出迫切需求; • 自主研发力量不足; • 自主研发所需时间长,不能及时满足生产需求; • 自主研发所需投资远远超过引进成本; • 自主研发的风险过高	• 技术成熟,易于消化吸收; • 技术供应方充足; • 交易成本较低; • 能维持长期的技术支持、更新	• 能够迅速满足生产需求; • 规避自主研发的风险; • 知识积累,提升自主研发实力; • 加强与外部技术的交流
自主研发	• 中长期的生产需求; • 保持竞争优势的核心技术开发; • 超前性技术储备; • 自主研发力量强,有较好积累; • 科研经费充足	• 市场上该类技术处于开发试验阶段; • 技术供应方缺乏; • 成本较高; • 竞争对手十分重视	• 能够满足中长期生产需求; • 形成积累企业的自主知识产权; • 形成并保持企业可持续竞争优势; • 提升研发水平,形成研发核心力量; • 降低技术引进的成本

续表

技术获取策略	适用条件		效果
	内部	外部	
合作研发	• 靠自身能力不能获得明显竞争优势； • 希望快速追赶； • 受到专利保护等限制而无法获得； • 为获取互补技术或特殊装备，特别是非核心领域； • 为确保兼容性或实现标准化	• 具有雄厚的研究基础和业绩，能同我方需求形成互补； • 具有真诚的合作愿望； • 合作成本较低； • 能保持稳定持久	• 提高我方竞争实力和技术水平； • 较小开支； • 缩短时间； • 培养队伍

5. 顶层设计和项目框架设计

为确保科技规划和年度计划的完整性，提高规划实施的可操作性，规划可采用基于科技路线图方法进行顶层设计与项目框架设计。

1）顶层设计

☑ 顶层目标设计与分目标分解；

☑ 总目标与分目标（以提交工业化试验成果为目标）时间点设计；

☑ 总目标与分目标研发程序设计；

☑ 总目标与分目标首席与团队设计。

2）项目框架设计

☑ 目标设计：按照规定和标准确定技术水平、知识产权、技术经济指标和预期效益；

☑ 研发内容与关键技术（含创新点与预期成果）；

☑ 经费与预期效益。

6. 保障措施

战略实施过程是一个系统的有机整体，需要研发、生产、营销、财务、人力资源等各个职能部门间的密切配合。目前复杂动态的市场环境和激烈的市场竞争，对公司内部不同部门之间的这种协同运作提出了越来越高的要求。为此，公司应当采取切实有效的保障措施，确保发展战略的顺利贯彻实施。

（1）要培育与发展战略相匹配的公司文化。公司文化是发展战略有效实施的重要支持。发展战略制定后，要充分利用公司文化所具有的导向、约束、凝聚、激励等作用，统一全体员工的观念行为，共同为发展战略的有效实施而努力奋斗。

（2）要优化调整组织结构。发展战略决定着公司组织结构模式的设计与选择；反过来，发展战略的实施过程及效果又受到所采取的组织结构模式的制约。要解决好发展战略前导性和组织结构滞后性之间的矛盾，公司必须在发展战略制定后，尽快调整公司组织结构、业务流程、权责关系等，以适应发展战略的要求。

（3）要整合内外部资源。公司能够利用的资源是有限的，如何调动和分配公司不同领域的人力、财力、物力和信息等资源来适应发展战略,是促进公司发展战略顺利实施的关键所在。公司在战略实施过程中,只有对拥有的资源进行优化配置,达到战略与资源的匹配,才能充分保证战略的实现。

(4) 要相应调整管理方式。公司在战略实施过程中,往往需要克服各种阻力,改变公司日常惯例,在管理体制、机制及管理模式等方面实施变革,由粗放、层级制管理向集约、扁平化管理转变,为发展战略的有效实施提供强有力的支持。

2.3.3　企业技术创新的关键环节

探讨企业技术创新活动的关键环节,有利于加深对企业技术创新活动的认识,有利于企业技术创新激励机制的建设。一般认为企业技术创新具有以下关键环节。

1. 充分了解消费者需求

充分了解消费者需求是企业技术创新的反应性所要求的。企业技术创新活动在创新设想、调研评估阶段乃至整个活动过程都应充分了解消费者需求。一般而言,消费者需求表现为两个方面:一是对现有产品改进的需求;二是尚未满足的潜在需求。前一方面的需求是消费者需求的主要方面,因而是企业技术创新活动的主要方向。对绝大多数企业来说,将注意力集中在推出全新型的产品是不现实的,也是不必要的。因此,企业技术创新应该脚踏实地地做好消费者对现有产品改进需求的分析。相关调查发现,没有充分了解消费者需求是新产品开发失败的首要原因;成本导向的公司的绩效要比市场导向的公司的绩效差,这也表明市场导向性的创新要比成本导向性的创新对企业的贡献大。另外,充分了解消费者需求也有利于企业制定正确的技术创新战略。

2. 加强技术创新过程管理

由于企业技术创新具有风险性,加强过程管理显得尤为必要。对以下四个方面的严格控制将有利于降低技术创新的风险:一是要对技术创新活动由一个阶段进入下一个阶段的关口严格把关,将没有满足过关标准的项目及早淘汰;二是要推行并行工程,将技术创新活动的各有关因素在不同的阶段都进行相应的考虑,以尽早发现问题,尽早处理;三是要对研发团队的活动状态进行监控,包括角色匹配、知识分享等方面,以尽早发现研发团队存在的不和谐现象;四是要对整个创新活动进行较为频繁的再思考及评估以确认技术创新活动是否在沿着正确的轨道前进。

3. 培育创新文化

企业的技术创新活动与管理创新活动是密切联系在一起的。企业技术创新需要企业进行管理上的创新,以建立支持性的环境。这是企业技术创新活动的创造性、全员性及冲突性所要求的。当企业缺乏这种支持性的环境时,企业的普通工人不可能投入技术创新活动中去,企业的技术人员也很难从事复杂的技术创新活动。没有创新文化的支持,企业技术创新活动必将受到扼杀,这一观点目前已得到了学术界广泛的认同。这里面的根本原因是企业实质上是一个政治实体,企业内部占优利益集团总是试图切断绩效与薪酬的直接联系,致使创新活动得不到应有的回报。

4. 提高管理人员的技术技能

就技术技能而言,现实中的企业管理人员,尤其是中高层管理人员普遍缺乏。当企业管理人员对企业的工程技术缺乏了解时,他们也很难对技术创新所涉及的一些技术性问题作出合理的决策。这已成为企业技术创新活动的一大障碍。

2.4 财务指导

百度融资

三次融资,帮助百度在短短 4 年中迅速成长为全球最大的中文搜索引擎,而李彦宏、徐勇等原有股东也保持了对公司的绝对控制权。

首笔融资不求最多

返回美国之后,手中握有全球第二代搜索引擎核心技术"超链分析"专利的李彦宏,找到了自己刚刚闯荡硅谷时认识的好朋友徐勇。1999 年 11 月,徐勇邀请李彦宏到斯坦福大学参加自己担任制片人的《走进硅谷》一片的首映式。第二天,两人就基本敲定了市场方向、股权分配、管理架构以及融资目标等回国创业的大致框架。

此时互联网泡沫正盛,但是,为了凭借自身团队的价值成为公司绝对控股的大股东,以便为将来的阶段性融资奠定基础,他们只制定了 100 万美元的融资计划,并开始寻找融资目标。在与各种背景的投资者接触后,李彦宏倾向于选择有美国背景的投资者,原因在于"他们开的价码、条件比较好"。

很快就有好几家 VC(风险投资)愿意为他们投资,他们看重的是三个因素:中国、技术、团队。"我们选了一家,即 Peninsula Capital(半岛资本)。"Peninsula Capital 是李彦宏要和另一家投资商签署协议时才开始接触的,"当时急着回国,所以我们只给了他们一天的时间。"

巧的是,Peninsula Capital 的一个合伙人 Greg 是徐勇拍摄《走进硅谷》时采访过的。Greg 对徐勇说:"从你拍的片子,我就知道你能成事。但我不认识他(指李彦宏)。你说他的技术如何了得,有什么办法让我们相信?"不过,在按创投行业惯例与李彦宏曾经工作的 Infoseek 公司 CTO(首席技术官)威廉·张通电话后,Greg 下定了决心:威廉·张认为,李彦宏是全世界搜索引擎领域排名前三位的专家。

尽管对中国有着浓厚的兴趣——2000 年年初 Peninsula Capital 还联合高盛、Redpoint Ventures(红点投资)向中国最早的 IT 交易网站"硅谷动力"投资了 1 000 万美元,但是由于没有在搜索领域的投资经验,他们又拉来了 Integrity Partners 一起投资。这家 VC 主要由 INKTOMI(美国著名的搜索引擎公司,后被 Yahoo 收购)的几个早期创业者创办。两家 VC 决定联手向百度投资 120 万美元(双方各 60 万美元),而不是李彦宏当初想要的 100 万美元。"当时我觉得,需要 6 个月时间把自己的搜索引擎做出来。"投资人问李彦宏,如果给更多的钱,是不是可以缩短这一时间,他的回答是否定的。但事实上,从 2000 年 1 月 1 日开始,百度公司在北大资源楼花了四个半月就做出了自己的搜索引擎。不仅如此,为了防止市场发生大的变化,原计划 6 个月用完的钱,百度做了一年的计划,从而坚持到了 2000 年 9 月第二笔融资到来的时候。

与资本的第二次联姻

第一轮投资者 Integrity Partners,还为百度引来了第二轮融资的领投者德丰杰全球创业投资基金(DFJ)。Integrity Partners 的创始人之一 Scott Welch,早年创建一家购物搜索引擎企业时曾得到过德丰杰的投资。2000 年四五月份,DFJ 中的"F",即创始合伙人 John H. N. Fisher,通过 Scott Welch 知道了百度,并很快对其产生了兴趣。DFJ 随即对百度展开了审慎的调查,这项工作由刚从新加坡国家科技局加入德丰杰全球创业投资基金的符绩勋担纲。

"那段时间,我们大都在晚上去实地考察百度。"符绩勋回忆道,"透过公司的灯光,我们看到了这家企业身上闪现着硅谷式的创业精神。"而另一家创业投资巨头 IDG 决心投资百度,是因为发现李彦宏一直滔滔不绝的不是自己如何厉害,而是怎么去找"比自己强"的技术和管理人员。"开始创业的时候,我们希望能够找到一位'能人'担任首席执行官,所以那时我在公司的职务是总裁。"李彦宏解释说。

投资谈判过程相当顺利,2000 年 9 月,德丰杰就联合 IDG 向成立 9 个月的百度投资了 1 000 万美元。德丰杰约占了总投资额的 75%,因而成为百度的单一最大股东,但其仍然只拥有百度的少数股权。据估算,成立不到一年的百度价值至少应当在 2 500 万美元。

投资者还为百度带来了资本之外的价值。通过 Peninsula Capital 的穿针引线,百度与硅谷动力结成了合作伙伴,2000 年 5 月 22 日,双方合作推出了"动力引擎"。"硅谷动力 CTO 卢建的做法使我们的产品被市场所认可。现在他自己做的医疗网站还在竞价排名方面与百度合作。"李彦宏表示。

这种投资组合之间的协同效应,在 DFJ 身上也得到了体现:周云帆、杨宁等创建的 CHINAREN(后被搜狐收购)是百度的早期客户,在周云帆、杨宁再次创建空中网(获得了德丰杰的投资)时,双方再度携手。

Google 进入的价值

2003 年年底,百度开始第三轮融资的时候,面临的主要问题已是选择那些能为百度的进一步发展带来不同价值的投资者。

"第三轮融资持续了 6 个月,我们在考虑是否接受 Google 上花了很多时间,因为两者之间的竞争关系是显而易见的,而当时百度并不缺钱。"李彦宏说。但其时即将上市的 Google,显然希望通过投资百度"化敌为友",在中国分得更多市场。2004 年 6 月 16 日,这两家搜索引擎的领导者宣布进行资本合作。外界揣测,Google 向百度投资了 1 000 万美元。"Google 的加入会有效增加百度的品牌知名度,但百度仍是独立运作的公司。"李彦宏强调,百度此轮融资为策略性融资,Google 只拥有百度极少数股权,不足以影响百度的发展策略。李彦宏、徐勇等公司的原有股东仍然对公司拥有绝对的控制权。

德丰杰与 Google 一起在此轮投资中扮演了领投角色。投资者的名单上还包括 Integrity Partners、Peninsula Capital、China Value、华盈投资(Venture TDF)、信中利投资(China Equity)、Bridger Management 等,其中,信中利曾在搜狐股票价格徘徊在 1 美元时大量买进,China Value 则拥有强大的政府关系背景,但是,China Value 等后来的投资者都没有能够进入百度的董事会。

在不到 5 年的时间内,伴随着外源资本的进入,百度不断从幕后走向前台,并一步一步地逼近自己的目标。这个过程,按照李彦宏的说法就是:2002 年是技术年,百度搜索技术真正成熟,而由于技术是搜索服务提供商的立足之本,百度还将以年度收入的 10%投入技术研发,以其 2003 年约为 2 亿元的收入计,其投入研发的年度费用达 2 000 万元;2003 年是流量年,百度流量比 2002 增加了 7 倍(2002 年和主流门户网站的搜索流量持平);2004 年是品牌年,百度品牌得到网民的广泛认可。而 2005 年,李彦宏说"是百度的收入年"。

资料来源:户才和、百度不被操纵的融资[J]. 新财富,2005(1).

在创业公司的创业规划中,财务融资是一项重要的规划,仅有好的技术与产品风险还是很大的,事实上创办企业初期最需要的资源之一就是资金,这是创办企业的生命线,为此,在此章节,请通过模拟训练与思考,完成以下两个主要任务。

任务一:掌握基本的融资规划与方法。

任务二:了解通用融资方式的利弊。

任务分析

为了有效完成本章节的两个子任务,建议先进行本章节后的创业实践 2-4 融资模拟,然后学习相应知识链接中的知识点,再学习进阶技巧中的"融资"部分。要进一步提升融资技能还需在今后的模拟训练与体验中反复加强训练与思考。

知识链接

2.4.1 融资概述

1. 创业融资渠道与方式选择

创业融资从大的方面来说,主要有直接融资与间接融资两种形式。直接融资是指不通过银行等金融市场机构的融通资金的方式。间接融资主要是指银行贷款。银行的钱不好拿,这谁都知道,对创业者更是如此。但在某种情况下也有例外,就是在你拿得出抵押物或者能够获得贷款担保的情况下,银行还是很乐意将钱借给你的。较适合创业者的银行贷款形式主要有抵押贷款和担保贷款两种。信用贷款是指以借款人的信誉发放的贷款,一般情况下,缺乏经营历史从而也缺乏信用积累的创业者,比较难以获得银行的信用贷款。

1) 抵押贷款

抵押贷款指借款人以其所拥有的财产做抵押获得银行贷款。在抵押期间,借款人可以继续使用其用于抵押的财产。当借款人不按合同约定按时还款时,贷款人有权依照有关法规将该财产折价或者拍卖、变卖后,用所得钱款优先得到偿还。适合于创业者的有不动产抵押贷款、动产抵押贷款、无形资产抵押贷款等。

(1) 不动产抵押贷款。创业者可以土地、房屋等不动产做抵押,向银行获取贷款。

（2）动产抵押贷款。创业者可以股票、国债、企业债券等获银行承认的有价证券，以及金银珠宝首饰等动产做抵押，向银行获取贷款。

（3）无形资产抵押贷款。是一种创新的抵押贷款形式，适用于拥有专利技术、专利产品的创业者，创业者可以专利权、著作权等无形资产向银行做抵押或质押，获取银行贷款。

2）担保贷款

担保贷款是指借款方向银行提供符合法定条件的第三方保证人作为还款保证，借款方不能履约还款时，银行有权按约定要求保证人履行或承担清偿贷款连带责任的借款方式。其中较适合创业者的担保贷款形式有自然人担保贷款、专业担保公司担保贷款、托管担保贷款等。

（1）自然人担保贷款。自然人担保可采取抵押、权利质押、抵押加保证三种方式。如果借款人未能按期偿还全部贷款本息或发生其他违约事项，银行将要求担保人履行担保义务。从 2002 年起，除工商银行外，其他一些国有银行和城市商业银行，也可视情况提供自然人担保贷款。

（2）专业担保公司担保贷款。目前各地有许多由政府或民间组织的专业担保公司，可以为包括初创企业在内的中小企业提供融资担保。北京中关村担保公司、首创担保公司等属于政府性质担保公司，目前在全国 31 个省、市中，已有 100 多个城市建立了此类性质的担保机构，为中小企业提供融资服务。这些担保机构大多实行会员制管理的形式，属于公共服务性、行业自律性、自身非营利性组织。创业者可以积极申请，成为这些机构的会员，以后向银行借款时，可以由这些机构提供担保。与银行相比，担保公司对抵押品的要求显得更为灵活。担保公司为了保障自己的利益，往往会要求企业提供反担保措施，有时会派员到企业监控资金流动情况。

（3）托管担保贷款。这是一种创新的担保贷款形式。对于一些处于草创阶段的企业，虽然土地、厂房皆为租赁而来，现在也可以通过将租来的厂房、土地，经社会资产评估，约请托管公司托管的办法获取银行贷款。如上海百业兴资产管理公司就可以接受企业委托，对企业的季节性库存原料、成品库进行评估、托管，然后以这些物资的价值为基础，为企业获取银行贷款提供相应价值的担保。通过这种方法，企业既可以将暂时用不着的"死"资产盘活，又可以获得一定量银行资金的支持，缓解资金压力，是一件一举两得的好事。

可供创业者选择的银行贷款方式还有买方贷款，如果你的企业产品销路很好，而企业自身资金不足，那么，你可以要求银行按照销售合同，对你产品的购买方提供贷款支持。你可以向你产品的购买方收取一定比例的预付款，以解决生产过程中的资金困难。或者由买方签发银行承兑汇票，卖方持汇票到银行贴现，这就是买方贷款。

此外还有典当融资、国家创新基金、风险投资等方式，也在目前创业融资过程中较为常见。

2. 政府扶持融资

创业者还要善于利用政府扶持政策，从政府方面获得融资支持，如专门针对下岗失业人员的再就业小额担保贷款，专门针对科技型企业的科技型中小企业技术创新基金、专门为中小企业"走出去"准备的中小企业国际市场开拓资金等，还有众多的地方性优惠政策。巧妙地利用这些政策和政府扶持，可以达到事半功倍的效果。这些融资方式主要有以下几种。

1）再就业小额担保贷款

根据《中共中央国务院关于进一步做好下岗失业人员再就业工作的通知》（中发〔2002〕12号）文件精神，为帮助下岗失业人员自谋职业、自主创业和组织起来就业，对于诚实守信、有劳动能力和就业愿望的下岗失业人员，针对他们在创业过程中缺乏启动资金和信用担保，难以获得银行贷款的实际困难，由政府设立再担保基金。通过再就业担保机构承诺担保，可向银行申请专项再就业小额贷款，该政策从2003年年初起陆续在全国推行。其适用对象：①国有企业下岗职工；②国有企业失业职工；③国有企业关闭破产需安置的人员；④享受最低生活保障并失业1年以上的城镇其他失业人员。贷款额度一般在2万元左右。①

2）科技型中小企业技术创新基金

财政部、科学技术部联合印发了《科技型中小企业技术创新基金财务管理暂行办法》的通知（财企〔2005〕22号），在通知中明确说明国家设立创新基金旨在增强科技型中小企业创新能力，引导地方、企业、创业投资机构和金融机构对科技型中小企业技术创新的投资，逐步建立起符合社会主义市场经济规律、支持科技型中小企业技术创新的机制。

根据科技型中小企业和项目的不同特点，分别以无偿资助、贷款贴息、资本金投入等方式给予支持。其中，创新基金对每个项目的无偿资助或贷款贴息数额一般不超过100万元人民币，个别重大项目不超过200万元人民币。

（1）无偿资助。无偿资助主要用于技术创新项目研究开发及中试阶段的必要补助。包括人工费、仪器设备购置和安装费、商业软件购置费、租赁费、试制费、材料费、燃料及动力费、鉴定验收费、培训费等与技术创新项目直接相关的支出。

（2）贷款贴息。贷款贴息主要用于支持产品具有一定的技术创新性、需要中试或扩大规模、形成小批量生产、银行已经贷款或有贷款意向的项目。项目立项后，根据项目承担企业提供的有效借款合同及项目执行期内的有效付息单据核拨贴息资金。

3）其他创业优惠政策

2009年11月12日，人力资源和社会保障部就业促进司司长于法鸣在全国首批国家级创建创业型城市市长培训班上接受新华社记者专访时介绍，国家为了鼓励创业，出台了一系列优惠政策，提高了创业的成功率。

（1）免费进行创业培训。我国很多地市正在建立满足城乡各类劳动者创业的创业培训体系，逐步将所有有创业愿望和培训需求的劳动者纳入创业培训。对参加创业培训的创业者，按有关政策规定，给予职业培训补贴。对领取失业保险金人员参加创业培训的，其按规定享受的职业培训补贴由失业保险基金支付。创业培训补贴逐步纳入职业技能培训补贴，标准由各地确定。

为了提高培训质量，各地定期组织开展教师培训进修、研讨交流活动，加强师资力量的培养和配备，提高培训水平。在教学方式上，采用案例剖析、知识讲座、企业家现身说法等多种方式，增强创业培训的针对性和实用性。

---

① 有关再就业小额担保贷款更详细的介绍请参见《科学投资》2004年第1期中的文章《创业扶持贷款帮你创业》。

此外,根据不同群体的不同需求,开发推广国内外先进创业培训技术,比如引入欧洲模拟公司开展创业实训,不断提高创业成功率。

(2) 优先安排创业场地。按照法律、法规规定的条件、程序和合同约定,政府允许创业者将家庭住所、租借房、临时商业用房等作为创业经营场所,尽可能地让创业者在创业过程中降低成本。

同时,各级政府及其国土、规划、城管等有关部门统筹安排劳动者创业所需的生产经营场地,搞好基础设施及配套建设,优先保障创业场地。

此外,有关政策规定,各地可在土地利用总体规划确定的城镇建设用地范围内,或利用原有经批准的经济技术开发区、工业园区、高新技术园区、大学科技园区、小企业孵化园等建设创业孵化基地。

(3) 信贷政策大力支持创业。根据就业促进法的规定,登记失业人员、残疾人、退役士兵以及毕业 2 年以内的普通高校毕业生,均可按规定程序向经办金融机构申请小额担保贷款。

在贷款额度上,经办金融机构对个人新发放的小额担保贷款最高额度由最初的 2 万元提高到 5 万元,妇联已经把妇女创业贷款提高到 8 万元,对符合条件的劳动密集型小企业的贷款最高额度由不超过 100 万元提高到不超过 200 万元。

在国家层面上,中央财政综合考虑各地财政部门当年小额贷款担保基金的增长和代偿情况等因素,每年从小额担保贷款贴息资金中安排一定比例的资金,用于对地方财政部门小额担保基金的奖补和小额担保贷款工作业绩突出的经办金融机构、担保机构、信用社区等单位的经费补助。

(4) 减免行政收费。国家出台了很多关于税费减免的政策。根据规定,凡从事个体经营的,自其在工商部门首次注册登记之日起 3 年内免收管理类、登记类和证照类等有关行政事业性收费。

减免费项目包括中央和地方两个方面。

中央方面具体包括法律、行政法规规定的收费项目,国务院以及财政部、发展改革委批准设立的收费项目。其中包括:工商部门收取的个体工商户注册登记费(包括开业登记、变更登记、补换营业执照及营业执照副本)、个体工商户管理费、集贸市场管理费、经济合同鉴证费、经济合同示范文本工本费。

同时,免收的费用还包括税务部门收取的税务登记证工本费;卫生部门收取的行政执法卫生监测费、卫生质量检验费、预防性体检费、卫生许可证工本费;民政部门收取的民办非企业单位登记费(含证书费);人力资源和社会保障部门收取的职业资格证书工本费;国务院以及财政部门、发展改革委批准设立的涉及从事个体经营的其他登记类、证照类和管理类收费项目。

在地方层面,各省、自治区、直辖市人民政府及其财政、价格主管部门批准设立的涉及个体经营的登记类、证照类和管理类收费项目也有相应减免。

(5) 创业税收大力减免。为了鼓励更多的劳动者成为创业者,国家提高了所有个人纳税人的增值税、营业税起征点。

同时,国家规定持再就业优惠证人员从事个体经营的,按每户每年 8 000 元为限额依次扣减其当年实际应缴纳的营业税、城市维护建设税、教育费附加和个人所得税。

此外,国务院关于促进中小企业发展的若干意见中对新办中小企业所得税减半征收,比例为 20%。

当然,对于创业者来说,善用自我积累、进行滚动发展也是一个不错的方式,虽然发展速度可能会相对慢一些,但是没有包袱,做事可以更加从容,保持一种良好心态。创业者还可以选择典当等方式筹措创业资金。

创业融资的方法多种多样。创业者需要灵活,做任何事情都不能拘泥于一个定式。

2.4.2　融资决策原则

根据同行业相关经验,一般来说,融资过程中有以下几条原则可供借鉴。

(1) 融资总收益大于融资总成本。

(2) 融资规模要量力而行。

(3) 尽可能降低融资成本。

(4) 确定恰当的融资期限。

(5) 选择最佳融资机会。

(6) 尽可能保持企业的控制权。

(7) 选择最有利于提高企业竞争力的融资方式。

(8) 寻求最佳资本结构。

2.4.3　创业资金使用

凡创业成功的人,都有化腐朽为神奇的能力,克服常人无法想象的困难。我们来看看波士顿啤酒公司创始人吉姆·科奇是如何四两拨千斤运用有限创业资金的。

吉姆·科奇刚开始创业时,只有自己在咨询公司工作时存的 10 万美元和朋友与家人筹集的 14 万美元创业资本,虽然这些钱足够创办一家零售或服务性企业,但如果办一家具有最新水准的啤酒酿造企业,至少需要 1 000 万美元,因此这些钱还远远不够用。

吉姆·科奇克服了这一大资金障碍,他没有建造或购买工厂,而是将酿造工作环节承包给了一家现有公司——匹兹堡酿酒公司。这家公司不仅拥有先进的设备,而且其员工从业 20 多年,具有丰富的酿造经验。这样就顺利解决了资金不足的问题。

资料来源:罗伯特·哈特利.世界 500 强风云战败启示录[M].北京:中国人民大学出版社,2009.

创业的资金可按"六三一黄金比例":将资金分为十等份,其中六等份放在开办成本、三等份放在营运费用,最后一份则是紧急准备金。

六成开办成本:工厂/店面租金、装潢、生产/办公设备(如加工设备、桌椅、通信工具等),总括为开办成本,是创业耗资最大的部分。

三成营运费用:大部分公司是慢慢才会盈利的,所以会产生所谓的亏损期,尤其在创业的前半年,因此应保留亏损期的营运费用。

一成紧急准备金：针对生产/办公设备的损坏或不当使用、天灾带来的破坏等，一定要留下紧急准备金应变，预防意想不到的开支。

 典型案例

新东方的创业传奇

作为国内最大的英语培训机构，新东方声名赫赫。十几年来，它帮助数以万计的年轻人实现了出国梦，众多莘莘学子借此改变了自己的命运。有人评价说："在中国，任何一个企业都不可能像新东方这样，站在几十万青年命运的转折点上，站在东西方交流的转折点上，对中国社会进步发挥如此直接而重大的作用。"

1993 年 11 月，俞敏洪拿到了办学执照，在只有 10 平方米漏风的违章建筑办公室里，新东方开始了充满艰难的发展历程。

1995 年，学生在校人数已达 1 000 多人。此时俞敏洪已经能够感受到教育产业的魅力，办学校的目的不再只是为了钱。有了明确的信念，新东方步入迅速发展的黄金时期。

组建核心团队

1995 年年底，新东方发展进入第二个重要关头：学校的迅速膨胀使俞敏洪感到个人管理很吃力，为了使事业健康发展，他开始寻找合作伙伴。通过五天五夜的劝诱，他说动了王强——贝尔实验室工程师，再加上徐小平、包凡一、杜子华。1996 年 10 月，俞敏洪成功地组建了新东方的 5 人校长团体，他自己依然是校长，另外 4 人是分管各自业务的副校长。经过在海外多年的打拼，这些"海归"身上都积聚起了巨大的能量。这批从世界各地汇聚到新东方的个性桀骜不驯的人，把世界先进的理念、先进的文化、先进的教学方法带进了新东方，5 个人各自负责一摊儿，齐头并进，把新东方推向了又一个鼎盛期：由于他们的加入，新东方又开辟了出国咨询、口语培训、大学英语培训等业务，至此，新东方已经可以提供多品种的教育服务。但是在发展中也产生了矛盾，个人利益如何保证的问题提上日程。从 1998 年开始酝酿，到 2000 年结束，新东方完成了从一个手工作坊向一个现代化企业转变的过程。对俞敏洪而言，从昔日个人管理唯我独尊到今天的董事会管理集体决定，变化是巨大的。

品牌建设

在世界品牌价值实验室（World Brand Value Lab）编制的 2010 年度中国品牌 500 强排行榜中，北京新东方教育科技（集团）有限公司位列排名第 94 位，品牌价值 64.23 亿元。

新东方的教师们以开发学生兴趣、轻松教学为主要特点的授课方式不仅受到学生的欢迎，也逐渐形成新东方的品牌个性，而俞敏洪谦和、可亲、幽默的特点也自然融入品牌文化内涵中。

俞敏洪深刻地了解其目标客户群——学生最需要什么，在学习的过程中又需要什么样的环境，新东方需要创造什么样的附加价值来很好地赢得顾客满意和顾客忠诚。针对大学生对通过 CET（大学英语四六级考试）的乏力和无助，俞敏洪摸索出一种有效的应试教育方法,为他们解决"麻烦"。同时,摸索他们的喜好,通过有个性的讲师以调侃的讲课方式创造一个轻松、愉快的学习氛围,传递培训之外的附加价值,从而使学员获得愉快的体验。新东方不仅获得了顾客满意,同时还因为学员的人际传播,获得好的口碑及更大的价值。

新东方之所以区别于其他同类企业而获得了高速发展,和其独特的师资有密切联系。新东方所拥有的别具一格的教学方式就是支持其高速发展并取得成功的核心竞争力。新东方所设置的一系列授课准则及风格,也逐渐成为新东方的代名词,新东方品牌得到了有效的传播。

制 胜 法 宝

俞敏洪从来不讳言自己出奇制胜的法宝:让利。"让利于学生,让利于教师,让利于管理者,让利于社会。"这个连傻子都觉得有些傻的招儿,在他的成功中发挥了关键的作用。

新东方创业之初,出国考试培训市场已经有了 30 多家单位,俞敏洪只做了三件"小事",很快从重围中杀出一条血路。一是当时市面的收费在 300～380 元,俞敏洪将价格降到 160 元;但是考虑到价优未必质优,俞敏洪为了吸引学生,开设了免费培训课,20 次授课之后,感觉效果不错的学生再交 160 元继续学习。这当然付出了沉重的代价,但是也赢得了良好的声誉。二是当时许多培训班在学费之外,开班后往往又以最新资料等名目另外收费,新东方所有资料对学员一律免费赠送。绝不让学生有上当受骗的感觉,是新东方恪守的信条。三是经常给学生以惊喜,如发给大家各种资料,赠送新东方的笔记本,这些小礼物培养了学生与新东方之间的感情,这也是新东方虽然没有刻意宣传但却具有良好口碑的原因之一。

标准化管理

新东方以一种不可思议的速度急剧扩张,而俞敏洪得意的是他将新东方做成了一个有流水生产线的标准企业,任何一个走进新东方的学员最终会变成一个合格的流水线产品。俞敏洪想做的就是将自己的生产线规范化、规模化。

目前,新东方的培训项目包括 TOEFL(检定非英语为母语者的英语能力考试,托福)、GRE(美国研究生入学考试)、GMAT(研究生管理科学入学考试)、TSE(英语口语考试)、美国口语、美国电影口语听说以及职业和大专英语教育等各个方面。同时,学校还为学员提供出国资料的查询、留学咨询、美国签证咨询等相关的服务。学校规模也从最初的一个班 13 个学员发展到现在仅一个暑期班就达 2 万人的规模。

据称,新东方的资料室是国内独一无二的出国资料总汇,对学员免费开放,在这里可以查阅北美最新入学情况和奖学金资料,出国过程中的种种疑问和难题也可以在此得到解决。学校定期举办的各种留学讲座,一年一度的英语专题系列讲演会,都在社会和学员中引起强烈反响。可以说,新东方对学员的帮助,已经远远超过英语考试的范畴而渗透到出国留学的各个方面。

资料来源:http://jy.gxccedu.com/cyzd/cyjy/2009-06-20/577.html,http://info.jrj.com.cn/news/2007-01-08/000001904990.html.

思考与讨论

1. 新东方在创业初期阶段进行的战略规划有哪些？

2. 结合书本知识，列出你自己对创业管理的战略计划，创业者可将创业计划编制到"商业计划书"（附录 A）中，并在本章节的创业实践中加以运用。

 创业实践

创业实践 2-1　基本战略规划

?	实践主题：基本战略规划
	完成这些练习后，学员将能够： 了解基本战略规划； 体验基本战略规划所产生的影响
	确定公司的基本目标后，需明确你的基本战略规划，并对基本战略规划进行部署与设置

1. 基本战略策略预测与分析

进入"单人自定义软件"模式，分别选择难度等级 3、5、8，先将速度调为最小值，列出每个公司的基本战略策略，预测该公司的前景，然后将速度调到最大，直到 20 年经营结束，将结果填写在公司综合排名结果栏中，最后进行验证。

难度等级＝3

公司名称	基本管理策略	董事长兼 CEO 的态度	预测公司综合排名	公司综合排名结果

难度等级＝5

公司名称	基本管理策略	董事长兼 CEO 的态度	预测公司综合排名	公司综合排名结果

难度等级＝8

公司名称	基本管理策略	董事长兼 CEO 的态度	预测公司综合排名	公司综合排名结果

2. 各战略策略的优缺点

根据你的观察与分析,列出每种战略策略的优缺点。

基本管理策略	董事长兼 CEO 态度	优　　点	缺　　点

创业实践 2-2　品 牌 策 略

?	实践主题：品牌策略
≡	完成这些练习后,学员将能够: 创建和维护品牌策略; 理解不同的品牌策略所产生的影响; 查找品牌策略在不同地区不同产品的价值
◆	在"新手模式"中,选择"4. 广告宣传"的学习教程,通过此学习教程的模拟学习,了解如何打广告,如何设定品牌并理解广告与品牌的作用

（1）请在总公司明细报表中设置好自己公司的品牌策略，并阐述你设置这种品牌策略的理由。

（2）根据你对创业实践 2-1 中一次模拟经营软件的观察，采用独立"品牌策略"的公司，同一产品在不同的地区，品牌的认知度、忠实度及综合评价会一致吗？为什么？

创业实践 2-3　研发中心规划

?	实践主题：研发中心规划
	完成这些练习后，学员将能够： 根据创业战略规划的要求对研发中心进行规划； 理解不同研发中心规划对公司产品的科技带来的影响
	在"新手模式"中，选择"7. 研发"的学习教程，通过此学习教程的模拟学习，了解如何建造研发中心及如何通过研发部门的研发工作努力，使你的产品质量优先于竞争对手，并一直保持领先地位

（1）研发中心规划。

① 建立一所研发中心，建造费用为多少？每月管理费用为多少？

② 对所建的研发中心，使用"规划库"规划出研发电子元件、芯片、塑料三个基础原料的研发中心，平均每个原料让三个部门研发，研发周期均为两年。

（2）影响研发中心规划的因素有哪些？经营过程中，如果有其他公司要购买你的科技，你的决策是什么？为什么？

（3）通过模拟经营，你认为科技对公司的影响程度如何？

创业实践 2-4　融　资　模　拟

?	实践主题：融资模拟
	完成这些练习后，学员将能够： 利用银行贷款融资； 利用发行股票融资； 利用股市变化来融资
	在"新手模式"中，选择"5. 股市"的学习教程，通过此学习教程的模拟学习，了解如何买卖股票及发行新股，如何建立公司总部

1. 银行贷款融资

（1）在工具栏，进入"财务运作"，进入"借款/偿还贷款"，列出目前你公司的下列数据,并贷款信用限额的一半。

年　　月	贷款总额	月利息率	信用限额	利　　率

(2)根据你的观察,贷款的利率会有变化吗? 你如何决定你的贷款数量?

2. 发行股票融资

(1)在工具栏,进入"财务运作",进入"发行新股",观察选择发行数量与价格,这时能发行股票来筹集资金吗?

(2)如果你能经营公司一段时间,当公司开始有盈利后,再进入"财务运作",进入"发行新股",观察选择发行数量与价格,这时能发行股票吗? 如果可以,请发行一定数量的股票,以筹集资金。

年　　月	发行股票数量	发行价格	发行上限	体　　会

 **进阶技巧**

1. 品牌技巧

公司开始经营就要决定品牌政策,因为经常变更品牌政策会导致以前的品牌报废。品牌的选择可参考以下各品牌的优缺点。

(1)单一品牌战略。优点:城市的所有商品均采用同一品牌,广告费花费少,品牌提升快。缺点:若有一种或少数几种商品质量差,则会影响所有产品的品牌评价,品牌忠实度将大幅下降,甚至变为负值。

(2)系列品牌战略。优点:城市的同一系列商品采用同一品牌,广告费花费较少,品牌提升较快。缺点:若有一种或少数几种商品质量差,则会影响同一系列产品的品牌评价,品牌忠实度将大幅下降,甚至变为负值。随着新品牌的引入,其净市场贡献率将呈现一种边际递减的趋势,品牌推广成本较大。

(3)独立品牌战略。优点:不同商品采取不同品牌,品牌评价互不影响。缺点:所有商品均要单独做广告,广告费花费较多。

2. 研发

研发,就是生产技术的提升,而生产技术的提升,就是产品品质的提升。

软件中对技术的影响作了简化,以一个百分比来衡量技术和品质。例如,芯片的品质中,原材料硅的影响占 5%,而技术占 95%。假设我们的硅是外购的,质量是 50,那么原材料对于芯片的品质贡献就是 $50\% \times 5\% = 2.5\%$,而我们的芯片制造技术一开始是最低的 30,那么技术的贡献是 $30\% \times 95\% = 28.5\%$,我们出产的芯片的质量就是 $2.5 + 28.5 = 31$。当我们的研发将芯片制造技术从 30 提高到 100 时,我们的芯片质量就是 $95 + 2.5 = 97.5$,提高了 66.5。

当有某家公司的研发超过 100 时(如达到了 110),所有公司在该项技术的水平都要重新计算。例如,你原来的技术是 80,那你的技术在质量中的加权就是 80/110,而不再是 80/100。同样,当你的研发上升时,会造成你的竞争对手的技术水准的下降。

在本软件中技术之间没有差别。制造芯片和制造瓶装牛奶的技术力从 30 提升到 100,所需要的研发资源是一样的。这个设定使得我们在生产经营和研发中偏爱那些高附加值的产业。

无差别的技术导致了另一个结果,就是关键技术。芯片质量对台式、笔记本、掌上三种电脑产品质量的影响有 40%,也就是一个研发导致了三种产品 $66.5 \times 40\% = 26.6$ 的品质提升,如果这三种产品的品质最初也是没有任何技术含量的 31 的话,现在就提高了近一倍,这会导致消费者的强烈反应。像这种一种技术会大幅影响到一大堆产品的品质,就可以称为关键技术,而大部分技术的影响力都非常有限。如电子元件在电子产品(手机、DVD 等)、电脑产品、电器产品中都有应用,也是一个关键技术。而钢材、塑料因为被广泛应用,虽然在许多产品中的影响不大,但总体的产品质量水平提升很大,其生产技术也是关键技术。

如果芯片研发所需的资源是瓶装牛奶的 10 倍,那我们的研发重点和顺序就要慎重考虑。但是在无差别技术的情况下,往往是用零售业积累的资金直扑高附加值的产业的生产和研发。

研发的一个问题是重复研发。如果几个研发小组在同时进行同一项研发,那么其成果是重复的而不是叠加的。这样就限定了一个项目最多只有一个研发中心的 9 个研发部门参与。而一个研发小组各部门合作的结果是 $1 + 1 < 2$ 的,即单独一个部门研发一个项目时的效率最高,一口气研发 10 年比一年一年研发的效率要高好几倍。

研发的另一个问题是研发力只与设定研发项目时有关,设定项目时研发部门的级别是 1,其后部门级别的上升不会影响研发进度和研发成果,只有下一次研发才能享受升级的成果。所以当设定研发项目后若立刻进行一次特训,千万记得把研发项目重设一遍。

CTO 据说能在平时的训练中加速研发人员的升级,不过他会在研发完成后自动调整研发项目,而新项目可能完全不符经营者的发展战略。

经营者也可以向别人购买技术,因为你开局时往往没钱支撑太多的研发中心。技术领先的公司一般不愿意卖技术,但能成功购买它的技术概率还是有 20%~30%。从技术排第二的公司购买就能 100% 地买到技术。

3. 融资

国外的创业学课程中,首先讲的必然是融资。在国内,融资却只有做投行的人才会接触到。这是因为国外的资本市场发达,融资的成本低,不像国内有种种中国国情和中国特色,上市资格是稀缺资源。因为中国缺乏信用体系和信用文化,小企业创业只能依赖于自我积累和亲朋的投资。

软件中的融资包括贷款和增发股票两种。贷款和增发的上限是由经营者总公司的利润决定的,具体的算法公式不明。增发的价格是市价,而贷款的利率波动的原因不明。

在软件初期,贷款的总额只有几个或者十几个百万元(虽然软件的基本单位是元,定价时甚至有分,但百万元是一个你作规划时的基本单位,像一个矿场连地皮带建筑需要 8~15 个百万元,一家大型工厂连带车间大约是 3.5 个百万元),只能作为流动资金不足时的应急,初期的投资仍需依赖于增发新股。

增发新股虽然不要利息,但是会稀释经营者的股权。相对于经营者公司壮大后的股票回购所付出的代价,贷款的利息简直微不足道。一般而言,贷款的年利率在 10% 上下,也就是月利率在 8‰ 左右。贷 1 000 万元的月利息才 8 万元,而 1 000 万元所能购得的经营类资产的月利润至少要比这个数多一个 0。所以初期过后你的资金链站稳脚跟了,就可以用贷款去扩张,并且习惯于债务的存在,因为在自有资金不多(十几个百万元)的情况下,用几十个百万元的贷款去扩张,有助于利润的迅速扩大和股票价值的上升。

第 3 章

网络零售业创业实践

◆ 了解网络零售业创业经营的基本内容
◆ 学会创业管理中网络零售业经营策略
◆ 学会分析客户需求及进行机会分析
◆ 掌握零售业经营各部门管理要求
◆ 掌握零售业经营策略

3.1 网络零售业创业管理指导

2015 年网上零售总额突破 3.8 万亿元

根据国家统计局数据,2015 年在社会消费品零售总额 300 931 亿元中,全国网上零售额 38 773 亿元,比上年增长 33.3%。见表 3-1。

表 3-1 全国网上零售额

年　份	网上零售额/亿元	增　速
2015	38 773	+33.3%
2014	27 898	+49.7%
2013	18 500	+42.0%
2012	13 040	+66.2%
2011	7 846.5	+70.2%
2010	4 610	+75.3%
2009	2 630	+105.2%
2008	1 281.8	+138.4%

信息来源:石钰.亿欧网,2016-01-03.www.iyion.com.

目前很多创业机会来自网络零售业,主要是因为与其他行业相比,网络零售业的创业门槛低,投资少,风险小,回报快,利润较高,是最适合初次创业的热点行业之一。你是否也准备从网络零售业入手呢? 如果也有此想法,只是对网络零售业的经营与管理还不是很熟悉,希望加强对网络零售业的基本流程的了解,包括网络零售业的销售、采购、库存等重要部门的管理,你需要结合网络零售业的创业的经营相关知识与技能完成以下两个子任务。

任务一:模拟确定你所模拟创业的"零售公司"的定位,包括经营范围、规模、目标等;

任务二:学习"采购部门""库存部门""销售部门"的业务管理。

任务分析

从数据上来看,网络零售额的发展一直保持着高速增长,且增速也一直高于社会消费品零售总额增速。但随着电商行业规模的扩大,该行业的增速也在减缓。究其原因可能是,网民红利正在逐步减退。经过 10 年的发展,中国互联网普及率已经过半,能增长的空间有限,网上零售商依赖的"用户红利"正在削弱,效应正在减退。

当然,网上零售仍是最有潜力的创业机会所在,不过,创业的风险也正在增加。

结合以上案例,你会为你经营的网络零售业作何计划,以确定创业的机会与发展方向?

本节学习顺序建议,先进行创业实践 3-1 食品零售业创业实践,然后再学习相应知识链接中的知识点,最后学习"进阶技巧"中的"零售业的经营"。

知识链接

3.1.1　零售业概述

1. 零售及零售业

零售是向最终消费者个人或社会集团出售生活消费品及相关服务,以供其最终消费之用的全部活动。这一定义包括以下几点。

(1) 零售是将商品及相关服务提供给消费者作为最终消费之用的活动。如零售商将汽车轮胎出售给顾客,顾客将之安装于自己的车上,这种交易活动便是零售。若购买者是车商,而车商将之装配于汽车上,再将汽车出售给消费者则不属于零售。

(2) 零售活动不仅向最终消费者出售商品,同时也提供相关服务。零售活动常常伴随商品出售提供各种服务,如送货、维修、安装等,多数情形下,顾客在购买商品时,也买到某些服务。

(3) 零售活动不一定非在零售店铺中进行,也可以利用一些使顾客便利的设施及方式,如上门推销、邮购、自动售货机、网络销售等,无论商品以何种方式出售或在何地出售,都不会改变零售的实质。

(4) 零售的顾客不限于个别的消费者,非生产性购买的社会集团也可能是零售顾客。如公司购买办公用品,以供员工办公使用;某学校订购鲜花,以供其会议室或宴会使用。所以,零售活动提供者在寻求顾客时,不可忽视团体对象。在我国,社会集团购买的零售额达 10% 左右。零售业是指以向最终消费者(包括个人和社会集团)提供所需商品及其附带服务为主的行业。

(5) 零售业是一个国家最古老的行业之一,也是一个国家最重要的行业之一。零售业的每一次变革和进步,都带来了人们生活质量的提高,甚至引发了一种新的生活方式。

(6) 零售业是反映一个国家和地区经济运行状况的晴雨表。国民经济是否协调发展,社会与经济结构是否合理,首先在流通领域,特别是在消费品市场上表现出来。

(7) 零售业是一个国家和地区的主要就业渠道。由于零售业对劳动就业的突出贡献,很多国家甚至把扶持、发展零售业作为解决就业问题的一项经济政策。

(8) 现代零售业是高投资与高科技相结合的产业。现在,零售商们运用着最先进的计算机和各种通信技术对变化中的消费需求迅速作出反应。

2. 西方零售业的四次重大变革

零售业中的某些变化之所以能提升到重大变革的高度,必须满足三方面的条件:一是革新性,即这一变化应产生一种全新的零售经营方式、组织形式和管理方法,并取得支配地位;二是冲击性,即新的零售组织和经营方式将对旧组织和旧方式带来强烈的冲击,同时也影响着顾客购物方式的变化和厂商关系的调整;三是广延性,即这场变革不是转瞬即逝,而是扩展到一定的空间、延续一定的时间。从这几个方面考察,西方零售业历史上曾出现过以下四次重大变革。

第一次零售变革:百货商店的诞生。

零售业的第一次重大变革是以具有现代意义的百货商店的诞生为标志的,学术界称为"现代商业的第一次革命",足见其划时代的意义。尽管当时百货商店现在看来十分平常,诸如明码标价和商品退换制度;店内装饰豪华,顾客进出自由;店员服务优良,对顾客一视同仁;商场面积巨大,陈列商品繁多,分设若干商品部,实施一体化管理;等等。但这些改革对当时传统零售商来说,已是一个质的飞跃。

(1) 销售方式上的根本性变革。百货商店是世界商业史上第一个实行新销售方法的现代大型销售组织。其新型销售方法,概括起来有以下方面。

① 顾客可以毫无顾忌地、自由自在地进出商店。

② 商品销售实行"明码标价",商品都有价格标签,对任何顾客都以相同的价格出售。

③ 陈列出大量商品,以便于顾客任意挑选。

④ 顾客购买的商品,如果不满意时,可以退换。

这些销售方式,在现在看来虽然是一件十分平常的事情,但它是由百货商店的诞生及其对零售销售的变革而来的。

(2) 经营上的根本性变革。当时出现的百货商店最大一个特点是,设有若干不同的商品部,这些商品就像是一个屋顶下的"商店群",即把许多商品按商品类别分成部门,并由部门来负责组织进货和销售。而且百货商店主要以生活用品为中心,实行综合经营,按不同商品和不同销售部门来经营,虽然每个部门的经营规模不大,但由于它是汇聚在一个经营体之中的,因而这种综合经营的规模比起之前的杂货店和专门店来说就十分庞大。因此,百货商店实行综合经营也是其适应大量生产和大量消费的根本性变革内容之一。

(3) 组织管理上的根本性变革。传统的城市零售店和乡村杂货店,店主不仅亲自营业,而且自行负责人、钱、物的管理。与此根本性不同,百货商店由于同时经营若干系列的商品,企业规模庞大,因而其经营活动分化成相对独立的专业性部门,实行分工和合作;其管理工作则是分层进行的,企业有统一的计划和组织管理原则,然后由若干职能管理部门分头执行。因此,百货商店是在一个资本的计划和统制下,按商品系列实行分部门、分层次组织和管理的。

第二次零售变革:超级市场的诞生。

(1) 革命性变化。超级市场标志着一场零售革命的爆发,其对零售业的革新和发展以及整个社会的变化带来了以下影响。

① 开架售货方式流行。开架售货尽管不是超级市场首创,但它却是因超级市场而发扬光大的,超级市场采用的自选购物方式,作为一个重要的竞争手段不仅冲击了原有的零售形态,而且也影响了新型的零售业态,后来出现的折扣商店、货仓式商店、便利店等都采取了开架自选或完全的自我服务方式。

② 人们购物时间大大节省。随着女性工作时间增多、闲暇时间减少,人们已不把购物当作休闲方式,要求购物更方便、更快捷,超级市场恰好满足了人们的这种新要求,将原本分散经营的各类商品集中到一起,大大节省了人们的购物时间,使人们能将有限的闲暇时间用于旅游、娱乐、健身等活动,创造了一种全新的现代生活方式。超级市场实施的统一结算和关联商品陈列,也大大节省了人们选购商品和结算的时间。

③ 舒适的购物环境普及。超级市场所营造的整齐、干净的舒适购物环境,取代了原先脏乱嘈杂的生鲜食品市场,使人们能在购买商品时能享受购物乐趣。

④ 促进了商品包装的变革。开架自选迫使厂商进行全新的商品包装设计,展开包装、标志等方面的竞争,出现了大中小包装齐全、装潢美观、标志突出的众多品牌,这也使商场显得更整齐、更美观,造就了良好的购物环境。

(2) 产生背景。超级市场的出现和发展现在看来有其历史的必然,其产生背景是如下。

① 经济危机是超级市场产生的导火线。20 世纪 30 年代席卷全球的经济危机致使居民购买力严重不足,零售商纷纷倒闭,生产大量萎缩,店铺租金大大降低,超级市场利用这些租金低廉的闲置建筑物,采取节省人工成本的自助购物方式和薄利多销的经营方针,实现了低廉的售价,因而受到了当时被经济危机困扰的广大消费者欢迎。

② 生活方式的变化促成了超级市场。“二战”后,越来越多的妇女参加了工作,人们生活、工作节奏加快,加上城市交通拥挤,原有零售商店停车设施落后,许多消费者希望能到一家商场,停车一次,就购齐一周所需的食品和日用品,超级市场正是为适应消费者的这种要求而产生的。

③ 技术进步为超级市场创造了条件。制冷设备的发展为超级市场储备各种生鲜食品提供了必要条件,包装技术的完善为超级市场中的顾客自选提供了极大的方便;而后来的电子技术在商业领域的推广运用,更是促进了超级市场利用电子设备,提高售货机械化程度。此外,冰箱和汽车在家庭中的普及使消费者的大量采购和远距离采购成为可能。

第三次零售变革:连锁商店的兴起。

连锁商店是现代大工业发展的产物,是与大工业规模化的生产要求相适应的。其实质就是通过社会化大生产的基本原理应用于流通领域,达到提高协调运作能力和规模化经营效益的目的。连锁商店的基本特征表现在以下四个方面。

(1) 标准化管理。在连锁商店中,各分店统一店名,使用统一的标志,进行统一的装修,在员工服饰、营业时间、广告宣传、商品价格方面均保持一致性,从而使连锁商店的整体形象标准化。

(2)专业化分工。连锁商店总部的职能是连锁,而店铺的职能是销售。表面上看,这与单体店没有太大的区别,实际上却有质的不同。总部的作用就是研究企业的经营技巧,并直接指导分店的经营,这就使分店摆脱了过去靠经验管理的影响,大大提高了企业管理水平。

(3)集中化进货。连锁总部集中进货,商品批量大,从厂家可以得到较低的进货价格,从而降低进货成本,取得价格竞争优势。由于各店铺是有组织的,因此,在进货上克服了盲目性,不需要过大的商品库存,就能保证销售需要,库存成本又得到降低。各店铺专门负责销售,就有更多的时间和手段组织推销,从而加速了商品周转。

(4)简单化作业。连锁商店的作业流程、工作岗位上的商业活动尽可能简单,以减少经验因素对经营的影响,由于连锁体系庞大,在各个环节的控制上都有一套特定的运作规程,要求精简不必要的过程,达到事半功倍的效果。

第四次变革:信息技术孵化零售业。

信息时代,网络技术的发展对零售业的影响是巨大的,它的影响绝不亚于前三次生产方面的技术革新对零售业影响的深度和广度。网络技术引发了零售业的第四次变革,它甚至改变了整个零售业。这种影响具体表现在以下几个方面。

(1)网络技术打破了零售市场时空界限,店面选择不再重要。店面选择在传统零售商经营中,曾占据了极其重要的地位,有人甚至将传统零售企业经营成功的首要因素归结为"place,place,place"(选址,选址,还是选址),因为没有客流就没有商流,客流量成了零售经营至关重要的因素。连锁商店之所以迅速崛起,正是打破了单体商店的空间限制,赢得了更大的商圈范围。而在信息时代,网络技术突破了这一地理限制,任何零售商只要通过一定的努力,都可以将目标市场扩展到全国乃至全世界,市场真正国际化了,零售竞争更趋激烈。对传统商店来说,地理位置的重要性将大大下降,要立足市场必须更多地依靠经营管理的创新。

(2)销售方式发生变化,新型业态崛起。信息时代,人们的购物方式将发生巨大变化,消费者将从过去的"进店购物"演变为"坐家购物",足不出户,便能轻松在网上完成过去要花费大量时间和精力的购物过程。购物方式的变化必然导致商店销售方式的变化,一种崭新的零售组织形式——网络商店应运而生,其具有的无可比拟的优越性将成为全球商业的主流模式并与传统有店铺商业展开全方位的竞争;而传统零售商为适应新的形势,也将引入新型经营模式和新型组织形式来改造传统经营模式,尝试在网上开展电子商务,结合网络商店的商流长处和传统商业的物流长处综合发挥最大的功效。零售业的变革不再是一种小打小闹的局部创新,而是一场真正意义上的革命。

(3)零售商内部组织面临重组。信息时代,零售业不仅会出现一种新型零售组织——网络商店,同时,传统零售组织也将面临重组。无论是企业内的还是企业与外界的,网络技术都将代替零售商原有的一部分渠道和信息源,并对零售商的企业组织造成重大影响。这些影响包括业务人员与销售人员的减少,企业组织的层次减少,企业管理的幅度增大,零售门市的数量减少,虚拟门市和虚拟部门等企业内外部虚拟组织盛行。这些影响与变化,促使零售商意识到组织再造工程的迫切需要。尤其是网络的兴起,改变了企业内部作业方式,以及员工学习成长的方式,个人工作者的独立性与专业性进一步提升。这些都迫使零售商进行组织的重整。

(4) 经营费用大大下降,零售利润进一步降低。信息时代,零售商的网络化经营,实际上是新的交易工具和新的交易方式形成过程。零售商在网络化经营中,内外交易费用都会下降,就一家零售商而言,如果完全实现了网络化经营,可以节省的费用包括:企业内部的联系与沟通费用;企业人力成本费用;避免大量进货的资金占用成本、保管费用和场地费用;通过虚拟商店或虚拟商店街销售的店面租金费用;通过 Internet 进行宣传的营销费用和获取消费者信息的调查费用;等等。另外,由于网络技术大大克服了信息沟通的障碍,人们可以在网络上漫游、搜寻,直到最佳价格显示出来,因而将使市场竞争更趋激烈,导致零售利润将进一步降低。

在过去的 20 年间,国外的零售业又产生了以下几种类型。

(1) 类型专卖店。类型专卖店(category specialist)是一种占地面积 8 000 平方英尺、经销的商品品种少,但种类多的折扣商店。如 Toys "R" Us 玩具专营店等。

(2) 家具改建中心。家具改建中心(home-improvement)将传统的五金商店和木材储藏场综合起来的类型专营商。如美国 home depot。

(3) 仓储会员店。仓储会员店(warehouse club)是一种以低价格无服务的方式向顾客和小企业提供有限种类的商品的普通商品零售商。如山姆会员店。

(4) 折扣零售商(off-price retailers)是以低价经销具有时尚性,但并非总是一类品牌的零售商。如 marshall。

(5) 目录商店(catalog showroom)是指其陈列室邻近期货仓的一种零售商。

各类零售店的特点对比见表 3-1。

表 3-2   各类零售店的特点对比

类　型	面　积	位　置	交　通
便利店	50～200 m²	居民区、办公区、医院、学校等	步行易达
食品超市	500～1 000 m²	居民区、通勤交通要道、车站等	步行可达
综合超市	大于 2 500 m²	居民区、商业密集区等(门前有自行车停放处)	步行、自行车可达,有公交车辆
大型综合超市	大于 7 000 m²	集中住宅区、城乡接合部、商业密集区等(有大型自行车停放处和适当停车场)	少量步行、大量公交车,自行车、汽车可达
仓储超市	大于 10 000 m²	城乡接合部(必须有大停车场)	汽车、大量公交车

3. 中国零售业

1) 中国零售业的变革历程

第一阶段:改革开放初至 1989 年年底,传统百货商店占零售市场绝对主导地位。

第二阶段:1990—1992 年年底,超级市场开始涌现,动摇了百货商店的市场基础。

第三阶段:1993—1995 年年底,各种新型零售组织崭露头角,出现百花齐放的局面。

第四阶段:1996—1999 年,跨国零售商进入,加速了零售业现代化进程。

第五阶段：1999 年以后，零售竞争日益加剧，连锁经营趋势增强。

2) 中国零售业变革的动因

对于中国这场正在进行的深入而广泛的零售变革，目前有三种说法解释其背后引发的原因和原动力。

第一种说法是零售业的变革源于技术进步力量的推动。近代以来，西方零售业的发展经历了四次重大变革，如今西方国家发达的现代零售业就是这几次零售革命的必然结果。近代零售业的多次变革，每一次都能找到技术力量推动的影子，它是伴随着同期技术革命所引发的产业革命而诞生的孪生兄弟。尤其是信息时代，网络技术在社会、经济各个领域的广泛运用，电子商务的兴起，迫使传统零售企业在管理观念、管理模式、组织结构和作业流程等方面都将发生相应变革。而在中国，引发前三次零售革命的技术条件均已成熟，网络技术也已逐渐渗透到社会经济生活的各个角落，因而中国零售业变革是大势所趋。与西方发达国家不同的是，中国零售业是多项变革同时进行，而不是呈阶段性发展，这就导致这场变革的复杂性和急剧性。

第二种说法是零售业外部市场环境变化导致零售业内部作出相应调整。根据"零售组织进化论"的"适者生存"观点：零售企业必须同社会经济环境的变化相适应，才能继续存在和发展，否则就将不可避免地被淘汰。经过多年的经济体制改革，中国市场环境已经发生了根本性的变化，在从卖方市场向买方市场转化过程中，消费者逐渐成为控制市场的主导力量，信息技术的发展使得消费者的个性化和多样化需求得到充分满足，如果零售商不相应调整经营方式，则制造商极有可能越过中间商直接向消费者提供商品和服务；同时，跨国零售集团的进入，以更先进的管理方式提供更优质的顾客服务，使中国零售竞争在更高平台上展开，这些都迫使中国零售商为赢得生存空间而进行全方位的变革与创新。

第三种说法是经济发展进程中零售业自身发展规律所引发的内部结构调整。从近代西方发达国家零售业发展路径来看，零售业有着自身的发展规律，如西方学者总结的"零售轮转学说""零售综合化和专业化循环学说""零售辩证学说"和"零售组织生命周期学说"等，都从不同角度阐释了零售业发展演变规律，说明商品流通系统通过自身的发展变革，能够在大量生产与多样化消费之间，通过创造新的组织形式，充分发挥协调生产与消费的功能。在中国经济高速发展时期，零售组织的自我更新引起零售业的嬗变，西方新型组织形式和经营方式的引入促进了零售业内部进行着质的变化。

3) 中国零售业现状

2016 年 1 月 19 日，国家统计局发布我国 2015 年社会消费品零售数据。国家统计局数据显示，2015 年全年社会消费品零售总额 300 931 亿元，比上年增长 10.7%，2008—2015 年社会消费品零售总额见表 3-3。

表 3-3　社会消费品零售总额

年　　份	零售总额/亿元	增　　速
2015	300 931	+10.7%
2014	262 394	+12.0%
2013	237 810	+13.1%

续表

年　　份	零售总额/亿元	增　　速
2012	210 307	+14.3%
2011	183 919	+17.1%
2010	154 554	+18.4%
2009	125 343	+15.5%
2008	108 488	+21.6%

资料来源：石钰.亿欧网,www.iyiou.com.

此表作者石钰解读：①增速虽略有回落,但仍保持平稳增长；而且消费结构不断优化,新兴业态继续快速发展。尽管消费增速下滑,但其在经济发展中的作用却逐步增强,我国经济增长的动力也正由投资出口驱动向消费驱动转变。②供给侧改革的推进将反映在社会消费品消费结构的优化上。供给侧改革呼吁提升产品或服务质量,促进传统线下行业进行改造升级,在零售行业里面,未来社会消费品结构将进行大的调整优化,反映在数据上就是增速的放缓,而国民经济增速换挡将进入新常态。

3.1.2　网络零售业及其发展趋势

1. 网络零售的概念

根据中国电子商务研究中心发布的《2009 年中国网络零售调查报告》给出的网络零售定义,网络零售是指交易双方以互联网为媒介进行的商品交易活动,即通过互联网进行的信息的组织和传递,实现了有形商品和无形商品所有权的转移或服务的消费。买卖双方通过电子商务(线上)应用实现交易信息的查询(信息流)、交易(资金流)和交付(物流)等行为。网络零售也称网络购物,包括 B2C 和 C2C 两种形式。

2. 网络零售的优缺点

网络零售业的优点十分明显,主要表现如下：

(1) 网络零售为消费者选择最低价格的商品和服务提供了可能；

(2) 减少了消费者的购物时间,也免去了购物中心的嘈杂、拥挤；

(3) 购物时间随意安排,24 小时,无节假日；

(4) 打破地区、过节的限制,可以购买全世界的商品。

网络零售业的不足之处主要表现如下：

(1)产品质量、售后服务及厂商信用得不到保障；

(2) 没有办法及时送到,消费者偏好的东西无法像商场那样满足；

(3) 消费者没有接触到实物,没法真正心理的感知；

(4) 经营模式尚未定型,商业模式正处于创新和竞争验证阶段,产业发展和企业经营都位于高风险期；

(5) 产业链配套体系发展不成熟,迫使网络零售经营企业自建基础设施,拖累产业化发展步伐；

(6) 市场监督管理粗放,缺乏逐步规范的思路和规划,电子商务市场仍未步入规范发展方向。

3. 网络零售业发展趋势

tweakyoubiz 网站专栏作者 Sudeep Banerjee 总结了电商行业四大趋势。这些趋势或将给行业带来巨大变革。

1）移动化

移动化已经不是什么新鲜事物了。响应式网页设计对于一家电商企业来说已经不可或缺。

对于还没有实施移动化策略的企业主来说，下面一组数据或许能说服你赶快行动起来。

根据 iResearch 艾瑞咨询统计数据显示，2015 年中国第三方互联网支付交易规模达到 11.8 万亿元，同比增速 46.9%。

2）提供无缝的用户体验

根据 PWC（普华永道国际会计事务所）的调查称，现在的用户对于完美购物体验的需求甚至高于对更优秀产品的需求。

如何提供无缝的用户体验？除了流畅的页面加载速度以及良好的导航功能外，你还可以从以下两方面入手。

（1）研究用户心理。广告对于顾客的吸引力大不如前了，现在他们对产品评论更感兴趣。他们宁愿从产品评论中获取更多产品信息。根据福布斯预测，2015 年，品牌商和出版商之间的合作更多地从"让用户自发制造内容"入手，让产品宣传少一些"促销"的意味。

（2）大数据的应用。关于零售商利用大数据有一个经典故事，就是"百货公司 Target 竟然比父亲更早地知道女儿怀孕了"！一个父亲闯入他家附近的 Target 超市向经理兴师问罪，因为超市将婴儿尿片和童车的优惠券寄送给了他 17 岁的女儿，经理只能解释这是个误会。但一个月后，这位父亲打来电话道歉，因为他的女儿的确怀孕了。

Target 为什么能预测出某个顾客怀孕了？原来 Target 有一个顾客数据分析部，能够通过对客户购买行为的分析将各种类型的顾客细分出来。实际上，Target 用 25 种典型商品的消费数据构建了"怀孕预测指数"，这样可以较为精确地辨别出孕妇群体，并且早早地将孕婴童优惠广告寄给她们，抢占市场。

这就是大数据的好处，它能让你事先知道顾客的哪些行为会影响他们的购买决策。

同理，亚马逊也是利用大数据（用户的购买历史和最近购物信息）预测用户的购买意向的。

3）社交媒体越来越重要

鉴于社交媒体已经成为一种强大的网络营销工具，电商企业也需要开通账号并提供相关服务。

根据一份调查报告称，截止到 2016 年，在 Facebook、Pinterest 以及 Twitter 等社交网络上发生的交易额将占在线交易总量的 75%。届时美国在线交易总额将达到 327 万亿美元，电商企业需要充分利用社交媒体。

4）从线上到线下

根据一份调查报告称，46% 的用户会在网上购买之前去实体店考察的相关产品，而

69％的用户会在实体店购买之前在网上查看相关信息。

为了留住用户,很多实体店零售商采用了新的技术提升用户购物体验,比如:

使用 NFC、iBeacon 及蓝牙技术,让用户可以用手机付费,或者收取优惠券及商品信息。

使用云端 POS 机取代传统销售终端。顾客输入手机号及消费金额,提供随机验证码即可完成支付。

虚拟现实(AR)、互动展示、移动导航相结合。比如在时尚服装店 Hointer,几乎全部都由机器人向用户提供服务。消费者可以在店内使用 Hointer 的 APP 应用进行二维码或 NFC 扫描,了解产品信息。如果需要试穿,30 秒内,机器控制的试衣间可自动将商品调出,放于试衣间内供顾客试穿。

可穿戴技术在零售行业也被更多重视起来,现在很多用户都拥有智能手表、健康追踪设备、智能眼镜等。为了迎合这一趋势,很多零售商店开始了新的创新。比如 Kenneth Cole 2014 年基于 Google Glass 开发了一款应用,向用户推销旗下香水产品。

3.2　网络零售业经营策略

亚马逊书店

互联网上有这么一家书店,如果按传统书店所需的营业面积来计算的话,它的规模约占好几平方英里。它有 310 万种以上图书供你选购,你得开着汽车,才能浏览完它所提供的书目。这就是亚马逊网络书店(Amazon.com)。根据美国互联网及数码媒体调查公司公布的数据,2007 年感恩节至圣诞节期间的 5 周内,亚马逊成为最受欢迎电子商贸网址,访问人次高达 569.3 万。接受调查的消费者中有 32％的人把亚马逊网站列为他们最喜爱的在线购物网站,原因有品种齐全、价格合理、在线操作容易。亚马逊网站同时也是访问者最多的网站,42.1％的被访者曾在亚马逊网站上购物,平均消费了 128 美元。

JeffBezos 1995 年 7 月在西雅图市郊贝尔维尤的一栋租来的两个房间的屋子里,以 30 万美元投资创业,成立亚马逊书店。他将一个车房改装成货仓和工作坊、三个"升阳"微系统计算机工作站和 300 个"顾客"测试网址。4 年后,这家公司拥有 1 310 万名顾客,遍及 160 多个国家和地区,成为网上零售先锋,它 1998 年的销售量是 30 亿美元,1999 年则达成价值近 80 亿美元的交易。截至 1999 年 9 月,亚马逊公司已将 1 800 多万种商品列于网上销售。

亚马逊的主要业务策略包括以下方面:

☑ 商品浏览:将商品合理分类和规划,便于用户挑选;

☑ 商品检索:提供多种搜索工具和方法帮助用户搜索;

☑ 主动推荐和个性化服务:根据用户特点提供特色服务,亲切友好与用户交互"一点即通"(1-Click)技术,为用户订货提供极大的便捷安全的信用卡支付过程采用特殊的加密程序,用户不用担心网络传输过程中的安全问题;

☑ 提高网上购物的效率：强大的配送系统使客户享受"所定即所得"；

☑ 退货规定：大部分商品 30 天内可全额退货。

亚马逊公司是电子商务领域的技术领先者，它在电子商务领域的创新，如"一点即通""个性化的购买服务""搜索服务""浏览特性"等，带动了网上商务变革的步伐。整个网站的建设不仅为客户提供舒适便捷的购物环境享受，还着力加强客户对品牌的忠诚度，吸引回头客，留住老客户。现已证明，72％以上的交易都是老顾客的行为。

很多事实表明，亚马逊公司已成功地建立了自己的商业品牌，一个由 Opinion Research 公司近期完成的全美范围内的品牌调查表明，1.117 9 亿成年人(即 60％的美国成年人)了解 Aamzon 的品牌。另一调查表明，Aamzon 品牌在世界品牌排名中列第 57 位。

从网络零售业的发展现状可以看出，大众生活消费方式正在发生改变，现如今处于商品买方市场，个性化、信息化等已成为当下最显著的网络零售趋势。假设你希望在网络零售业行业发展，你的目标客户群及客户群的需求、商品采购、商品展示与搜索、网络营售等环节的知识，是开网店前所要了解的，为此在开展市场调查的基础上，请完成以下任务。

任务一：你准备开一家什么网络零售店？商品如何选择？供应商如何选择？请说明理由。

任务二：你经营网络零售店的经营策略是什么？

任务分析

亚马逊公司成功的奥秘究竟在哪儿？以下几点是业内人士的分析。

1. 定位于高科技企业

亚马逊公司与众不同地把自己定位于高科技企业，而非流通企业。该公司首席执行官贝索斯说："技术使亚马逊公司在网络零售业出人头地。传统的零售业最重要的三个因素是场所、场所、还是场所。而对亚马逊来说，三个最重要的因素是技术、技术、还是技术。"在亚马逊公司，雇员中最多的不是门市部店员，而是软件工程师。它的应用技术软件经常不断地开发创新，使企图抄袭者难以得逞。

2. 方便舒适的网上购物环境

方便购书是亚马逊书店的最大特色，通过网络，顾客可以任意检索、预览、购买任何书籍。亚马逊通过"一点即通"设计，用户只要在该网站买过一次书，其通信地址和信用卡账号就会被安全地存储下来。下回再购买时，顾客只要用鼠标点一下欲购之物，网络系统就会帮你完成以后的手续，其中包括消费者的收件资料，甚至刷卡付费也可由网络系统代劳。亚马逊公司还利用软件收集顾客在购物爱好和购物历史方面的信息，随时为顾客购买图书提供建议。亚马逊书店的独特魅力吸引了众多的消费者。其业务遍及全球，20％的书籍销往世界各地。对许多人来说，亚马逊书店是通往文学之路的生命线。美国律师玛西亚·艾丽斯在香港工作，她每次回美国时，总要带回满箱书籍。而现在她可随时在网上购书，再也没有搬运之苦了。

3. 高效率的服务

亚马逊书店不仅网上服务功能强大，网下服务也非常高效。它给顾客送货的时间等于找到订货商品加上装运时间,中间无任何滞留。亚马逊书店实行 24 小时全天候购物,美国当地的消费者如果选择标准的送货方式,那么,其装运时间根据购物者距离远近为 3~7 天,加上一天的找货时间,购物者在网上下了订单之后,只要 4~8 天,就能收到所购的货物了。

4. 实实在在的价格折扣

以实惠的价格吸引顾客,并以此提高竞争力,始终是亚马逊公司重要的经营策略。亚马逊首席执行官贝索斯一针见血地指出,大部分网络商业失败的原因,在于不懂得网络商业较之传统商业来说是属于规模化商业,其主要特征是高额的固定成本和低度的可变成本。网上出售的商品由于没有中间商的利润截留,其价格应该低于传统商店出售的商品价格。拒绝提供折扣优惠是网上商业的一项极大错误。基于这种认识,亚马逊公司被认为是世界上最大的折扣商,号称有多达 30 万种以上的书籍可提供购买折扣优惠。事实上,亚马逊公司提供折扣优惠的商品远不只这个数字,有 40 万种以上的商品,包括书籍、音乐唱片及视盘等,折扣率最高的达 40%。

5. 零库存运转

亚马逊公司的货物实行零库存运转。亚马逊公司的库存图书很少,维持库存的只有 200 种最受欢迎的畅销书。一般情况下,顾客买书下了订单后,亚马逊才从出版商那里进货。购书者以信用卡向亚马逊公司支付书款,而亚马逊公司却在图书售出 46 天后才向出版商付款,这使它的财务周转较传统书店顺畅得多。相较传统的零售书店,亚马逊公司的退书率可谓微乎其微。传统书店退书率一般为 25%,高的达 40%,而亚马逊的退书率却只有 0.25%。

以上特点使亚马逊公司确立了其在电子商务领域的霸主地位。

以上案例及分析说明,只有充分认识市场,了解市场需求,对市场作出科学的分析判断,作出具有针对性的市场定位,才能拓展市场,使企业兴旺发达。同时网络零售市场的经营策略在零售经营中起到至关重要的作用。

本节学习顺序建议,先进行创业实践 3-2 医药零售巨头创业实践,再进行知识链接中的相应知识点学习,时间较充分时可选创业实践 3-3 零售行业创业实践。

🔍 知识链接

3.2.1　创业方向和产品定位

2016 年 1 月 16 日,春晓资本 2016 投资年会在京召开,美图秀秀董事长、隆领投资创始人蔡文胜分享了诸多"干货"。作为创业和投资老炮儿,蔡文胜对创业方向和定位有以下三个原则。

1. 有需求

有需求就是有痛点。当然即使你找到了痛点,也不见得你就能做,还要结合自身的优势。所谓的优势是,当你找到这个需求的时候,市场还没有爆发。

比如 2003 年,整个中国的电子商务其实是一个人的天下。Ebay 占了 90%的份额,之后才出现淘宝,当时对电子商务感兴趣的人只有 1 000 万到 1 500 万,那个时候 Ebay 占的优势没有很大的意义,整个市场并没有爆发。中国的电子商务市场的爆发是在 2006—2007 年,所以淘宝迅速把 Ebay 干掉。但此时,腾讯再去做拍拍就没有机会了,因为那个时候市场已经爆发了。当一个市场刚开始起来的时候,腾讯如果马上也做,市场基本上能被他打败。但如果在爆发前他人已取得相对显著领先,你基本就不用去做了。

比如当时暴风这个播放器,后来腾讯也做了(腾讯影音),迅雷也做了。蔡文胜于 2004 年也投资了暴风影音,那个时候市场没有爆发,到 2007 年、2008 年市场拿了 20% ～ 50% 的份额,然后腾讯出了 3366,其界面非常好,服务器具有稳定性,甚至还买了版权,最终是什么? 大概在 2014 年前那个负责 3366 的产品经理告诉我,他们把它关了,因为 4399 已经是在那个爆发期领先了,后面的人就是在帮它的忙。

我们再看百度,百度 2004 年在中国的市场份额只有 30% 左右,谷歌是最厉害的,也只占了 30% 左右。但是百度在 2005 年上市了,而谷歌 2004 年年底被停了一年,百度就趁机超过了它。

2. 有优势

我们要说的第二个原则就是,你要结合你自身的优势。你得有你的长处,哪怕没有优势,最少要对你做的这个事情是有激情的。你喜欢干这样的事,你愿意干、愿意学习,你很快就能变成有优势。

3. 有用户

只要有用户,就一定有价值,这已经被国外的雅虎、Google 和 Facebook 证实了。早期中国的百度、腾讯也不受人待见,国外的三大门户在 2004 年的时候,都可以把百度、腾讯收了,但最终为什么是 BAT 脱颖而出? 还是用户。

腾讯在香港 2004 年上市的时候,股票是 3.8 元,后来跌到 2 元多,所有人不相信这家公司最终能赚到钱,结果它现在的股价是 800 元。关键是:你的用户有什么原则,你的用户规模有多大。我们举个例子,比如说优酷的用户数相当于百度的 30%。为什么优酷的用户数比百度少? 因为优酷是视频的,带宽成本是百度的几倍,那个时候内容都需要花钱买,而百度是免费得来的,像美图秀秀不赚钱,但我们不担心,有很多女性同胞去用这个,就会有很大的空间。

零售传奇:中国最大水果电商是怎样练成的

天天果园,中国最大的水果电商,是行业内的领跑者。创立于 2009 年,是从产地到消费者的水果生鲜直供平台,自建冷库、冷链物流。从生鲜电商还未发芽时,创始人王伟和他的合伙人赵国璋就已经开始着手准备,可谓是超前的水果电商创业者。

在创业的最初几年,他们做了很多事。在全国建了 5 个大仓,建了自己的配送队伍,开发了几百个水果品类,这些扎扎实实做出的事情让他们很自信。

2013 年销售额 2.4 亿元人民币,这个数字比其他所有水果电商的销售额加在一起还要大。

在 2015 年之前,天天果园是一家水果电商。2015 年年底,其横向扩张的生鲜品类已占总销售三成;2015 年之前天天果园没有线下业务,2015 年下半年 O2O(线上到线下)日产订单已有 3 万~5 万单;2015 年年初其 50% 的销售由天猫渠道贡献,及到 2015 年年末尾,90% 的销量产生于自家 APP(手机软件)。

2016 年初,天天果园已完成 D 轮融资,金额超过 1 亿美元。

1. 把供应链控制在自己手中

2013 年,整个行业都在探讨 C2B(消费者到企业)模式是否可以运用在生鲜上——用户预订,商家从产地采摘并在一定时间内送到用户手里。这个模式在家用电器领域并不新鲜,却没人在生鲜上这么做过,因为对供应链的要求很高。

当年夏天,天天果园第一次面对全国,用预售模式卖樱桃。结果这种方式异常火爆,在一周时间内,天天果园共卖出 168 吨樱桃,最终全平台一共卖出 208 吨樱桃。

在这背后是互联网 C2B 模式的力量,也是天天果园对供应链的控制力。天天果园将需要的 7 天销售时间降到 2~3 天。这种对供应链的控制源于他们的商业模式——源头采摘,自配送,自建冷库,把一切都控制在自己手上。

2. 靠信息不对称赚钱

创业第一天,王伟和赵国璋买了一辆 6 万元的铃木北斗星。他们还记得当时现金不够,刷了两张信用卡。有车意味着可以自己配送,这让他们心里踏实。后来做生鲜电商的公司,他们在要不要配送这件事上考虑很多——不自己配送,服务质量不能保证;自己配送,投入太大。

王伟家在上海做了 30 年的进口水果生意。经历了国内水果零售方式的所有演变过程:从最开始的街头摊点,然后到水果专门店,接着像麦德隆、家乐福这种大型商超出现,水果开始进入大卖场……

与此同时,他亲眼目睹了 2005 年电子商务的兴起,2009 年的爆炸式增长,线下卖场直接受到冲击,百货、电子产品这些品类首当其冲。

王伟身处水果行业多年,他将这个行业形容为"靠信息不对称赚钱"。这种不对称不仅体现在价格上,更体现在产品本身的信息上:你根本不知道你买的水果到底来自哪里,经过了什么手续,值多少钱。"全都做,除了种水果。"王伟说。

3. 产品才是俘获用户的核心

2014 年"双十一"期间,天天果园旗舰店里 79 元一箱的褚橙卖出 2 万多箱,按一箱 8 斤算,一共 80 吨橙子。根据新农堂创始人钟文彬的说法,这是 2014 年全年本来生活从褚时健那里拿到的货量。而这只是褚橙销售的众多渠道中的两个。他认为,之前本来生活通过广告将褚橙推出去,现在很尴尬地离褚橙的中心越来越远。

这个事实佐证了王伟的判断——生鲜产品广告很容易落入赚吆喝的境地,他认为在推出广告之前将产品做得够好了才有效果。

两年前上海遭遇台风海葵,天天果园坚持出去送货,结果被人在微博上骂老板黑心。这件事让王伟很伤心。他说:"我们认为对用户的承诺就要使命必达,的确有一点风险,但是可控的,我们在出发之前都做好了预案。"

最终他希望能建立用户对天天果园这个平台的信任——不用在乎卖的水果是什么品

牌,只要是天天果园的水果就行。

"谁占了客户的心智谁就占便宜。"王伟引用《定位》这本书中的话来解释天天果园的价值。在水果这个东西上,他们希望占据用户心智的是天天果园,他们为此已经默默耕耘了 5 年,并打算继续用 5 年、10 年的时间做下去。

天天果园 CEO 王伟:生鲜电商道路任重而道远

2015 年是生鲜电商最为热闹的一年。在"互联网+"和大众创业的号召下,无数的资本进入这个行业,各种商业模式在不断刷新大家对生鲜电商的认知。在大家的共同努力下,生鲜电商被更多的用户所接纳。

但是另外一面,生鲜电商亏损和倒闭也笼罩着整个行业,生鲜电商的风口到底有没有来呢?

1. 生鲜电商的风口远没到来

生鲜电商行业的风口到底有没有来? 这是很多创业者共同关心的问题。我的观点,生鲜电商的风口还远未到来。现在吹来的是电商的风,不是生鲜的风,但生鲜的风一定会来。电商风去的时候可以看到谁的衣服穿得比较少,生鲜风来的时候就看谁准备好了。

2015 年,专业咨询机构尼尔森做过一份调研,中国的生鲜市场有 2.5 万亿元的市场规模,而生鲜电商经过 10 年的发展,规模是多大呢? 2013 年是 100 多亿,2015 年 450 亿,只占整个市场的 2%不到。对比市场规模同样在 2 万亿级的服装市场,电商的渗透率早就达到 30%。

生鲜电商是一个潜力无限的行业,却不是一个能够赚快钱的行业。滴滴那样异军突起的案例在生鲜电商行业并不适用。

究其原因,在于生鲜商品的易损耗和非标准化。易损耗的特点,决定了初入行业的公司面临比同行高得多的运营成本和投诉。

所以,做生鲜的这几年,我的头发都熬白了。我不是很确定,那些盯着风口的创业者,是否拥有和我一样的耐心和热爱程度。生鲜电商行业的风口何时来? 我的答案,可能是 2 年,也可能是 10 年。其中涉及的因素太多,如中国的冷链程度、消费者的习惯培养、资本的耐心程度等。

2. 生鲜+互联网才有未来

我一直认为,鉴于生鲜行业的高门槛,这个行业的创业走"互联网+生鲜"道路不靠谱,"生鲜+互联网"的模式才能赢得未来。互联网只是一个优化商品和服务的工具而已,切莫将其当作一个商业模式来做。

这就像龟兔赛跑,走"生鲜+互联网"道路的公司就像那只慢行的乌龟,虽然走得慢,但走得踏实,也一定是最后的胜利者。这是我成立天天果园 7 年来所得出的最大经验。

3. 行业不缺资本和流量,缺的是贡献价值的人

2009 年创业以来,我就不停地问自己:用户为什么来? 为什么买我们的东西? 如果有一天电商都不补贴了,不再打低价了,用户还会来吗? 最后我得到一个答案,回归商业本质,即保证商品品质和用户服务。

从创业第一天起,我们就建立了 48 小时无理由退换货机制。在这个行业,无论你多

用心,水果都是会有损耗的,所以我们想消除用户购买的担心,提出 48 小时内免费退换货,太甜我们退,太酸我们也退,心情不好可以退,心情很好不想吃也可以退。用户怎么开心我们就怎么来。

商业的本质是什么? 我常跟我同事讲,一个好的生意一定是对社会有帮助,对这个行业有所帮助的,如果只是做一个噱头,那么对这个行业有什么意义? 回归商业本质是生鲜电商的创新之道,而不是说创造一个伪的需求。天天果园内部的理念就是好品质和好服务,这是我们公司的生存之本。

送给那些盯着风口而创业的人一句话,"立足行业,做好产品,做好服务,做出价值,才有估值",这也是天天果园的价值观。

资料来源:零售圈(商圈),2016-04-05. http://www. wtoutiao. com/p/16eErdl. html.

3.2.2 零售店的开业

网络零售的开业非常重要,下面提供一些传统零售开业的技巧,供参考。

1. 开业造势

(1) 邀请众人来捧场——亲朋好友、左邻右舍等。

(2) 花团锦簇——营造热闹的开业气势,吸引更多人来关注。

(3) 请名人——名人效应,拉抬声势,或舞龙舞狮队助阵以凝聚人气。

(4) 把喜气带给顾客——提供特别服务或送礼轻情重的小礼物,使你的店铺成为"热门话题"。

(5) 见者有份礼——如气球、面纸、传单等引起更多人的关注。

(6) 特价优惠——以延长开张当天的气势。

(7) 面面俱到——准备要周详,一个顾客就等于一个市场!

2. 促销

广告是把产品的内容介绍给消费者,引诱消费者去接近产品,而促销则是促销人员主动把产品带到消费者面前。

1) 促销的意义

通过各种方式,使消费者相信他们自己正需要这种产品或服务,而且有很大需要,最好现在就立即买入或消费。

2) 促销的目的

(1) 加速货品的销售,使营业额大幅增加。

(2) 提高店铺知名度,使用户想起这类产品或服务时,便能想起你的店铺商品或服务。

(3) 刺激大众的消费欲望,使其产生消费冲动。

(4) 经常性地提醒公众有这种商品或服务。

(5) 制造消费商机,直接面对潜在用户,游说他们采用某种商品或接受某种服务。

3) 促销方法

(1) 赠品促销法。可拉近与顾客的距离,但赠品好商品要更好,让顾客感觉物有所值,且随购赠品不可千篇一律。如吸引来小孩就可带来大人。

赠送的技巧——组织要得当周密,应遵循扩大知名度、信任度和美誉度三个层次的推进。同时注意以下几点:

☑ 确定受赠对象与范围。

☑ 要与社会公益活动恰当地结合起来,以收到较好的社会效益和经济效益。

☑ 常用品等可采取小包装免费送上门试用的形式。

(2)心理促销法。

☑ 待客热情,特别是消费愿望不大强烈的顾客。

☑ 多献殷勤,特别对其貌不扬的顾客。

☑ 分清轻重,盯住带有女伴的男客。

☑ 主动招呼,特别对那些犹豫不决的顾客。

☑ 察言观色,特别对富有顾客多介绍商品的优良品质。

(3)胃口促销法。利用人们的不安心理、好奇心理、逆反心理、争胜心理和心理定式,人们对于越是难以得到的东西就越有占有欲望。

制造悬念——设置悬念,然后解开悬念(把顾客引来并拖住)。

(4)限定法(有所不为才能有所为)。通过商品的有限性来吸引特定的顾客,包括:

☑ 品种限定——推出自己的独特产品。

☑ 陈列限定——专业店陈列商品时不要把畅销品摆得过多,以免给人以批量的感觉,降低了身价;应较少陈列畅销品,以此强调稀有价值,并使顾客产生唯恐错过良机而急于购买的心理。

☑ 人员限定——对具有独特专长的店员实行预约服务的方法。

☑ 时间限定——某种商品或服务的销售或服务限定在一定的时间内,也可以是一定时间段的减价或优惠销售,如新产品上市、节假日、周年庆等。

(5)其他促销法。

☑ 有奖促销法——应有清晰易懂、公开公平的活动原则,并符合国家现行的法律、法规对有奖销售的规定。

☑ 免费试用促销法——逐户分送、定点分送、寄送、选择分送、零售点分送、联合分送、媒体分送、销售商品附赠、凭优惠券兑换等方式。

☑ 优惠券促销法——消费者可凭此券享受折扣、特惠价、换取某种赠品甚至免费待遇等;方式分为媒体发放、直接送给消费者、利用特殊渠道发放等。

☑ 包装促销法——凭借某些特殊的包装而使产品显得较为突出,从而增加销售量;方式可分为包装内赠送、包装外赠送、包装上增送和利用包装赠送等。

☑ 示范促销法——通过现场的示范表演来达到促销的目的。

☑ 还本促销法——出具一定的信用凭证在若干时间后将此商品销售款的全部或大部分退还给消费者。

☑ 方便促销法——在销售产品过程中,尽量为顾客提供如搬、运、包装、配套、维修服务的方便,如流动美容院。

☑ "托儿"促销法。

☑ 原价促销法——先以原价销售取得客户信任,然后再加价(吃亏便是福)。

4）促销应注意的问题

（1）价格对促销的影响。

（2）促销过程中绝不能只求价格低廉，而应配合各类营销手段以吸引顾客、说服顾客，使其对商品或服务感到满意；也可以通过另外的方式来补贴消费者，如开设咖啡厅等。

（3）形式应灵活多变。

（4）重视店主在促销活动中的作用。

（5）活跃促销现场气氛，让顾客感到购物的乐趣等。

5）折扣战

（1）旺季促销与淡季促销。旺季促销的目的——打破过去的销售纪录，再创新的营业纪录；使顾客"理性消费"→"感性消费"→"感动消费"。淡季促销的目的——刺激买气，利用降价、折扣、推出新产品或举办各种比赛等方式，提高营业额和士气！

（2）营收目标与客数目标。促销前应设定"营收目标"和"客数目标"，才能预估要多少人手、准备多少商店、寄发多少传单、印刷多少海报、刊登多少广告等；促销的目标与最终结果，一定要让顾客满意、员工乐意、老板得利，做到"三赢"。

3. 炒热一家店

1）开业宣传

门店开业是宣传的绝好机会，如请第一位到店"站脚助威"的顾客剪彩，并奉送纪念品以示敬意。

2）广告推广

广告虽然能提升店铺的知名度，但知名度和好的形象不能画等号——"我们认识了你，但并不等于信得过你。"

3）价格的学问和艺术

价格的尾数不同，给消费者带来的影响也不同。

3.2.3　网络零售业的经营策略

1. 零售业盈利模式

（1）进销差价＋低成本模式（沃尔玛）。

（2）通道费模式（家乐福）。

（3）自有品牌模式。

（4）网上零售模式。

（5）线上线下结合模式。

2. 零售企业电商切入策略

随着中国人口红利渐渐到顶，实体零售业的增长率从 10 年前的年 20％以上的野蛮增长，降到现在的年 10％以内的理性增长，这已成为国内传统零售业的"新常态"。实际上，传统零售业在颓势频现之前，就开始了各种尝试。在网购的大趋势下，电商已成为品牌厂商的标配。目前，各大厂商的电商模式主要有三种：自建网上商城；在天猫、淘宝等第三方平台运营网店；或将商品交给京东、当当等网站代理销售。

以零售属性最为强烈的服装行业为例,2009 年 4 月 16 日,优衣库就入驻淘宝,开设旗舰店,从线下向线上靠拢。上线短短 10 天,就以惊人的销售速度冲至淘宝商城男装、女装单店销量第一位。在 2010 年前后,GAP、优衣库、无印良品、ZARA 等几乎所有的国际国内知名服装品牌均通过与淘宝商城、当当、卓越、京东等的合作,快速切入 B2C,搭建起网上零售平台。

3. 网络零售企业 O2O 布局策略

技术改变消费者行为,推动 O2O 模式高速发展:O2O 包括 Online To Offline 与 Offline To Online 两方面,通过采用"电子市场＋到店消费"的商业模式,消费者在网上下单并完成支付,然后到实体店消费。在移动互联时代,消费者可以通过手机、Pad 等随时随地在线上、线下间切换,消费者需求的随机性更强、购物场景更加多样化、社交属性更强。O2O 模式由于结合了线上线下两方面,较传统商业模式更适应消费者行为的新特点。

O2O 模式受到业界青睐之后,服务范围也逐步扩大,原先重心偏向于"体验服务型"商品的 O2O,在本地生活服务的大范围内,也把自己的服务半径拓展到了零售商品。无论是偏重线上还是偏重线下,能为用户带来好的体验的就是好模式。零售 O2O 经过了一段时间的发展积累与创新探索,逐步显示出以下几种模式。

1) 智能商业模式

代表商家:银泰百度合作

运营模式:将 BaiduEye 应用到零售业中,顾客佩戴 BaiduEye 进入商场,可获得商品信息,还可用 GPS 商场导航。

创新优势:银泰百度双方计划在提供顾客第一视角消费体验、门店等泛渠道、导购预判和公司大数据应用、科技服务商业文明和人性需求等方面合作,基于大数据提供"智能商业"。商品信息包括款式设计、品牌故事、搭配、比价、打折信息等,这已不仅仅是简单的线上导流线下消费或线上消费线下提取的零售 O2O 模式了,而是线上线下深度结合后的智能化 O2O 模式。

2) 就近送货模式

代表商家:品胜当日达

运营模式:用户在品胜当日达商城或者天猫、京东等第三方商城下单后,由品胜线下店,当地门店经销商直接送达用户,1 小时即可到达手中。

创新优势:①把线下门店纳入一个统一的信息系统之中,用户下单后,由最近的经销商送达,最直观的感受是"秒速送达"的快递服务,②解决了网购售后的问题,③省去电商物流环节后,对于低碳经济也乃一大贡献,帮助达到社会效率最大化。用本地的商品经调度后更好地满足本地的用户,是信息化带给本地商业的返璞归真。

3) 包裹自提模式

代表商家:1 号店联手中石化

运营模式:顾客在 1 号店线上完成下单购买,可在中石化指定加油站点提取货物。

创新优势:双方的合作,一方面扩展了 1 号店的销售渠道,另一方面也提升了易捷便利店的进店率,更为顾客提供了便利的购物体验。包裹自提模式已有很多种应用,在诸多电商网站与便利店的 O2O 合作中较为常见,是应用较为广泛、在国外发展比较成熟、接受度较高的一种零售 O2O 模式。

4) 二维码销售模式

代表商家:顺丰嘿客

运营模式:店内没有货架,没有商品,而是贴有商品照片,用户扫描商品下边的二维码后可直接购买。

创新优势:与英国最大的 O2O 零售公司 Argos 十分相似,但并不像 Argos 一样有库存。业内认为,零库存意味着嘿客店没有自己的直接商品,只是跟其他的商家合作提供入口。顺丰做嘿客的初衷,是解决"最后一公里"这一全行业的"阿喀琉斯之踵",但是消费者何时能养成扫码购物的习惯,还得打上一个大大的问号。

5) LBS 广告推送模式

代表商家:陌陌"到店通"

运营模式:基于 LBS 为用户推送商家广告,为线下商家提供线上广告平台,商家可按照地理位置进行精准投放,并可与用户进行实时互动。

创新优势:融合具有陌陌特征的 LBS 社交属性,进行商业化探索,解决用户发现活动、发现商家的需求,为附近商户导流潜在消费者,向附近商户收取广告费,是 O2O 营销平台中的一种形式创新。然而在移动社交的平台中刻意为 O2O 而 O2O 也引发了一定的质疑。当然,作为 O2O 平台,不仅服务于零售 O2O,其他服务类型的 O2O 皆可适用。

4. 网络零售企业 O2O 布局策略

随着互联网经济的迅猛发展,符合时代发展的、独具特色的促销方法及模式,将成为零售业在激烈的竞争环境中取胜的关键。但这些新的促销模式和方法随着时代的变迁和时间的推移,同时也会给传统的零售企业带来了更多思考和更大考验。诚然,中国零售业仅凭目前的硬件条件和单一的促销策略,已经不足以形成购买力和吸引力,而个性、多元、便利的消费需求将是中国零售商业发展模式的新目标。

5. 网络零售企业由线上切入线下策略

作为一家空气净化器的厂商,贝昂净化器的销售模式原来一直仅限于线上,但一旦机会来临,它果断进入实体销售,并大有斩获,这是线上切入线下策略的成功案例。

"贩卖"空气:雾霾侵袭背后的生意

2013 年,进入 12 月以来,中国 25 个省份、100 多座大中城市再次遭遇雾霾侵袭。

北京、上海、南京等相继沦陷为雾霾重灾区,湖北、浙江、湖南、江苏、安徽等地雾霾天创下历史纪录。国家气象局数据显示,2013 年以来中国平均雾霾天数已经创出 52 年来之最。

虽然政府部门采取了工业企业关停减产的措施应对雾霾肆虐,但收效甚微,雾霾正在对人们的生活产生越来越多的负面效应:学校停课、汽车限行、高速封闭。而更让有关部门尴尬的是,制造出雾霾的空气污染物来源,目前仍然是一个谜。

就在各地频频上演着"人雾拉锯战",雾霾商机也越来越多地显现出来。对大部分人来说,雾霾是挥之不去的困扰,但对一些人来说,雾霾是难得的生意。

雾霾生意

12 月 8 日下午 6 点 30 分,作为空气净化器厂商销售负责人,已经连轴状态工作了一个多星期的章燕竟毫无疲倦,愉悦地描述着雾霾这些天自己的收获——平均日销售额超过了 500 万元,比刚过去的购物狂欢节"双十一"还暴涨了十倍。对于一家创业公司而言,这已是笔不小数目。

身为空气净化器贝昂合伙人,她将这次的经历定义为"惊喜"。这种惊喜仍在持续。

对于纯 B2C 销售模式的贝昂来说,12 月 8 日是一个值得记住的日子。从此之后,章燕和小伙伴们的贝昂净化器开始进驻苏宁在苏州的旗舰店。从与苏宁谈入驻到产品出现在柜台,章燕和团队只用了一个晚上的时间——比起按常规流程进入苏宁旗舰店,这速度加快了约莫 60 倍。

纵使如此,当地还是很多人没有办法及时买到,用章燕的话来说:"需求像是井喷了,呼啦出现了很多客户。"这对于成立才 4 年多仅 20 人左右的公司来说,算是莫大的喜讯。

2009 年年底,章燕与同事冉宏宇以及陈竞坤 3 个硅谷博士带着早在 2007 年就做好的空气净化器从硅谷回国,落户苏州工业园。用章的话说,那时候人们对于雾霾的意识不明显。所以,早期他们一度将市场转为 B2B,曾经为国内一些空调厂商提供过技术服务,以换取生意。

转机发生于 2013 年年初。1 月 13 日零时,全国 33 个监测城市空气质量指数超过 300,属于严重污染。1 月 12 日北京 PM2.5 浓度破了空气质量新标准实施后的新纪录,个别监测站点 PM2.5 接近 1 000。彼时的北京也出现了类似上海的"围剿"情景。章还记得,整个第一季度贝昂的业绩暴涨了 150%,销售额达到了 2.5 亿,北京地区的份额超过了 50%。此后贝昂的生意越来越好,2013 年前三个季度同比增长了 180%。从现在脱销的状况来看,章预计第四季度数字会更好。

在此之前,贝昂净化器的销售模式仅限于线上。随着 12 月 4 日南京雾霾爆表后,以至于顾客等不及快递,自己直接从常州开车至章的公司所在地苏州工业园区,要求提货,"1 000 多平方米的办公室挤满了亲自来提货的人,闹哄得像个菜市场"。

资料来源:http://finance.qq.com/a/20131210/003396.htm.

 典型案例

沃尔玛"零售帝国"经营策略揭秘

1918 年,山姆·沃尔顿出生于美国阿肯色州的一个偏僻小镇上。山姆·沃尔顿小时候家里并不富裕,这使他养成了勤俭、节约的良好习惯。自幼便尝尽的生活艰辛使山姆·沃尔顿心目中早已根深蒂固地扎下了"对每一个美元都珍重不已"的观念,这对他后来形成的经营风格不无影响。他曾言:"我们并肩合作,这就是秘诀。我们为每一位顾客降低生活开支。我们要给全世界一个机会，来看一看通过节约的方式改善所有人的生活，会是个什么样子的。"

1940年6月3日，他作为管理实习生参加了艾奥瓦得梅因的彭尼店的工作。在彭尼店里，山姆·沃尔顿学到了很多零售业务知识，初步树立起了他经营零售业的信心，为他后来选择以零售业作为自己的事业奠定了基础，可以说这里是现代零售巨头的起源地。经过反复考虑，山姆·沃尔顿最终决定加入彭尼公司，正式开始他的零售业生涯。

1945年8月"二战"结束后，沃尔顿复员回到家乡，恰逢在阿肯色的新港——一座仅有7 000人口的小城，有一个巴特勒兄弟公司所属的本·富兰克林杂货连锁店正待出售，所有条件都符合山姆·沃尔顿和其妻子海伦的标准。但是，沃尔顿和海伦只能筹集到5 000美元，好在岳父罗布森借给他们2万多美元，于是他们与店主很快便达成协议，山姆·沃尔顿在他27岁的这一年接管了他的第一个零售店，专卖5美分至10美分的商品。由于山姆·沃尔顿待人和善，附近的住户都愿意到他店里来选购商品。山姆·沃尔顿每年都会把这个商店的开业日期作为它崛起的起点而加以庆祝。此后，山姆·沃尔顿开始尝试直接向制造商进货，这样他可以节省25%左右的费用，他的零售价也可以随之得以降低。然而，事情并不是一帆风顺的，因为在大多数情况下，这些制造商为了不触犯像巴特勒这样的大公司，往往会拒绝山姆·沃尔顿的要求。于是，山姆·沃尔顿只好驾着汽车到邻近的州去寻找供货商。终于，他在田纳西州找到了愿意按低于本·富兰克林批发价向他供货的供应商。山姆·沃尔顿与他们建立了稳定的购销关系。这样一来，他必须白天在自己的店中忙碌一天，等到工作结束后，就赶紧跳上他的老爷车，一路风尘地赶往田纳西州去拉货。尽管很辛苦，但当他的整个驾驶舱、后座和自制拖车满载着按优惠价买到的货物时，山姆·沃尔顿觉得所付出的一切都是值得的。

山姆·沃尔顿对顾客的服务细致入微，例如，在他的小店里，商品的摆放方式更便于顾客进行挑选。他对每位顾客都面带微笑，甚至能叫出大多数客人的姓名，让所有的顾客都感动于他的真诚和热情。在山姆·沃尔顿的努力下，小店业绩第一年为10.5万美元，第二年为14万美元，第三年为17.5万美元。而在原店主手中时仅为7.2万美元。在接下来的时间里，沃尔顿使他的商店销售额增加到每年25万美元，成为6个州中位居首位的本·富兰克林特许经营店。

自此之后，山姆·沃尔顿一直将小镇和小城郊区作为选址开店的金科玉律。这一战略使山姆·沃尔玛在相当长的时期内远离了大城市的残酷竞争，在不为人所注意的时候悄然长大成林。1951年，山姆·沃尔顿夫妇以投资额两倍的价钱卖掉了小店，转而迁居本顿维尔。当山姆·沃尔顿带着全家搬到位于阿肯色州西北角的本顿维尔时，这个小镇还是个只有3 000人口的农村边远地区小镇，离最近的城镇罗杰斯也有约10千米。这里的情形可以用海伦的一句话来形容："实在是一个看起来糟透了的乡下地方。"山姆·沃尔顿在这里买下了一家名为哈里逊的杂货店，加上另租下的隔壁理发店，拥有了不足400平方米的店面，但在本顿维尔及其附近地区来说，他的店已是最大的商店了。山姆·沃尔顿把小店命名为"沃尔顿5分～1角商店"。为了争取第一批顾客，沃尔顿在当时的《本顿先民主报》上刊登广告说："沃尔顿5分～1角商店重新装修开业，保证所有商品物美价廉,儿童可免费获赠气球,别针一打只要 9 分钱,玻璃杯一只 9 角。"这恐怕是山姆·沃尔顿所做的第一个广告,也是为数不多的广告之一。老店原来每年的营业额只有 32 000 美元,主要卖些花边、帽子、裁剪纸样等乡下杂货店的传统商品。山姆·沃尔顿扩大了店面,将老式货架换成新式陈列架和柜台,并开始采用自助式服务的经营方式,小店面貌立刻焕然一新,营业额也直线上升。山姆·沃尔顿一开始就获得巨大的成功。第一年本顿维尔的商店营业额就已经达到了 70 万美元。1964 年,沃尔玛已经拥有 5 家连锁店,1969 年增至 18 家商店。沃尔玛把中小城市和附近大的村镇放在优先地位。其经营模式都是一致的:低利润、小库存、大批量进货、多在成本上下功夫并且积极利用信息工具。

山姆·沃尔顿完全明白取得成功的关键因素是哪些,要想继续前进,任何一个因素都不能忽视。美国实行五天工作制,但山姆·沃尔顿深信,只要选择了零售业这一行,周末上班就是应该履行的职责。一年四季除了圣诞节上午关门半天,让职工去参加普天同庆的庆祝活动外,其余每天都要开门营业。对山姆·沃尔顿的员工来说,以真诚热情的态度、细致周到的服务把人们吸引至自己的商店,并且使他们不断地重新光顾,这才是首要的任务。山姆·沃尔顿开店坚守着一个信念,"只要商店能够提供最全的商品、最好的服务,顾客就会蜂拥而至。"他向员工提出了两条要求:"太阳下山"和"十英尺态度"。"太阳下山"是指每个员工都必须在太阳下山之前完成自己当天的任务,而且,如果顾客提出特殊的要求,也必须在太阳下山之前满足顾客;"十英尺态度"是指,当顾客走进员工 10 英尺的范围内时,员工就必须主动地询问顾客有什么要求,而且说话时必须注视着顾客的眼睛。

除此之外,他还提出十大经营法则:

- ☑ 全心经营,比别人更尽心尽力;
- ☑ 和同事分享利润;
- ☑ 激励你的同事;
- ☑ 凡事和同事商量;
- ☑ 感激同事对公司的贡献;
- ☑ 成功之后要大肆庆祝,失败之后则不丧心志;
- ☑ 聆听公司内每一个人的意见;
- ☑ 超越顾客的期望,他们就会再度光临;
- ☑ 控制成本低于竞争对手;
- ☑ 逆流而上,走不同的路,放弃传统的观念。

这一时期山姆·沃尔顿的经营主要有两个特点,第一,一家店赚了钱,马上投资再开另一家店,不断扩张。到 1968 年,他有 15 家商店分布在本顿维尔周围地区,年营业总额达到了 140 万美元。第二,不断改变经营方式,力求创新。成功的发展进一步促进了沃尔顿的扩张欲望,1962 年,他决定尝试一种更大规模的本·富兰克林经营模式,他与弟弟巴德·沃尔顿在密苏里的圣·罗伯特开了一家面积为 13 000 平方英尺的商店——沃尔顿家族中心。开始时的营业面积只有 1 200 平方米,后来扩大到近 2 000 平方米,年营业额超过了 200 万美元。对于圣·罗伯特这个人口仅 15 000 人的小镇来说,一个面积扩大了的杂货店竟能吸引来这么巨大的购买力,连山姆·沃尔顿也感到难以置信。到1962年年底,山姆·沃尔顿与巴德·沃尔顿和罗布林家族的合伙王国已发展到16家,一跃成为全国最大的本·富兰克林单一特许加盟店和全美最大的独立杂货店经营者。

但是,山姆·沃尔顿通过阅读商业期刊以及与制造商和供应商谈生意得知,他现在控制的这些日用百货正面临严重的威胁,这种威胁已经在东部具体化。这种威胁就来自廉价销售。到1962年,廉价销售已经成为一个年销售额20亿美元的行业。他已经确信,如果他不从事廉价销售,他的百货连锁店肯定在劫难逃。于是,山姆·沃尔顿又对一种全新的经营形式——折扣商店产生了浓厚的兴趣。这种营销模式的特点是以低价大量进货,然后便宜卖出,经营系列综合商品。即它以同样的商品,只要卖得比别家商店便宜,销量就能高出别家商店许多。山姆·沃尔顿认为,折扣商店注定代表了未来零售业发展的主流,自己必须赶快进入。于是,1960—1962年,山姆·沃尔顿带着自己的想法跑遍了全国各地,考察了当时国内主要的几个折扣商店连锁集团。回到本顿维尔后,他又就近仔细观察了已在阿肯色州西北郡开业的一家叫作霍沃德的折扣商店。

1962年7月2日,第一家沃尔玛折扣百货店在离本顿维尔不远的罗杰斯城隆重开业,占地16 000平方英尺,店名为沃尔玛。这一次。沃尔顿第一次打出了"沃尔玛"这一招牌和"天天低价"的口号。商店经营的商品品种繁多,其中包括珠宝首饰、涂料及工具、礼品、家具、布匹、婴儿用品及儿童和成年男女服装等22类。店内共设3个收款通道,其中有一个是"快道",是专为那些购买品种少于5种的顾客设置的。在当地报纸上刊登的促销广告上,沃尔玛宣称"每天对所有的商品提供最低价",日后的每一天,沃尔玛都认真地履行了自己对顾客的承诺,这条亲切周到的服务口号,帮助沃尔玛创造了一个又一个的奇迹,战胜了自己的对手,赢得了顾客的心。一些广告还列举了沃尔玛的商品标价,并与制造商建议的零售价进行了比较,例如,月光牌熨斗,一般商店卖17.95美元,在沃尔玛仅卖11.88美元,可以便宜34%;春明牌手套,在别处卖10.80美元,沃尔玛售价只要5.97美元。广告上还许诺,上衣、外套、裙装等便宜1/3~1/2。并且所有商品的质量都是一流的,由制造商提供品质担保。第一家沃尔玛折扣店第一年的营业额就达到了70万美元。而且事实证明,山姆·沃尔顿的这一创新产生了深远的效应,到1974年,这家店的营业面积达到5 500平方米,销售额达到540万美元。

1983年4月,山姆·沃尔顿自己的仓储俱乐部——山姆批发俱乐部正式开业。不到3年时间,又有40个山姆俱乐部开业,在商店的数量上很快超过了普格斯。到1988年,普格斯俱乐部和山姆俱乐部共同统治了整个行业。山姆·沃尔顿变得非常有信心,他一下子又投入到一项更加雄心勃勃的试验之中,那就是超级玛特项目。每个沃尔玛店平均占地6.2万平方英尺,山姆俱乐部平均占地10万平方英尺,第一个超级玛特却占到了22万平方英尺。1987年圣诞节过后的第三天,这种超级玛特在达拉斯郊区正式开业,一个星期就有5万名顾客光临。一个月后,山姆·沃尔顿在堪萨斯的托皮卡开了第二家超级玛特。1988年,凯玛特年销售额是273亿美元,沃尔玛是206亿。但是,沃尔玛的纯利润却首次超过了它的竞争对手,达到8.372亿美元,而凯玛特是8.03亿美元。

在接下来的20世纪90年代,沃尔玛成功成为全世界最大的零售商。这时候,它的新任领导人格拉斯给沃尔玛制定了一份野心勃勃的长期目标：年销售额达到 3 000 亿美元。实现此目标的唯一途径是：用沃尔玛控制整个零售业的方法来占领食品杂货领域，并将沃尔玛模式推向更加广阔的海外市场。1991 年年末,沃尔玛进军墨西哥；1992 年进入波多黎各市场；1994 年初挺进加拿大,同年秋,在中国香港开了一家合资店；1995 年,分别在阿根廷和巴西小试牛刀；1996 年,在印尼和中国深圳开了第一家沃尔玛店；1997 年年底,沃尔玛进军德国。至此,沃尔玛国际市场的销售额已达到每年 50 亿美元。到 1997 年,拥有 728 000 名工人的沃尔玛早已超过了通用汽车公司,一跃成为全国最大的独立雇主。更具有深刻意义的是,沃尔玛和其他廉价连锁店——凯玛特、如意玩具公司等,提供的工作岗位已取代了制造业,造就了充斥美国的新蓝领阶层。沃尔玛的销售收入在持续上升,速度之快令人瞠目结舌,当时预计 2000 年会突破 2 000 亿美元大关。事实证明这并非妄言。

2001 年年初,全世界的受众听到了一条令人震惊的消息：沃尔玛的销售额超过了比尔·盖茨控制的微软,成了当今世界上最大的公司。山姆·沃尔顿平凡的经历似乎在向世人讲述：你也完全可以创造一个"零售帝国"。

资料来源：http://www.cmmo.cn/home.php? mod＝space&uid＝78229&do＝blog&id＝4127.

思考与讨论

结合上述案例,列出你自己对零售店经营的策略,并在本章的创业实践中加以运用与验证。

1. 沃尔玛建店选址的特点

沃尔玛确定了一个原则,不与大都市的大型商场竞争,而是从小镇入手,凡人口超过 4 000 人的小镇就建店。见缝插针,迅速扩张,最终以"小镇包围城市"的战略跃上全球第一的地位。

2. 定价与服务方式

(1) 低成本战略。在物流运营过程中尽可能降低成本,把节省后的成本让利于消费者,这是沃尔玛一贯的经营宗旨。沃尔玛商品定位面向中下阶层,并以低出别家商店的价格出售,因而不仅吸引了众多顾客,而且连锁店越开越多。

(2) 不打虚价。沃尔玛商店很少有 99 元或 95 元等接近整数的标价,而更多看到的是 73 元或 42 元的价格,因此顾客能强烈地意识到在这里所付出的每一分钱,都是物有所值。

(3) 10 英尺态度。沃尔玛另一个引人注目的特点就是良好的服务。沃尔玛提出顾客永远是对的,要求员工做到"当顾客走到距离你 10 英尺的范围内时,你要温和地看着顾客的眼睛向他打招呼,并询问是否需要帮助"。这有名的"十英尺态度"是沃尔玛奉为圭臬的服务守则。同时,对顾客的微笑还是量化的标准,即对顾客露出你的"八颗牙齿"。

(4) 自助式选货。将老式货架换成新式陈列架和柜台,商品的摆放方式更便于顾客进行挑选,并开始采用自助式服务的经营方式。

3. 经营办法

(1)天天低价。沃尔玛要求,供应商的报价必须是给其他商家的最低价,在此基础上,沃尔玛以进货量巨大、帮助供应商进入世界市场、现金结算三个理由,要求供应商降价25%。以低价大批量进货,然后便宜卖出。

(2)广告。在当时广告尚未普遍时,把商店的开业日期作为它崛起的起点而加以庆祝以引人注意;在当地报纸上刊登的促销广告上,列举了沃尔玛的商品标价,并与制造商建议的零售价进行了比较。

(3)连锁经营。一家店赚了钱,马上投资再开另一家店,不断扩张。

(4)销售模式。推出折扣商店、购物广场、大卖场、山姆会员店、家居店、社区店等形式,这些业态分别适合不同层次的消费者。

4. 用人策略

沃尔玛企业文化中崇尚的三个基本原则中第一条是"尊重个人",并十分重视对员工的精神鼓励。沃尔玛不但强调尊重顾客,而且还强调尊重公司的每一个人。在沃尔玛内部,虽然各个职员分工不同,但少有歧视现象。沃尔玛的职员不称作员工,而称合作人。正如沃尔玛一位董事长曾经说的,"我们是由具有奉献精神、辛勤工作的普通人组成的群体,来到一起为的是实现杰出的目标,我们虽然有不同的背景、肤色、信仰,但坚信每一个人都应受到尊重和尊严的待遇。"

 创业实践

创业实践 3-1　食品零售企业创业实践

？	实践主题:食品零售企业创业实践
☰	完成这些练习后,学员将能够: 了解企业部门经营规则; 体验食品零售企业创业经营的全过程
◈◈	掌握零售行业部门经营规则后,你现在所需要做的工作就是,尽快体验一下市场需求量最大的食品零售企业经营过程,体验一下成功的喜悦和失败的经验与教训

1. 企业各部门经营规则

请以"单人高手"模式进入"1. 腾飞的希望",然后进入"管理指导"中,了解"采购部门""销售部门""库存部门""广告部门""研发部门""制造部门"等部门的管理指导,同时结合所学的理论,描述一下产品"需求""供应""库存"与商品"价格"制定之间关系。

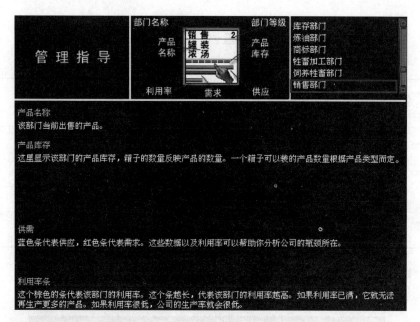

2. "沙漠变绿洲"创业实践

请以"单人高手"模式进入"2. 沙漠变绿洲",背景说明如下。

> 你是一个小城市里的一家食品公司老板,你的产品在当地畅销,但在其他城市没什么名气。
>
> 你靠多年来积累的资本,你准备向各大城市进军。这条路可不好走,你的对手包括许多大型食品集团。
>
> 不过你有一个明显的优势,你的产品质量比它们的更好。
>
> 你的目标是垄断食品和点心的国际市场,在50年内达到年利润5000万美元的规模。
>
> 本场景取消了股市。

检验方式:以个人是否完成目标、完成目标的时间为检查依据,填写如下表格。

姓名(学号)	公司名称	是否完成目标	完成时间(年)	排　序

创业实践 3-2　医药零售巨头创业实践

?	实践主题：医药零售巨头创业实践
	完成这些练习后，学员将能够： 了解零售企业发展的目标； 体验医药零售企业发展与壮大的过程
	在进行零售企业经营的基本训练后，你现在需要以医药业为例扩大零售企业的经营规模，能否做到扩大市场规模，同时还不能让公司在规模过度扩张的同时出现危机

1. "零售业巨头"创业实践

请以"单人高手"模式进入"4. 零售业巨头"，背景说明如下。

> 你的公司在医药界能够排进前3位。但是你的主要竞争者已经投入巨资开发非常先进的药品，如果它们能够成功，就能把你赶出这个市场。
>
> 你要获得比它们还快的发展速度，在60年内占领医药市场，达到年利润1亿美元的目标。
>
> 本场景中取消了和食品相关的产业。

检验方式：以个人是否完成目标，完成目标的时间为检查依据，填写如下表格。

姓名（学号）	公司名称	是否完成目标	完成时间（年）	排　序

2. 零售产品市场调查

请对某类商品中的二三个品种，不同零售商的销售策略（价格、折扣、服务等）进行调查，以组为单位安排产品种类，以个人为单位安排在不同地区或不同商场进行实地调查，要求有图片等真实证据，一组提供一份调研报告。

创业实践 3-3　零售行业创业实践

?	实践主题：零售行业创业实践
	完成这些练习后,学员将能够： 深入了解零售行业经营规则； 体验零售行业创业经营的全过程
	在掌握零售业经营规则后,思考零售业的创业策略及机会所在,体验零售企业的同行业的竞争机制与过程,较深入体验一下零售业成功的喜悦和失败的经验与教训

1. 零售业创业实践

首先进行分组,每组人数不超过 7 人,然后以多人软件或单人自定义软件模式进入模拟系统,每组按以下要求进行系统设置。

目　　录	子　目　录	设置内容
基本	难度等级	1 级
环境	全部	系统默认
竞争对手	全部	系统默认
进口	全部	系统默认
目标任务	数值 1 玩家资产 =	1 亿
	数值 1 其他参数	系统默认
	数值 2 投资回报率	10%
	数值 2 全部参数	系统默认
	产业	零售业
	产业　其他参数	系统默认
	产品	系统默认

检验方式：以组为单位,以个人是否完成目标、最后综合得分为检查依据,填写如下表格。

组名：

姓名(学号)	公司名称	是否完成目标	综合得分	排　　序

2. 分组讨论

分组讨论本次创业实践的经验与教训,参赛队员准备一份零售业创业实践的经验总结(PPT 报告)。建议包括经营思路、经营过程、经营中出现的问题、处理的方法、体会、零售业创业的机会所在等。

 进阶技巧

1. 零售业的经营

零售业是最基本的行业,也是经营者最先入手的行业之一。它是直接面向最终消费市场的企业,通过买卖差价获取毛利,再扣除维持费、员工费用、培训费用即是净利。它一般有购、销、商标、广告共四种部门。商标部门是做 OEM(代工生产)的,没有另外的开支,只有员工的开支。而广告部门也只有员工的开支,广告费用是计在总公司的头上的。

在这里介绍一下部门的概念。每一家公司都有 3×3 的空位,可以设立最多 9 个部门,如果是工厂的话也可以叫作车间,如果是农场的话也可以叫作畜牧场或者农田。每个部门都可以与横向、直向、斜向的相邻部门相连接,表示物流。例如,采购—商标—销售—广告,四个部门以这个顺序连接起来,表示采购部门进货,送到商标部门把产品打上自己的标签,再送到销售部门拿去卖,最后这个销售部门卖的产品要由广告部门负责做广告,当然连上广告部门但不产生任何广告支出也可以。如何设计这 3×3 的位置,特别是工厂中一种原材料出几种产品,或者几种原材料出一种产品,或者几种原材料出几种产品,通过位置设计以最大限度利用空间出产尽可能多的产品,或者最大限度增加产能,这是一个智力游戏。游戏里提供了一些参考方案,用户可以自己设计。

部门有一个等级,当经营者设置一定的训练费用,或者在总部的人事部组织一次特训,或者这个部门长期在 100% 的满负荷情况下工作,部门就会升级,最高是 9 级。除了农场外,升级后,部门的工作能力就会提高,6 级的产能大约是 1 级的 3 倍半,而 9 级的产能是 1 级的 6 倍多。农场升级的结果除了产能上升外,出产的畜产品和农作物的品质也上升。

部门的等级也会变化。当经营者更换采购和销售的货品品种时,等级会下降一级;当你更改制造部门的制造内容时,等级会降到 1;如果用另一个部门替换这个部门,等级也是从 1 开始的。所以,部门等级是经营者的无形资产。

零售业包括了专卖店和百货店两类。专卖店包括了从电脑汽车到玩具和体育用品等十几个行业,但是不包括食品业。也就是说,除了食品之外的所有类别消费品都有自己的专卖店,但有几个消费品类别是共用专卖店的,像手表和首饰,以及电器与电子产品。不包括食品业,大概是因为食品业很难做出精品式的品牌,毕竟像哈根达斯那样的成功者在食品业中是少数。百货店包括了从便利店到大型超市的各型百货类商店,除了百货商店是专营食品类以外的商品,其他都是以食品为主,并依规模大小兼营食品以外的商品。

专卖店和百货店的差别是,专卖店容易吸引购买者,而百货店经营范围大。如果某个产品比较受市场欢迎,专卖店的销售额会更大;如果不受市场欢迎,专卖店就会变成一根鸡肋,而百货店则可以改进别的货。另外,在竞争中,以专卖店对抗对手的百货店,是一种基本策略。

百货店包括便利店，小、中、大型超市，以及百货商店。便利店和中小型超市主营食品（包括甜点、零食、主食、饮料、畜牧产品五类）、药品、生活用品等，百货店在规模上相当于中型超市，而大型超市可兼营各类产品。规模差异除了决定经营范围差异外，还决定了建设成本、维持成本、员工人数和费用，以及销售能力上的差异。

软件并没有提供不同规模的百货店和专卖店的辐射范围，也无法看出不同规模在营业收入上的差异，所以选择百货店规模主要出于成本上的考虑。有人比较喜欢使用中型超市和百货商店，因为建设成本和维持成本比大型超市少许多，而大型超市的销售并不见得突出，唯一的优势是经营范围的自由度，可以在食品类和非食品类之间转换。

一般一种产品（每个类别都有 2～6 种产品）在一座城市里有 3～8 个销售点，就饱和了，可以从产品明细菜单里看到饼状图。在饱和的情况下，再增加销售点，就会发生挤出，不是你和对手之间相互挤出，就是你自己的店之间相互挤出。市场的总需求量是否会增加，目前还不清楚。不过前面已经说过，城市不会因为经济繁荣而成长，估计一座城市的总需求是一定的。小地图上有个城市总人口数，这个数字似乎并不会增加。另外，品质的增加和价格的下浮，可以增加某个店的销售，但可能不能增加总的市场需求量。所以，在已经垄断一个市场并饱和销售后，可以考虑适当提价。

提价并不要求已经垄断。每个产品有一个总体评价，只要保持你的总体评价值高于其他对手的同种产品，就可以尽量提价。不过 NPC 对于价格的调整非常频繁，很快你就会发现对手的评价又高过你了，所以建议只对你独家生产的产品涨价。

零售业的缺点是依附性，没有竞争优势，没有核心竞争力。除非是自产自销，否则你对货源缺少控制。

2. 关于员工训练

一个员工大约要花 25 万才能从 1 级升到 9 级。特训时，每家公司的平时训练费的柱子如果打满的话，特训的效果要好一倍。另外，就算你员工的级别到了 9 级，仍然会参加特训，因为特训是全员进行的，这样实际上就造成了浪费。

第 4 章

现代制造业创业实践

◆ 掌握制造业经营各部门的管理要求

◆ 学会制造业的经营策略

◆ 能够理解制造业的运营流程

◆ 能够分析制造业经营的创业机会

◆ 识别制造业企业的盈利模式及核心竞争力

4.1 现代制造业创业管理指导

耐克集团创始人菲尔·奈特创业故事

菲尔·奈特(Phil Knight),耐克传奇领袖,是财富500强公司里最古怪的领导人之一。他永远戴着墨镜,以超酷形象示人;他曾是长跑运动员,后以1 000美元起家缔造了百亿美元的体育王国;他的公司是著名的广告先锋,但他却直言"我不相信广告"。

1985年春天,美国数以百万计的电视观众,看到了这样一段广告:一个篮球飞快地滚向球场一端,等候在那里的迈克尔·乔丹轻松地用穿着彩色运动鞋的脚将球勾入掌中,开始带球移动,与此同时,传来发动机引擎的刺耳噪声,引擎的咆哮声越来越响,乔丹随之一飞冲天。广告的最后10秒是乔丹的"云中漫步",即使从未看过篮球比赛的观众,也会感叹于他精湛的技巧。这段广告不仅展示了乔丹特殊的飞行能力,也暗示他脚下那双鞋,给予的助力。而在这个广告中,乔丹脚下的那双运动鞋就是著名的运动鞋品牌耐克。

把握创业机会

奈特一直很喜欢运动,他高中的论文几乎全都是跟运动有关的,就连大学也选择的是美国田径运动的大本营——俄勒冈大学。虽然奈特喜欢运动,但他只是一位成绩平庸的1英里跑运动员。

在俄勒冈,奈特遇到了自己一生的良师益友,就是自己的教练比尔·鲍尔曼。鲍尔曼在20世纪50年代曾连续打破世界长跑纪录,俄勒冈州尤金市也因此而扬名。他是个事业心极强的人,一心要使自己的运动队超过其他队。训练比赛中,运动员的脚病是最常犯的,鲍尔曼便想设计出一种鞋,底轻且支撑又好,摩擦力小且稳定性强,这样可以减少运动员脚部的伤痛,跑出好成绩。鲍尔曼精心设计了几幅运动鞋的图样。他找了好几家制鞋公司,但却没有人理会他,倔强的鲍尔曼干脆自己请教补鞋匠,学会了做鞋,在一次运动会上,他的运动员穿上了由他亲手制作的、外表难看但轻巧舒适的鞋,结果跑出了比以往任何一次比赛都好的名次。

从俄勒冈大学毕业后,奈特继续到斯坦福大学攻读 MBA 学位,而鲍尔曼则继续在大学里做田径教练和设计运动鞋。1960 年,奈特毕业了。其间他在一个调查报告中提到,很多体育名将和普通运动员其实都有一个共同的目标:打败阿迪达斯,让越来越多的运动员穿上日本生产的高质量低价格的跑鞋——Tigers(虎牌)。毕业后的奈特决定到日本去寻找一个机会。在日本的展览会上,奈特碰到了日本的虎牌运动鞋厂家,他自称是来自美国的"蓝丝带运动公司",刚好虎牌需要一个代理商来打入美国市场,于是就把代理权给了这个初出茅庐的小伙子。拿到代理权的奈特立即找到了鲍尔曼,他们两个人出资 500 美元,组成真正的蓝丝带运动公司,成为虎牌运动鞋在美国的独家经销商,开始了最初的创业。这个"蓝丝带"就是"耐克"的前身。

初 建 品 牌

刚起步的时候,没有仓房,奈特把存货放在岳父家的地下室里,他和鲍尔曼两个人一个管财务,一个管设计,配合得十分默契。事实证明,他对市场的预测是正确的,这种低价运动鞋销量很好,第一年便销售了价值 8 000 美元的货品。1968 年,经鲍尔曼改制过的 Cortez 鞋成为虎牌运动鞋的最畅销产品,而奈特为公司的发展打下坚实的财务基础。公司的生意逐渐好转起来。不久,日本总公司察觉产品销路不错,便要求他们先汇款后发货。这样一来,鲍尔曼他们的成本就大大地提高了,只好加倍努力推销。但日本方面还常常不按期交货,甚至把一等品偷偷地留在日本销售,把次品送往美国。一次,鲍尔曼他们收到一批鞋,顾客穿了两个星期,鞋底鞋帮就分家了。为了维护信誉,他们只好忍气吞声,及时给顾客退换了。更可气的是,虎牌又派代表来到尤金市,提出购买鲍尔曼公司 51% 的股份,并在 5 个董事中占两席,如果拒绝这个要求,立即停止供货。受尽日商刁难的鲍尔曼和奈特忍无可忍,断然拒绝这一非分的要求。

奈特和鲍尔曼决定开一家属于自己的公司,他们起名为 NIKE(耐克),这是根据希腊胜利之神的名字而取的。这个名字,在西方人的眼里很吉利,且易读易记,容易叫响。他们很快推出了以"耐克"命名的运动鞋,并且设计了日后著名的"一勾"商标。商标十分醒目,既具有视觉上的吸引力,又具有运动鞋和其他体育用品应具有的那种动感,象征力量和速度。

打造核心竞争力

在运动鞋行业,耐克面临激烈的竞争。奈特和鲍尔曼意识到:如果不能开发出比现在产品更好的新产品,就根本没希望提高市场占有率。而且,当时美国鞋商生产出来的运动鞋还远比不上前联邦德国阿迪达斯公司生产的外国鞋。1975 年,一个星期天的早晨,鲍尔曼在烘烤华夫饼干的铁模中摆弄出一种尿烷橡胶,用它制成一种新型鞋底,并在鞋底上装上小橡胶圆钉,这种看上去很简单的产品改进,成为奈特和鲍尔曼事业的起点。因为在后来的试验中发现,这种鞋底的弹性比市场上流行的其他鞋的弹性都强。

1976年,耐克的销量从前一年的830万美元猛增到1400万美元。它像野火一样发展起来,公司为开发新样式跑鞋不惜花费巨资。在这些改进中,耐克气垫给人留下了很深的印象。耐克气垫是嵌入鞋跟部的充气垫,它是公司制鞋技术上的一张王牌。它能比泡沫海绵或橡胶保持更长时间的弹性。穿着舒适、平稳。现在,几乎所有耐克公司出品的正宗耐克运动鞋都嵌有这种气垫。这点却又正是耐克高质量、高性能、高品质之所在。但是消费者并不清楚这其中的奥秘,怎么办呢?销售策划人员于是在广告上动了一番脑筋。很快一幅十分有特色而又吸引人的广告画出现了。在一只耐克鞋的脚跟部开了两个"窗子",人们透过"窗子"可见到鞋底的耐克气垫。这幅广告画大大吸引了消费者,并且使他们一目了然地明白了耐克比其他运动鞋技高一筹之处。

随后的两年里,"耐克"的销售额紧跟着就翻了两番。到20世纪70年代末,耐克公司有将近100名研究人员,其中许多人有生物、化学、实验生物学、工程技术、工业设计学、化学和多种相关领域的学位。这雄厚的研究力量开发出140余种不同式样的产品,其中不少产品是市场最新颖的、工艺最先进的。这些样式是根据不同脚型、体重、跑速、训练计划、性别和技术水平设计的。这些风格各异、价格不同、用途广泛的产品,吸引了成千上万的跑步者,使他们感到耐克是提供品种最齐全的跑鞋制造商。

耐克文化

靠着永不停息的企业理念,到了1979年,耐克通过策划新产品的上市及其强劲推销,市场占有率达到33%,终于挤进原来由阿迪达斯、彪马和Tiger所建的"铁三角",成为销售明星。到了1981年,其市场份额甚至达到50%,遥遥领先于阿迪达斯,而奈特本人也跑步进入《福布斯》杂志令人垂涎的美国最富有的400人之列。

"体育、表演、洒脱自由的运动员精神"是耐克追求的个性化的公司文化,这个具有鲜明特征的公司文化一反传统观念的企业形象。耐克是富有冒险精神的开拓型公司,耐克一位老资格的经理曾经回忆:"那就像是在一个充满手足情义的环境中工作。同事们在一起痛快地喝酒,滔滔不绝地谈论体育,并自诩为活跃且反传统的人物。"每6个月,耐克的管理队伍要聚会讨论策略。这个大吵大闹的聚会以"针锋相对"著称。

奈特总是鼓励对抗,甚至怂恿对抗,而且他和其他人一样,接受别人的大声指责。耐克企业的所在地,就像校园一样,有森林、慢跑小径、湖泊、足球场。奈特希望创造出一个祥和的工作环境,他认为世界已经够混乱的了,工作时间应像家一样自由。就在耐克著名的广告策略中,也表现出不同于别人的活力。耐克寻找的运动员有别于阿迪达斯,他们特立独行、个性强烈、脾气暴躁、富于进攻性。例如网球明星麦肯罗,人们老是看到他在网球场上大发脾气,与权威争吵。还有网球名将阿加西,他留胡子,长发蓬乱,将牛仔裤剪短当网球裤,而这种牛仔网球裤也成了耐克公司的特色产品。有了这些大牌体育明星的活广告,耐克运动鞋已不再仅仅是运动鞋,而成了偶像和社会地位的象征。

资料来源:世界创业实验室.http://elab.icxo.com/htmlnews/2012/08/17/1447221.htm.

如果在你的成长经历中,有一种强烈的愿望促使着你想对生活或工作中的某些不足作出改变,也许那时就已经在不知不觉中埋下了创业的种子,特别是在了解了创业的相关知识后,你决定成为一个主宰自己命运的人。目前你可能对公司经营还不是很有信心,希望加强对公司管理工作的了解,特别是对公司采购、库存与制造等重要部门的管理更是你必须加强的,为此你需要结合所掌握的资源、知识与技能完成以下两个子任务。

任务一:掌握建设工厂的一般流程。

任务二:掌握"制造部门"的管理指导。

🔍 任务分析

从案例中我们不难看出耐克的成功主要在于:

(1) 注重研究试验和技术改进。耐克的研究开发活动包括人体运动高速摄影分析、对 300 个运动员进行试穿试验等;公司推出的"夹心饼子鞋底"方案,使 NIKE 公司的销售额由 1972 年 200 万增加到 1976 年的 1 400 万美元。

(2) 产品风格式样多样化。NIKE 根据不同的性别、骨骼构架,做出不同式样的鞋满足消费者。

(3) 敢于创新,走自己的路,有冒险精神。阿迪达斯在 20 世纪 70 年代几乎占据了整个国际市场。70 年代,兴起慢跑,休闲鞋的需求增加,NIKE 没有尾随阿迪达斯继续走为专业竞技运动员生产跑鞋的路线,而是勇敢地把自己的产品推向大范围的市场,这个正确决策成为 NIKE 成功的重要原因。

(4) 利用明星效应宣传自己的产品。NIKE 请了美国著名篮球运动员迈克尔·乔丹做产品代言人,宣传口号"Just do it",很有鼓动人心的力量,让 NIKE 成为家喻户晓、妇孺皆知的产品。

(5) 采用分销商的销售模式,甚至设厂,大大降低了成本。

本节学习顺序建议,先进行 4-1 服装产品经营创业实践,然后学习知识链接中的相应知识点,最后学习进阶技巧中的"制造业的管理指导"与"工厂选址技巧"。

🔍 知识链接

4.1.1　建厂流程

要创办一家新的制造企业,一般来说可参考以下九个步骤进行。

1. 前期相关审批

主要包括工厂项目立项备案、用地、选址及环境评审、获取土地使用证及规划审批等。这几项内容可以同步进行,大部分地区的具体操作流程基本大同小异,部分地区可能会在具体细节顺序上及操作方式上有所不同。

买地建厂投资流程:签订投资意向或合资合作意向书、工商注册(工商行政管理局)、企业名称预先核准申请表、公司具体名称、股东名称、出资总额、出资比例(如股东是法人,需带营业执照副本复印件)、验资证明、环保证明、房产证明。

项目备案(计划局、发改委):编制项目简介、填写项目申请备案表、项目备案请示、企业法人营业执照正副本复印件、组织机构代码证复印。

相关手续办理(环保局、建设局、土地局):环保评审/审批、选址意见书、建设用地规划许可证、地质灾害评估报告、土地评估、建设用地勘测定界报告、建设用地预审。

办理土地证(土地局):地籍调查表、用地申请及法人身份证复印件、公司章程及营业执照、国土资源局规划股出图意见、建设部门一证一书、环保证明、一书四方案、土地评估。

关于选址,在全球范围内对许多制造业企业所作的调查表明,企业认为下列因素是进行设施选址时必须考虑的。

(1)地理位置、当地各项成本及原材料和成品运输成本。

(2)劳动力的获取条件及雇员的生活环境质量。

(3)与市场或客户的接近程度及服务的便利程度。

(4)与供应商和生产制造资源的接近程度和便利程度。

(5)政策优势及当地其他软环境。

(6)越来越多的投资者关注风水和运势。

2. 厂房整体及配套设计

设计通常包括设计前期工作、初步设计和施工图设计三个阶段。

(1)设计前期工作。包括可行性研究、厂址选择和设计任务书的编制。设计任务书由建设项目的主管部门组织编制,其目的是根据可行性研究报告和厂址选择报告,对建设项目的主要问题,即产品方案、建设规模、建设地区和地点、专业化协作范围、投资限额、资金来源、要求达到的技术水平和经济效益等作出决策。

(2)初步设计。根据批准的设计任务书进行编制。初步设计包括:确定主要原材料、燃料、水、动力的来源和用量;规定工艺过程、物料储运、环境保护等设计的主要原则;明确设备、建筑物和公用系统的构成和要求;进行工厂布置,设计全厂和车间的平面布置图;提出生产组织、管理信息系统和生活福利设施的方案;计算主要设备材料的数量、各项技术经济指标和工程概算。批准后的初步设计是建设投资的拨款、成套设备订购和施工图设计的依据。

(3)设计施工图。绘制各种建筑物的建筑结构详图、设备和管线的安装详图、各项室外工程的施工详图、编制全部设备材料明细表和施工预算。

需要特别提出的是消防审批和验收。

3. 厂房建设

厂房的整个建设施工项目过程将集中考验建设企业对于项目运作和管理的整体实力。一般来讲,多数企业会疏忽建设项目的多方协调以及对于工程质量和进度的有效管理与监控。由于工程进度延期进而造成工厂投产的延期所带来的损失往往是惊人的,因此,越来越多的建设企业加强了对于项目整体专业化监控和管理,以确保项目的可控性。与之配套的,专业化的项目咨询管理服务正得到广泛的认可和接受。

(1)施工前建设手续办理(建设局)。施工图审查与批准、建设工程单体审批、建设工程规划许可证、招投标。

(2)办理施工许可证(建设局)。建设用地许可证、工程报建表及号码、建设工程规划许可证、中标通知书、意外伤害保险单、图纸审查批准书等。

(3)施工后验收(审计局、建设局、消防队、气象局、环保局)。环保验收、审计验收、规划验收、防雷验收、消防验收、工程验收。

（4）办理产权证（房管局）。登记人的营业执照或身份复印件两份、国有土地使用证、建设工程规划许可证、竣工验收备案证明书、房屋建筑面积测绘成果报告等。

4. 产品工艺流程及生产布局

工厂布局基本原则如下。

（1）统一原则。在布局设计与改善时，必须将各工序的人、机、料、法四要素有机结合起来并保持充分的平衡。因为，若四要素没有统一协调好，作业容易割裂，会延长停滞时间，增加物料搬运的次数。

（2）最短距离原则。在布局设计与改善时，必须遵循移动距离、移动时间最小化，前提是保障合理的作业空间。因为移动距离越短，物料搬运所花费的费用和时间就越少。

（3）人流、物流畅通原则。在进行布局设计与改善时，必须使物流畅通无阻。在布局设计时应注意：尽量避免倒流和交叉现象，否则会导致一系列意想不到的后果，如品质问题、管理难度问题、生产效率问题、安全问题等。

（4）充分利用立体空间原则。随着地价的不断攀升，企业厂房投资成本也水涨船高，因此，如何充分利用立体空间就变得尤其重要，它直接影响到产品成本的高低。

（5）安全满意原则。在进行布局设计与改善时，必须确保作业人员的作业既安全、又轻松，因为只有这样才能减轻作业疲劳度。切记：过度材料的移动、旋转动作等可能会产生安全事故，每次抬升、卸下货物动作等也可能会产生安全事故。

（6）灵活机动原则。在进行布局设计与改善时，应尽可能做到适应变化、随机应变，如面对工序的增减、产能的增减能灵活对应。

为了遵循灵活机动原则，在设计时需要将水、电、气集中统一布局，采用自上而下的接入方式，最大限度保障现场整洁，并保障未来现场变化的灵活性。设备尽量不固定基础而采用方便移动的装置。

（7）经济产量及生产线平衡原则。未达到一定的经济产量，布置一条流水线将造成资金浪费。各工序要平衡，按工时和节拍定员分工，达到连续流水作业。

（8）舒适原则。照明、通风、气温应适度，噪声、热气、制造粉尘、震动应隔离。

（9）空间优化原则。库存空间最小化，最大限度地减少原材料和成品空间。最大限度地加快作业周转，快速连续移动，过程中仅存放合理数量的在制品。

5. 工厂组织机构及人员规划

工厂组织机构及人员规划属于人力资源规划的重要组成部分。

人力资源规划包括以下五个方面。

（1）战略规划。战略规划是根据企业总体发展战略的目标，对企业人力资源开发和利用的方针、政策和策略的规定，是各种人力资源具体计划的核心，是事关全局的关键性计划。

（2）组织规划。组织规划是对企业整体框架的设计，主要包括组织信息的采集、处理和应用，组织结构图的绘制，组织调查，组织设计与调整，以及组织机构的设置等。

（3）制度规划。制度规划是人力资源总规划目标实现的重要保证，包括人力资源管理制度体系建设的程序、制度化管理等内容。

（4）人员规划。人员规划是对企业人员总量、构成、流动的整体规划，包括人力资源现状分析、企业定员、人员需求、供给预测、人员供需平衡等。

（5）费用规划。费用规划是对企业人工成本、人力资源管理费用的整体规划，包括人力资源费用的预算、核算、结算，以及人力资源费用控制。

人力资源规划的程序即人力资源规划的过程，一般可分为以下几个步骤：收集有关信息资料、人力资源需求预测、人力资源供给预测、确定人力资源净需求、编制人力资源规划、实施人力资源规划、人力资源规划评估、人力资源规划反馈与修正。

人力资源计划只有充分地考虑了内、外环境的变化，才能适应需要，真正地做到为企业发展目标服务。内部变化主要指销售的变化、开发的变化，或者说企业发展战略的变化，还有公司员工的流动变化等；外部变化指社会消费市场的变化、政府有关人力资源政策的变化、人才市场的变化等。为了更好地适应这些变化，在人力资源计划中应该对可能出现的情况作出预测和风险估计，最好能有面对风险的应对策略。

6. 工厂日常管理流程

流程管理在现代企业的管理中起到非常重要的作用。它既可以使管理人员有效地组织生产，提供服务，又可以有效地分清楚部门之间、人与人之间的责任，更可以有效地控制生产质量和服务质量，及时发现问题并及时解决问题，还可以帮助企业实施量化指标等。总的来说，实施流程管理，首先是有利于企业运作规范化，提高效率，保证运作质量；其次是有利于企业实施标准化，标准化的建设有利于企业品牌的树立，有利于业务的快速和大规模的复制；最后是有利于企业实现信息化，信息化管理可以大大提高企业的效率，提高劳动生产率，特别是能够借助互联网手段实现远程服务和远程控制。

通常，主要从以下几个方面来确定正确和完善的管理流程体系。

1）流程的准确性

流程的准确性主要指以下几个方面。

（1）流程名称是否在所有流程中得到统一，尤其需要关注子流程调用的情况。

（2）流程名称是否与实际想要表达的流程内容相符，如描述在制品盘点的流程不应该称为"在制品管理流程"，而是"在制品盘点流程"，一般尽量避免"××管理流程"的命名方式。

（3）实际业务活动和流程所描述的是不是一致，流程中各个环节的逻辑关系是否正确，是否和现实情况相符合。之所以把准确性作为第一条审定内容来强调，是因为概念的不清晰或理解不一致常常是导致不同部门、岗位之间对业务认识不一致的重要根源之一。

2）流程的完备性

流程的完备性是指流程不存在缺漏环节，对于突然发生和异常的情况也有完备的描述和相应的处理环节。例如成品采购收货流程中，如果发生数量不符，是供应商或运输公司所致，则需要进行索赔，这些环节都需要在流程图里体现出来。在这一点上往往很多企业会强调，突发状况是难以预料的，异常是不能避免的，这是事实，但是并不代表就无法去描述，分类分级分层方法将起到积极作用。

3）流程的合理性

流程的合理性有两层含义：一层含义是指流程是否需要存在，是否符合相关制度的规定，或流程的制定是否违背公司现有制度；另一层含义是指在流程显性后，审视现有做法本身内容的合理性,潜在或已经存在的问题点、管控点是否清晰等。

4)正确合理的流程边界切分

流程的边界是否清晰是流程能否描述清晰的关键,如何通过过程边界、对象范围边界做到线条明晰,是需要重点关注和理解掌握的。

我们将这一点具体化成以下四个由浅到深的审查项。

(1)确定流程的起始和结束是否正确、合理。

(2)在流程结束时确定是直接结束还是转入别的流程。

(3)确定流程和相关流程的接口关系是否正确合理,如新增供应商管理,什么叫新增供应商,什么情况下触发新增供应商管理流程。新增供应商管理流程和订单管理流程以及供应商管理流程相互关系是怎样的,衔接是否正确。

(4)子流程调用时是否切分清楚流程的边界,起点终点是否有重叠情况发生,如成品外包辅料采购流程中涉及采购订单签订流程、跟单流程和收货流程三个子流程,相互边界是否清晰,有无重叠的情况。

5)关键节点的检查

关键节点的检查主要有以下几种情况。

(1)当流程需要多个部门或岗位参与时,需要检查发起部门是否准确,参与部门是否齐全,相互间的权责是否清晰描述。

(2)评审或组织评审环节。主要检查评审的对象、形式、目标以及其他内容是否清晰;参与评审的部门是否齐全,各自权责是否清晰;参与审核的层级是否合适。

(3)流程的起始节点、流程中的核心环节,需要描述清晰准确。需要对开始、结束节点都给予说明,需要描述每种可能引发流程开始的情况。对于转入别的流程情况和自行结束的情况,都需要逐一说明。

6)流程说明的检查

为了使流程显性化过程更加清晰,很简洁地形成更完整的流程概念,一般将流程目的、适用范围、职责分工、关键节点说明以及相关制度文件表格设计在流程图中。

我们可以从以下三个方面进行归纳。

(1)流程的目的。是否写清楚该流程的目的,规范什么事情,防范什么问题,解决什么问题。

(2)适用的范围。是否写清楚什么情况下使用该流程,是否标示出特殊情况。如外派培训管理流程,需要写清楚什么情况下属于外派培训,哪些人适用于外派培训。

(3)职责分工。是否写清楚流程相关部门的职责,是否有归口管理部门,相关部门各自担负怎么样的权责,如谁来检查,如有审核环节谁来批准。

7. 设备安装调试及配套设施

新建工厂所需的生产设备,需要专业的人士依据有关的安装调试规范,进行设备安装与调试,并保持完整的设备安装调试记录,同时应由专业人员制定完成未来日常的设备保养及管理制度。

1)开箱验收

新设备到货后,由设备管理部门会同购置单位、使用单位(或接收单位)进行开箱验收,检查设备在运输过程中有无损坏、丢失,附件、随机备件、专用工具、技术资料等是否与合同、装箱单相符,并填写设备开箱验收单,存入设备档案,若有缺损及不合格现象应立即向有关单位交涉处理,索取或索赔。

2) 设备安装施工

按照已经制定的产品工艺流程及设备平面布置图,以及设备安装施工图、基础图、设备轮廓尺寸以及相互间距等要求划线定位,组织基础施工及设备搬运就位。

安装过程中,对基础的制作,设备就位、装配连接、电气线路等项目的施工,要严格按照施工规范执行。

安装工序中如果有恒温、防震、防尘、防潮、防火等特殊要求时,应采取措施,条件具备后方能进行该项工程的施工。

3) 设备试运转

设备试运转一般可分为空转试验、负荷试验、精度试验三种。

(1) 设备的空转试验:是为了考核设备安装精度的保持性,设备的稳固性,以及传动、操纵、控制、润滑、液压等系统是否正常灵敏可靠等有关各项参数和性能在无负荷运转状态下进行。一定时间的空负荷运转是新设备投入使用前必须进行磨合的一个不可缺少的步骤。

(2) 设备的负荷试验:试验设备在数个标准负荷工况下进行试验,在有些情况下可结合生产进行试验。在负荷试验中应按规范检查轴承的温升,考核液压系统、传动、操纵、控制、安全等装置工作是否达到出厂的标准,是否正常、安全、可靠。不同负荷状态下的试运转,也是新设备进行磨合所必须进行的工作,磨合试验进行的质量如何,对于设备使用寿命影响极大。

(3) 设备的精度试验:一般应在负荷试验后按说明书的规定进行,既要检查设备本身的几何精度,也要检查其工作(加工产品)的精度。这项试验大多在设备投入使用两个月后进行。

4) 设备试运行后的工作

首先断开设备的总电路和动力源,然后做好下列设备检查、记录工作。

(1) 做好磨合后对设备的清洗、润滑、紧固,更换或检修故障零、部件并进行调试,使设备进入最佳使用状态。

(2) 做好并整理设备几何精度、加工精度的检查记录和其他机能的试验记录。

(3) 整理设备试运转中的情况(包括故障排除)记录。

(4) 对于无法调整和消除的问题,分析原因,从设备设计、制造、运输、保管、安装等方面进行分析和归纳,并完成相应的分析报告。

(5) 对设备试运转作出评定结论、处理意见,办理移交生产的手续,并注明参加试运转的人员和日期。

5) 设备安装工程的验收与移交使用。

(1) 设备基础的施工验收由相关技术与质量检查人员会同土建施工员进行验收,填写施工验收单。基础的施工质量必须符合基础图和技术要求。

(2) 设备安装工程的最后验收,在设备调试合格后进行。由设备管理部门、工艺技术部门会同其他相关部门和人员,在安装、精度、安全、使用等各方面进行鉴定与验收,作出鉴定,填写安装施工质量、精度检验、安全性能、试车运转记录等凭证和验收移交单,设备管理部门和使用部门共同会签方可完成竣工验收。

(3) 设备验收合格后办理移交手续。

(4) 设备开箱验收(或设备安装移交验收单)、设备运转试验记录单由参加验收的各方人员签字后及随设备带来的技术文件,由设备管理部门纳入设备档案管理;随设备的配件、备品,应填写备件入库单,送交设备仓库入库保管。

(5) 设备移交完毕,由设备管理部门根据本企业相关流程签署相关文件(如设备运行通知书等),并将文件副本分别保存在设备管理部门、使用单位、财务部门作为存档及固定资产管理凭证。

对于生产设备配套设施的规划、设计和相关制作应进行详细的时间计划,结合生产设备的安装调试进度计划来完成及实施。

通常,配套设施包括与主生产设备配套的相关辅助工艺装备和设施,以及根据工艺流程所需要的相关作业工装具和物料周转器具等。

几乎所有配套设施是非标准装置,需要依据生产设备及生产工艺流程,由专业人员及专业团队协同现场相关人员完成相应的规划、设计和制作。随着社会分工的专业化的进一步推进,越来越多的配套设施将趋向于系列化和标准化。

8. 人员招聘及培训

人员招聘和培训属于人力资源的战术计划范畴。

战术计划则是根据公司未来面临的外部人力资源供求的预测,以及公司的发展对人力资源的需求量的预测,根据预测的结果制订的具体方案计划,包括人员具体需求时间表、招聘、培训、工资福利政策、梯队建设和组织变革。

1) 招聘计划

针对公司所需要的人才和人员数量,应由人力资源部门制订出该项人才的招聘计划,一般一个年度为一个段落。招聘计划一般包括以下内容。

(1) 人员需求清单,包括招聘的职务名称、人数、任职资格要求等内容。

(2) 招聘信息发布的时间和渠道。

(3) 招聘小组人选,包括小组人员姓名、应聘者的考核方案等。

(4) 招聘的截止日期及新员工的上岗时间。

(5) 费用:招聘预算,包括资料费、广告费、人才交流会费用等。

(6) 招聘工作时间表,尽可能详细,以便于他人配合。

招聘计划的实施应由人力资源部门负责总体的组织与协调,由其他各相关部门和人员共同协作依据人员招聘流程完成。

2) 人员培训计划

人员培训计划是人力资源计划的重要内容,人员培养计划应按照公司的业务需要和公司的战略目标,以及公司的培训能力,分别确定和制订针对不同方面人才的培训计划。

(1) 根据各职位所应担负的职责、主要工作成果、所需工作技能以及绩效,确认各职位在职期间各阶段的训练需求(到职 3 个月,到职 12 个月,到职 24 个月),设定在公司工作个人训练需求定义的基础(各职位职责、主要工作成果及应具备的工作技能)。

职位培训课程设计,同时应考虑管理系统,或特定客户要求。由各部门主管会同人力资源部相关人员依照培训需求,设计开发培训课程,确定培训课程内容,并培养内部讲师。

(2) 用人单位主管从员工所处职位的功能需求出发,根据员工的个人能力特点及绩效表现,给员工设定个人培训发展计划,生成员工的个人培训科目计划时间表及培训实施时间(新进、3 个月、12 个月、24 个月等)。

培训计划的实施应由人力资源部门负责总体的组织与协调,由其他各相关部门和相关的培训讲师及受训人员共同协作完成。

另外,所有培训,除了事先需要制订切实可行的培训计划之外,培训结束时应有相应的培训记录及培训考核或测试,并将考核结果记入相关受训人员的档案记录中。

9. 试运行及整改

这里说到的试运行和整改,是指建厂项目管理自身的最终试运行环节,不同于建设项目政府有关方面的试运行验收或工厂项目环保试运行验收,后两项来自政府或主管机构的验收将按照相关方面的试运行和验收程序与要求来进行验收。

试运行和整改,将主要集中在软件和硬件两个方面来考察和检验建厂项目的各部分的完成情况及状态评估与整改。具体在以下几个方面进行逐项检验和考察。

(1) 工厂整体物流体系的合理性。

(2) 工艺流程的合理性和生产作业流程完整性。

(3) 生产节拍的平衡以及产能评估。

(4) 生产设备及工艺装备的运行状态。

(5) 生产各环节设备及装备的操作和维护规范。

(6) 设备能耗和动力系统。

(7) 工厂各部门及生产各环节的人员规划和实际合理性。

(8) 生产运营各主要管理流程的运行状况及合理性。

(9) 厂房及土建各部分施工质量的评估。

(10) 环境和安全的评估。

在针对以上各部分的试运行及整改之前,应制订详细完善的试运行控制计划和各部分相对应的控制表(点检表),在现场考察记录后,针对出现的各种问题制订相应的整改计划并对该计划进行有效的追踪落实。

4.1.2　设施、物流及组织架构规划

1. 基础设施规划

这阶段工作主要包括:规定工艺过程、物料储运、环境保护等规划的主要原则;进行工厂布置,设计全厂和车间的平面布置图;明确设备、建筑物和公用系统的构成与要求;确定主要原材料、燃料、水、动力的来源和用量;提出生产组织、管理信息系统和生活福利设施的方案;计算主要设备材料的数量、各项技术经济指标和工程概算。包括:各功能

区域规划、道路设计规划及辅助设施规划。

2. 物流规划

2008 年 3 月,由康明斯公司与北汽福田汽车股份公司按 50：50 比例投资组建的合资企业——北京福田康明斯发动机有限公司正式成立。项目总投资额逾 27 亿元人民币,可年产 2.8 升和 3.8 升直列四缸高压直喷式轻型柴油机 40 万辆,是康明斯在华最大的轻型发动机生产基地。

对于汽车制造业而言,汽车发动机处于汽车链条中的一个重要的环节,其成本、质量与供应链的响应速度直接影响着整车的竞争能力。因此,如何在建厂之初就对工厂物流进行科学的设计与规划尤为重要。

1) 物流规划的内容

对新建工厂的物流规划往往会陷入一个怪圈,即一提物流就想到要建设多大面积的仓库,购买多少货架与叉车。实际上,一个新工厂的物流规划更是供应链模式的规划,其目的是实现大批量、多品种生产的速度与精准,实现在质量、成本、速度上的多赢。具体来讲,新建工厂的物流规划包括以下内容。

(1) 确定供应链的模式。

(2) 收集零部件的尺寸明细。

(3) 根据上述两条设计厂内与厂外物流。

(4) 考虑反向物流。

(5) 留出一定的冗余以应对市场的变化。

2) 供应链模式的设计

供应链模式的设计是物流规划与设计的前提。如果没有一个清晰的供应链模型,物流的设计与规划就无从谈起。这一环节需要考虑的因素很多,如对客户的响应时间、供应商的所在地、保障生产的库存、质量控制模式等都会影响到是否需要物流场地,需要多少库存来保障生产与满足客户的需求。工厂供应链模式的设计需要从以下几个方面入手。

(1) 明确工厂的运营目标。在设计供应链模式之前,首先明确工厂的运营目标,因为只有与客户的需求相匹配,才能知道整条供应链的挑战及如何有针对性地去设计或逐步提高与改善。

福田康明斯建厂之初就明确要建立世界一流的发动机工厂,实现卓越运营的目标,所以在运营的各环节提出了高标准的要求,例如,不允许纸质的包装上线和叉车上线,这两项要求对物流部门提出了非常高的要求;同时在质量管理上,质量目标已经决定了福田康明斯是使用体系来保障质量的,所有部件是驻厂检验,这就决定了物流流程中不用考虑质量检验的区域。

(2) 明确客户的需求。按照公司规划,未来福田康明斯的客户均是整车厂,而整车厂的采购模式与管理水平各不相同,这就要求福田康明斯根据客户的不同情况设计出不同的计划模式。如我们在系统中设计机加生产使用按库存生产(MTS)的模式,而总装 ATPU 生产线根据不同客户的情况配置成按库存生产(MTS)与按订单配置生产(CTO)两种模式,基于这两种模式与客户共同确认订单的交货周期与生产锁定的周期。

3）明确供应商的布局

根据目前国内发动机零部件的产业布局,福田康明斯的主要供应商集中在长三角地区、湖北及东北地区,与福田康明斯的距离绝大部分超过 1 000 千米,所以为保障生产的不断线与快速地对客户的订单进行响应,必须在工厂与工厂的附近有一周的库存。

基于以上三个要素,根据产量的逐年递增,可设计出不同的供应链模式,此模式确定后,物流的规划与设计思路也逐渐清晰。

综上所述,一般来说,开设制造企业有如图 4-1 所示三个特殊的阶段需高度重视。

要建造一个新的制造企业,一般需要经历厂房选址决策、设施/物流/组织架构规划及方案执行三个特殊阶段。

第一阶段 —— 决策层：厂房选址

第二阶段 —— 规划层：设施、物流及组织规划

第三阶段 —— 执行层：方案执行

图 4-1　制造企业开设的三阶段

4.2　现代制造业经营策略

如何炼成"世界代工之王"

郭台铭的创业

1974 年,24 岁的郭台铭和几个朋友在中国台湾建立了鸿海塑料企业有限公司(以下简称鸿海),承接塑料零件订单。

鸿海成立不久,马上遭遇经济危机,原材料价格上涨,经营十分困难。合伙的朋友决定放弃,但是郭台铭不肯,就借钱盘下了这家公司。

郭台铭的第一份生意主要从事电视机相关零件的制造。刚刚起步时,郭台铭就受困于技术难关:工厂技术度依赖模具师傅。

郭台铭拿着刚刚累积的几十万元资金,就开始盘算是否要投资模具工厂。

郭台铭投资建厂,引进新设备,和信赖的员工摸索生产工艺和流程。这个过程非常辛苦,每天辛苦加班到深夜。以至于创业的前几年,郭台铭都在问自己:"我的决定是正确的吗?"

靠着第一批模具机器和技术积累,鸿海开始和台湾前十大制造商有了业务往来,开拓了第一批生意。

于是,郭台铭省吃俭用,把累积下来的又一批资本金不断地投入购买更精良的设备上。1984 年,鸿海从美国引入高级设备,整整花掉公司一年收入的十分之一。

不仅如此,随后的几年,郭台铭相继从瑞士引进高级设备,聘请日籍顾问,又引进日本的精密机械技术。公司人员不到千人,郭台铭就慷慨地用大笔资金送员工到海外学习。

学习力——大变中找先机

除了吃苦耐劳精神和强大的专注力,郭台铭还有极强的学习能力,在实践又不断培养对行业趋势的判断能力。

在管理工厂的同时,郭台铭和所有重要的客户交朋友,了解这些人的想法,掌握一线厂商全球 IT 行业的沿革趋势,甚至他还深入了解客户公司管理。

1983 年,鸿海利用日本的进口设备,开发完成第一批连接器,正式进入 PC 领域,鸿海进入每年 20% 成长的稳定期。

1988 年,鸿海已经成长为一家拥有 1 000 名员工、2.5 亿元台币收入的企业。

郭台铭没有放慢脚步,他观察到祖国大陆的投资机会,开始大举进军,利用深圳的土地、人力资源,建立了鸿海日后发展最重要的生产基地。

接下来的 10 年,鸿海凭借大产能、低成本、高技术的竞争力,陆续从 LG 集团抢走苹果订单,成为思科全球最大的网络设备供应商,拿下索尼 Play Station 游戏机订单、英特尔奔腾四连接器订单。不可思议的是,2003 年,鸿海还同时拿下诺基亚和摩托罗拉的订单。

竞争力——要做就做到最好

在手机和 TFT-LCD 领域,鸿海远不是一个先进入者。

早在 1999 年,各大厂商已经"为手机狂"时,郭台铭认为手机制造成本过高,一直按兵不动。

一直等到手机价格足够为大众接受时,郭台铭拿下国际前列数家手机厂商的巨量订单。两年过后,富士康国际从鸿海集团单独分离,在中国香港上市,成为全球最大的手机代工厂。

同样,在手机毛利往下走时,鸿海开始向 TFT-LC 和纳米技术进军,一举投入 200 多亿元台币,又从最后的进入者改头换面进入第一阵营。

郭台铭下一步又在想什么? 他的下个行业布局又渐次展开,这几年,鸿海宣布投入 1 000 万美元设立上海安心购,重启 IT 渠道扩张计划。

此前,鸿海通过旗下广宇转投资赛博数码布局内地零售渠道市场,目前已成长为内地三大 3C 产品零售商之一。在 2008 年年底内部高级主管会议上,郭台铭强调,"2009 年将全力抢攻内地 IT 渠道市场"。

也在 2009 年,郭台铭投资 1 亿元台币与讯联共同成立康联生医科技公司,突然切入生物科技。

目前,鸿海在中国大陆从珠三角到长三角到环渤海、从西南到中南到东北建立了 30 余个科技工业园区,员工总数超过 100 万。

2012 年鸿海进出口总额达 2 446 亿美元,按海关统计,占中国大陆进出口总额的 4.1%,2012 年旗下 15 家公司入榜中国出口 200 强,综合排名第一。除亚洲外,鸿海的生产基地已遍布欧洲、南北美洲和大洋洲,成为世界上最重要的代工厂。

假设你希望在制造业行业发展,你需要先对此行业的经营有一些基本的了解,了解制造业的上下游产业的基本流程,并在此基础上明确公司的战略规划与经营策略。郭台铭也正是在制造业的不断发展与战略规划中得到成长的。为此,请通过创业模拟与知识链接中的内容,学习以下两个主要任务。

任务一:从制造业的全面创业体验中,掌握制造业的经营策略。

任务二:分析并打造创业企业的核心竞争力。

任务分析

《富士康真相》一书把富士康的成功归结于富士康的四大核心竞争力:模具IT化、零件内制化、交货速度快、事业多元化。究其核心,可以归纳出"多、快、好、省"的四字精要,其四大核心竞争力都是围绕着这四个字进行发展的。从富士康这个代工大鳄的成功经验,我们不难看出,制造技术是提升制造企业核心竞争力的关键之一。

本节学习顺序建议,先进行创业实践4-3电器产品创业实践,然后学习相应知识链接中的知识点,最后学习"进阶技巧"中的"制造业的创业实践技巧"部分。如果创业者还想进一步提升制造业的规划与管理能力,可再进行创业实践4-2玩具产品与创业实践4-4电脑产品创业实践训练,在反复训练与思考中加强制造业的创业管理能力。

知识链接

4.2.1　企业经营战略的构成

一个科学的企业经营战略,是由经营战略依据、经营战略思想、经营战略目标、经营战略重点和经营战略对策等基本要素构成的,并通过经营战略决策和经营战略规划及其计划来表达与实现的。

1. 经营战略依据

要确立一个切实可行又激励职工为实现经营战略行为而奋斗的企业经营战略,必须在调研预测分析的基础上,综合揭示和反映企业内外的共同性与差异性,从而确定经营战略的客观依据。任何性质的经营发展战略,都是全方位的、开放系统的、着眼于未来发展的,必须把企业经营同国内外大环境联系起来而发展自身。这就要尽量占有情报资料,密切注意相关科学技术发展和市场供需变化,从中预测其最新的发展趋势,作为企业经营战略依据。另外,还要掌握企业内外的差异性,对经营战略的有利条件、竞争能力和不利的制约因素等内部个性的研究。

2. 经营战略思想

经营战略思想是企业经营战略的灵魂,它对经营战略目标、经营战略重点、经营战略决策起着统率作用。但一个正确的战略思想的形成不是偶然的,它是对企业在一个历史时期的发展总体上起决定性作用的客观规律的高度概括;是企业经营过程中总结提炼经验教训,以及对企业适应市场环境变化中主要矛盾进行分析研究的产物。经营战略思想来源于企业经营管理主要矛盾的分析研究,企业经营战略就是改变不适应市场变化的条件和解决发展中的主要矛盾。经营战略的指导思想概括并产生指导方针,指导方针体现并制约指导思想。两者相辅相成,指导企业经营战略各构成要素之间的相互作用,发挥经营战略的整体功能。经营战略思想是一个重要的前提性的构成要素。

3. 经营战略目标

作为在一定经营战略时期企业要达到的经营目的和期望结构的经营战略目标,其正确与否及其水平高低,直接影响着企业生产经营活动的成败。因此,经营战略目标的确定,必须对外部环境和内部条件的调查预测资料,进行综合分析。其目的是在尊重客观可能性的前提下,充分发挥主观能动性,实现外部环境与内部条件的最佳组合,形成特定的企业经营战略。特别是要积极改变企业内部条件,主动适应外部环境变化,并在市场环境变化中捕捉企业的经营机会。经营战略目标是企业经营战略的主干,要通过定性方法确定这条主干的发展水平和发展方向;通过定量方法确定这条主干的发展程度和发展速度。综合定位和定时、定性和定量的研究方法所确定的经营战略目标,既要具有先进性,又要具有可行性。并要具备目标的多层次,以便进行评价和优选,达到从不同角度优化经营战略目标的目的。

4. 经营战略重点

一个企业经营战略有经营战略重点,具备经营战略目标的多档次,以便进行比较和优选,达到从不同角度优化经营战略目标的目的,是很重要的。经营战略重点恰当与否,是能否实现战略目的的关键环节。经营战略重点作为实现经营战略目标的关键部位,既包括企业经营管理中比较薄弱的关键环节,也包括相对竞争中的优势或变异中的主要矛盾。没有重点就没有战略,明确经营战略重点就为实现经营战略目标确定了主攻方向,以便恰当合理地集中使用人力、财力、物力等资源,掌握战略指导的主攻权。

在经营战略实现的全过程中,以经营战略目标为主干和核心,其经营战略重点还因战略阶段的不同而有所变化或相对侧重,以便实行分阶段的战略指导。前后阶段既有区别又联系密切,前阶段成为后阶段的准备和基础,后阶段是前阶段的继续和发展。要依据客观条件的成熟程度,及时实现前后阶段的转移及其经营战略重点的转移。

5. 经营战略对策

作为实现经营战略思想、经营战略目标和经营战略任务的主要措施和手段的经营战略对策,其主要目的是谋求解决在企业战略发展过程中,经营战略目标与市场环境变化之间的不相适应性。如果经营战略目标与市场供需变化相脱节,不仅会制约企业的发展,还会威胁企业的生存。因此,企业必须通过制定正确的经营战略对策,促使经营战略目标与市场环境的变化相互适应。经营战略对策是强劲而有力的措施和手段,以确保经营战略能够具有突破性或跳跃式的发展态势。就经营战略对策特征而言,它应具有预见性、针对性、灵活性和配套性。

4.2.2　企业运营战略

1. 企业运营战略概述

企业运营战略是运营管理中最重要的一部分,传统企业的运营管理并未从战略的高度考虑运营管理问题,但是在今天,企业的运营战略具有越来越重要的作用和意义。运营战略是指在企业经营战略的总体框架下,如何通过运营管理活动来支持和完成企业的总体战略目标。运营战略可以视为使运营管理目标和更大的组织目标协调一致的规划过程的一部分。运营战略涉及对运营管理过程和运营管理系统的基本问题所作出的根本性谋划。

由此可以看出,运营战略的目的是支持和完成企业的总体战略目标。运营战略的研究对象是生产运营过程和生产运营系统的基本问题,基本问题包括产品选择、工厂选址、设施布置、生产运营的组织形式、竞争优势要素等。运营战略的性质是对上述基本问题进行根本性谋划,包括生产运营过程和生产运营系统的长远目标、发展方向和重点、基本行动方针、基本步骤等一系列指导思想和决策原则。

运营战略作为企业整体战略体系中的一项职能战略,它主要解决在运营管理职能领域内如何支持和配合企业在市场中获得竞争优势。运营战略一般分为两大类:一类是结构性战略——包括设施选址、运营能力、纵向集成和流程选择等长期的战略决策问题;另一类是基础性战略——包括劳动力的数量和技能水平、产品的质量问题、生产计划和控制以及企业的组织结构等时间跨度相对较短的决策问题。

企业的运营战略是由企业的竞争优势要素构建的。竞争优势要素包括低成本、高质量、快速交货、柔性和服务。企业的核心能力就是企业独有的、对竞争优势要素的获取能力,因此,企业的核心能力必须与竞争优势要素协调一致。

运营战略是最有效地利用企业的关键资源,以支持企业的长期竞争战略以及企业的总体战略的一项长期的战略规划,因此,运营战略涉及面通常非常广泛,主要的一些长期结构性战略问题包括以下几项。

(1) 需要建造多大生产能力的设施?

(2) 建在何处?

(3) 何时建造?

(4) 需要何种类型的工艺流程来生产产品?

(5) 需要何种类型的服务流程来提供服务?

2. 企业运营战略的竞争优势要素

为了保持竞争力,不同国家的企业有不同的竞争优势要素。运营战略成功的关键是明确竞争的重点优势要素。了解每个竞争重点优势要素的选择后果,作出必要的权衡。竞争力是指企业在经营活动中超过其竞争对手的能力,是一个企业能够长期地以比其他企业(或竞争对手)更有效的方式提供市场所需的产品和服务的能力。竞争力是决定一个企业生存、发展、壮大的重要因素,是企业取得竞争优势的保证条件。

斯金纳等人最初定义的“四种基本竞争优势要素”为成本、质量、快速交货和柔性。现在又出现了第五种竞争优势要素——服务,这是 20 世纪 90 年代企业为获取差异化竞争优势而首选的竞争优势要素。

(1) 成本——低成本。价格是顾客必须对产品或服务支付的金额。显然,在质量、功能相同的条件下,顾客将选择价格较低的产品或服务。价格竞争的实质是成本竞争,生产运营成本越低,企业在价格上就越有竞争优势。

(2) 产品质量和可靠性——提供优质产品。质量分为两类:产品(服务)质量和过程质量。产品质量包括产品的功能、耐用性、可靠性、外观造型、产品的合格率等,质量的好坏反映产品满足顾客需要的程度。

质量的竞争力表现在两个方面:一是保持产品的高质量水平;二是提供更好的产品

或服务。过程质量的目标是生产没有缺陷的产品,可以预防性地解决产品的质量问题。

(3) 时间——快速交货、交货可靠性和新产品的开发速度。顾客对交付产品或提供服务在时间上的要求,包括快速或按时的交货能力。在同一质量水平下,企业间竞争优势的差异表现为时间性。据国外资料分析表明:高质量、高功能在国际竞争中的作用逐步下降,而代之以呈上升趋势的是准时或快速交货的竞争能力。

(4) 柔性。从战略的观点看待企业的竞争力,柔性是由与企业运营过程设计直接相关的两个方面构成的。

一是企业为客户提供多种产品和服务的能力,最大的柔性意味着提供顾客化的产品与服务的能力,以满足独特的需求,这常被称为“大规模定制”。

二是企业快速转换工艺生产新产品的能力,或者快速转换服务流程提供服务的能力。

(5) 服务。在当今的企业环境中,为获取竞争优势,企业开始为客户提供“增值”服务。这不论是对提供产品还是提供服务的企业都是重要的。原因很简单,正如范德墨菲说:“市场力来源于服务,因为服务可以增加客户的价值。”

(6) 下一个竞争优势要素——环保。现在,又出现了两种可能为企业提供竞争优势的趋势:环保工艺和环保产品的运用。消费者对环境越来越敏感,更倾向于购买对环境无害的产品。越来越多的企业意识到绿色制造对提高自身利益的竞争机制的深远意义。

3. 企业运营战略的竞争理论

研究战略理论的目的是给企业提供一种广泛适用性的框架、程序或模式,指导企业应树立什么样的战略指导思想,如何投入竞争,应确定什么样的竞争目标,实现这些目标时需要采取什么样的方针、策略与方法。运营战略是与企业总体战略紧密相联系而又服务于总体战略的,是企业战略理论的具体细化、发展与应用。

运营战略竞争理论是研究如何使运营系统的各要素有机结合,形成整体优势的思想体系。20 世纪 90 年代运营战略指导思想与传统观点相比,有了很大的差异。

(1) 传统的观点认为运营战略应以成本和效率为中心,强调规模经济和高产出;而最新的战略竞争理论则强调对产品竞争实力的保障,以保障和发展竞争优势为出发点来实现企业的竞争优势。

(2) 现代竞争理论是从保持竞争优势出发,把运营系统各要素(如生产类型、技术、管理系统等)有机地结合起来形成整体优势;而不是像传统观点那样过分强调品种少、批量大、技术高、质量好,注重某个要素的优势。

总之,运营战略竞争理论是以竞争为导向并以取得竞争优势为基础来拟定和实施运营战略决策的。按照迈克尔·波特的竞争战略理论观点,运营竞争战略也可以分为总成本领先战略、差异化战略、目标集聚战略三种基本类型,较详细的内容可参阅第 2 章中的相关内容。

4.2.3　企业核心能力

1. 核心能力

核心能力,又称“核心竞争能力”“核心竞争优势”,指的是组织具备的应对变革与激烈的外部竞争,并且取胜于竞争对手的能力的集合。

企业持续竞争的源泉和基础在于核心能力。根据普拉哈拉德(C. K. Prahalad)和哈默(G. Hamel)的定义,"核心竞争力是指组织中的积累性学识,特别是关于如何协调不同的生产技能和有机结合多种技术流的学识"。核心竞争力是一个企业(人才、国家或者参与竞争的个体)能够长期获得竞争优势的能力,是企业所特有的、能够经得起时间考验的、具有延展性,并且是竞争对手难以模仿的技术或能力。

核心竞争力是企业竞争力中那些最基本的能使整个企业保持长期稳定的竞争优势、获得稳定超额利润的竞争力,是将技能资产和运作机制有机融合的企业自身组织能力,是企业推行内部管理性战略和外部交易性战略的结果。现代企业的核心竞争力是一个以知识、创新为基本内核的企业某种关键资源或关键能力的组合,是能够使企业、行业和国家在一定时期内保持现实或潜在竞争优势的动态平衡系统。

2. 核心能力的种类

核心能力有以下几个种类。

(1) 基于整合和协调观的核心能力。整合观、协调观、网络观、组合观等都属此类。核心能力是组织对企业拥有的资源、技能、知识的整合能力,是一种积累性学识,这种积累过程涉及企业不同生产技巧的协调、不同技术的组合和价值观念的传递,通过核心能力的积累,组织可以很快发现产品和市场的机会,获得更多的超额利润。

(2) 基于文化观的核心能力。巴顿等认为企业中难以完全仿效的有价值的组织文化是公司最为重要的核心竞争力,并强调核心竞争力蕴含在企业的文化中,表现于企业的诸多方面,包括技巧和知识、技术价值观系统和管理系统。

(3) 基于资源观的核心能力。杰伊·巴尼强调,获得那些潜在租金价值的资源是企业成功的基础,这些资源是保证企业持续获得超额利润的最基本的条件。奥利维尔认为,不同企业之间在获取战略性资源时,决策和过程上的差异构成了企业的核心竞争力。企业只有获得战略性资源,才能在同行业中拥有独特的地位,这种地位来自其在资源识别、积累、储存和激活过程中独特的能力。

(4) 基于技术观的核心能力。帕特尔和帕维特认为,企业的创新能力和技术水平的差异是企业异质性存在的根本原因。梅耶和厄特巴克(1993)提出,核心竞争力是企业在研究开发、生产制造和市场营销等方面的能力,并且这种能力的强与弱直接影响企业绩效的好坏。

(5) 基于系统观的核心能力。系统管理学派认为,核心能力是企业在特定经营中的竞争能力和竞争优势基础的多方面技能、互补性资产和运行机制的有机结合,它建筑于企业战略和结构之上,以具备特殊技能的人为载体,涉及众多层次的人员和组织的全部职能,因而必须有沟通、参与和跨越组织边界的共同视野和认同。

企业的真正核心能力是企业的技术核心能力、组织核心能力和文化核心能力的有机结合。

3. 企业核心能力的识别标准

企业核心能力的识别标准有以下几个。

(1) 价值性。这种能力首先能很好地实现顾客所看重的价值,如能显著地降低成本,提高产品质量,提高服务效率,增加顾客的效用,从而给企业带来竞争优势。

（2）稀缺性。这种能力必须是稀缺的，只有少数的企业拥有它。

（3）不可替代性。竞争对手无法通过其他能力来替代它，它在为顾客创造价值的过程中具有不可替代的作用。

（4）难以模仿性。核心竞争力还必须是企业所特有的，并且是竞争对手难以模仿的，也就是说它不像材料、机器设备那样能在市场上购买到，而是难以转移或复制。这种难以模仿的能力能为企业带来超过平均水平的利润。

4. 核心能力的内部表现

核心能力的内部表现如下：

1）价值链增值

在企业从事的所有活动中哪些活动对企业赢得竞争优势起关键作用，并能组成体系以拥有竞争优势？真正的核心能力是关键的价值增值活动，这些价值增值活动能以比竞争者更低的成本进行，正是这些独特的持续性活动构成了公司真正的核心能力。

2）技能出众

大多数竞争优势源泉根植于出众的技能。业务单位制造出更高质量的产品，有更好的销售人员，并且对顾客更体贴、更周到，原因在于具有某些与众不同的诀窍。没有一个业务单位在各种职能上都有出众的技能，但成功的业务是因为在对某些业务单位战略很重要的职能上具有一定技能优势。如果这种战略是关于质量的，该单位可能在制造技能方面或全面质量管理上具有优势；如果该战略是关于服务的，那么该业务单位将需要在服务技能上，通过设计更优秀的系统或更简易的服务产品拥有某些优势。

3）资产资源

虽然巨额的固定资产投资可以形成进入壁垒获得超额利润，但这种有形的专用性资产产生的优势容易模仿因而难以持久，稳定而持续的竞争优势主要来自无形资产的专用性投资。

无形资产主要分为四大类：市场资产、人力资产、知识产权资产和基础结构资产（Broo-king，1998）。我们看到卓越公司的优势并不是体现在现代化的厂房和先进的机器设备上，而是蕴藏在诸多的无形资产中。

（1）市场资产。产生与公司和其市场或客户的有益关系，包括各种品牌、忠诚客户、销售渠道、专营协议等。

（2）人力资产。体现在企业雇员身上的才能，包括群体技能、创造力、解决问题的能力、领导能力、企业管理技能等。

（3）知识产权资产。受法律保护的一种财产形式，包括技能、商业秘密、版权、专利、商标和各种设计专用权等。

（4）基础结构资产。指企业得以运行的那些技术、工作方式和程序，包括管理哲学、企业文化、管理过程、信息技术系统、网络系统和金融关系等。

人力资产是整个企业运行的基础，市场资产和基础结构资产是企业赢得竞争优势的核心，知识产权资产只能取得暂时的相对优势。与其说可口可乐公司的核心能力是其可口可乐配方，还不如说是可口可乐公司成功地使消费者相信其具有秘密配方的能力，这个能力建立在市场资产和基础结构资产等无形资产基础之上。因此，企业的核心能力可以从培养企业的无形资产着手,特别是品牌、渠道、文化、结构和程序等,因为这些因素是企业自身长期投资、学习和积累的结果,从而具有难以模仿和复制的特征。

4)知识固化

经合组织(OECD)将知识分为四种类型:知道是什么的知识(know-what);知道为什么的知识(know-why);知道怎么做的知识(know-how);知道是谁的知识(know-who)。其中,前两类大致属于显性知识,后两类属于隐性知识。企业知识并不是企业个体所有知识的总和,而是企业能像人一样具有认知能力,把其经历储存于"组织记忆"中,从而拥有知识。

5. 核心能力的外部表现

从竞争对手和顾客的角度观察,企业之所以具有核心能力,它提供的产品和服务以及对顾客所看重的价值与竞争对手相比有多大程度的差异? 为什么会产生这些差异,对重要差异起关键作用的驱动力有哪些? 核心能力的外部表现主要体现在两个方面:一是核心能力的顾客贡献;二是核心能力的竞争差异。

1)核心能力的顾客贡献

顾客贡献是从企业的外部出发,在带给顾客价值中哪些是顾客所看重的价值,那么带给顾客核心价值的能力便是核心能力。客户为什么愿意购买本田车呢? 因为本田车在发动机和传动系统方面的能力确实为顾客提供了如下好处:极省油,易发动,易加速。所以,顾客愿意付钱购买的究竟是什么? 顾客为什么愿意为某些产品或服务支付更多的钱? 哪些价值因素对顾客最为重要,哪些因素便是顾客的贡献所在。

2)核心能力的竞争差异

波特教授认为,一个企业的竞争优势取决于两个因素:所选择产业的吸引力和既定产业内的战略定位(Porter,1997)。也就是说,企业要取得竞争优势,一方面要有能够进入具有吸引力的产业的资源和能力,即战略产业要素;另一方面要拥有不同于竞争对手且能形成竞争优势的特殊资产,即战略性资产(Amit and Schoemaker,1993),如技术开发和创新速度、产品形象、品牌、声誉、售后服务、顾客忠诚等,识别哪些是企业具有的战略性资产,根植于战略性资产之中的便是核心能力。

 典型案例

汽车帝王——亨利·福特的成功秘诀

如今,汽车已在现代都市里扮演着不可缺少的角色,汽车的发明更是人类历史上的一大进步。曾有人把它的出现和蒸汽机的发明相提并论,可见其意义的重大。而提起汽车,就必须提起一个人,就是亨利·福特,他是第一个将小汽车正式命名为"轿车"的人,也是世界著名品牌"福特"汽车的创始人,从一个一文不名的穷小子到亿万富翁,福特个人奋斗的历史已经成为许多年轻人津津乐道的传奇。而他给后人留下的,也不仅仅是有关于汽车的东西,还有更多。

不愿做农场主的发明家

1863 年 7 月 30 日,福特出生于美国密歇根州底特律市郊的一个小城。父母都以经营农场为生。作为长子,福特被父亲寄予了很大的希望,希望他可以继承祖业,更多地关注农场事务。

但是福特对土地根本没有多大的兴趣,他喜欢的是机械。童年时看到的蒸汽机给他留下了深刻的印象,那是他第一次目睹不靠马拉的车,福特更加相信了机械的力量是无穷大的。

17 岁那年,福特离开了家乡,独自一人到位于底特律的密西根汽车制造公司。在这家拥有 2 000 人的底特律最大的工厂,福特只工作 6 天就辞职不干了,原因是"该公司优秀的员工需要花费好几个小时才能修复的机器,我只要 30 分钟就可以修好,因而其他员工对我十分不满"。后来,他又先后从事过机械修理、手表修理、船舶修理等工作,并且还一边工作一边参加夜校学习,以便将来能够"不屈居于人下被别人利用而过一生,自己开一家制造机械的工厂"。

梦想是好的,但现实却是残酷的。在底特律的日子,福特不断奋起,又不断失败,钟表厂梦的破灭,研究内燃引擎的碰壁,令这个年轻的机械师觉得心灰意冷起来。或许回到家是好的选择?于是在离家两年之后,福特又回到了故土。

福特在家里待了 10 年,这 10 年他结了婚,继承了父亲留的土地,但一直没有放弃自己的发明。他不是种田的人,他喜欢紧张而刺激的都市生活,他渐渐产生了这样一个想法:设计一种可以烧汽油的发动机,并且让这个发动机驱动四轮车。这样,人们出门不再需要马了,他们将驾驶这种无马马车去上班、旅游。

这个想法一产生就在福特的脑海里扎下了根。福特做梦都想实现这个梦想。"一定要走出农场,去底特律!"他下定决心去闯世界。尽管妻子克拉拉非常留恋这个温馨的家,然而,她还是毫不犹豫地拿起了行李,没有半句怨言,随着丈夫来到了人生地不熟的底特律。

梦想成真的"速度之魔"

当时正处于一个新兴汽车即将取代马车的过渡时代,1893 年,美国的杜里埃兄弟设计出美国的第一辆用汽油发动的汽车,此后,还有许多年轻人跃跃欲试。想法是许多人都有的,但是要变成现实需要付出巨大的努力。

在担任底特律照明公司工程师的同时,福特把自己所有的精力都放在了制造汽车之上,在朋友的帮助之下,功夫不负有心人,1896 年 6 月 4 日,福特的第一辆汽车诞生了,尽管这辆车速度极慢,形状奇怪无比,但却是福特和朋友的杰作!这也是底特律的第一辆汽车!福特开着这辆车在城里转来转去,引来了许多人的围观,别人都叫他"疯子亨利"!

一次偶然的机会,福特遇见了著名的发明家爱迪生,激动的福特向爱迪生表达了自己的想法,得到了这个发明大王的称赞和鼓励,于是,36 岁的福特准备孤注一掷了,他辞去了职务,潜心于汽车的研制工作。到 1899 年,他已经成功造出了自己的第三辆汽车。

1901 年,福特驾着自制的赛车参加一年一度的全美汽车大赛,战胜了所有对手,赢得了冠军。从此,福特闻名全国,美国的《天马杂志》称他为"速度之魔",他成了底特律的英雄。1902 年,他又参加了一次全国性的汽车大赛,结果又远远地超出了第二名。这两次胜利不仅使他名声大噪,还结识了许多巨商大贾,为他以后的成功打下了良好的基础。

1902年11月,福特终于有了一个自己的公司——福特汽车公司。公司的标志是一个蓝色的椭圆形,中间是模仿福特签名的大写字母"F"和"ford",从此,这个标志成了福特汽车公司的象征,直到今天。

在当时来看,初生的福特公司有许多方面还不成熟,许多部门、规章制度刚刚建立,工厂也很破旧。但是它的思想却是成熟的,因为福特对此早就有了一套自己的设想。福特公司成立之初,福特便设计了高、中、低三种级别的汽车以期占领市场。其中高档车主要为富人服务。生产高档车带来的利润很大,但顾客数量有限。

第一年,福特推出的A型车成了底特律人的抢手货,福特公司赚取了可观的利润,仅股息就分发了10万美元。股东就相当于一下子收回了所有投资。面对巨大的成功,福特清醒地认识到这只是表面的辉煌。因为人们现在只是对汽车这个新东西感到好奇,一旦他们习惯了使用汽车,便会变得更挑剔。汽车的质量和价格才是福特公司的生命。

很明显,小小的福特公司不可能占据全部汽车市场,必须突出重点。生产什么车为主呢?面对各位股东,福特说:"美国地域辽阔。生活着很多人,大多数是工人、农民。他们才是汽车的真正需要者。我主张多生产低档车,特别是标准化的大批量生产,把便宜实用的汽车卖给这些人。这才是我们公司长期的战略!"

说来容易,做来难!低档车尽管技术上难度不高,但却有许多新的问题,这着实使福特费了一番脑筋,为了让家家户户都用上这种车,他的车必须简单、轻便、耐用,容易修理,而且还必须能在崎岖不平的乡间路上奔驰。这些都对零件提出了新的要求。还有更重要的一点,这种车必须便宜,以使每个家庭都能够买得起。为此,福特不得不在设计时更多地考虑经济因素。这么多的要求简直让人无所适从,设计方案被一次次地否定了,福特也被搞得筋疲力尽,要怎么做才能恰如其分地满足顾客的要求呢?

有一天,他忽然想通了,必须使汽车构造简单化,只有简单,汽车才可能轻便,才会容易修理,一旦哪部分有问题,换个标准零件就够了。而且,简单的设计更易于大批量生产,当生产量增大时,生产成本就会降低,汽车价格就可以更加低廉。福特把以前的设计图纸全部扔在一旁,重新开始设计。

标准化,简单化

经过几次修改,福特新的设计定型了。它被命名为福特牌T型号汽车,后来成为汽车历史上最著名的车型,几乎成为汽车的代名词。事实证明,T型车受到了巨大的欢迎,整个国家都被淹没在T型车的狂潮之中,从1908年诞生到1927年的更新换代,福特生产的T型车数量占据整个世界汽车总量的一半。直到今天还没有哪一个车型能望其项背。

当时的美国,一个人说自己有一辆汽车,则一定是指福特的T型车。福特以其傲视群雄的气概一跃成为汽车大王。同时,福特汽车公司也理所当然地坐到了美国汽车业第一大公司的宝座上。

永不停止的革新

与福特不停息的发明相比,他的商业思想也在不断地革新。面对雪片般的订单,福特在欢喜的同时也在发愁,因为工厂里原始的组装技术根本无法应付这种大规模的机械化生产。

但是一个偶然看到的现象给了他灵感。有一天,他走在路上,路过一个屠宰场,看到牛送进来以后先用电电击,放血,将牛吊起来,然后用锯开膛剖腹,最后分割,这个过程是分别由不同的人来完成的。福特心想,我可以将这种具有连贯性又有工作效率的流水作业的方式运用到我的汽车制造上。1913 年春,世界上第一条汽车流水装配线在福特的工厂里诞生了,大规模流水装配线带来的是生产方式上的革命,福特公司连创世界汽车工业时代的生产纪录:1920 年 2 月 7 日,一分钟生产一辆汽车,1925 年 10 月 30 日,10 秒钟生产一辆汽车,这样的速度让同行为之震惊,让世界为之震惊。而这种以流水装配线的生产方法和管理方式为核心的福特制,为后来汽车工业的发展树立了楷模,掀起了世界范围内具有历史进步性的"大量生产"的产业革命。

不仅如此,福特很注意工人的生活,他想:造出去的车如果我的员工都买不起,我生产车还有什么意义呢? 我必须让我的员工首先买得起我所造的车,只有这样循环才能促进公司的发展。而在当时,美国工人的工资是很低的,每天 1 美元到 1.5 美元,一个月一天不休息,一个月也只有几十元钱。于是福特让公司的公关经理把所有媒体的记者都请来,他说,从今天开始福特车所有生产线上的员工每一个人的工资涨到 5 美元,这句话惊呆了在场的所有人。在当时,一辆福特汽车要卖 200 多美元,如果一个员工一天挣 1 美元多,那么他一辈子也买不了一辆车,反过来讲,如果一天挣 5 美元,他立刻就可以变成福特汽车的买主。福特真正希望的是他生产的产品有人要,有人用,一般的社会大众能够把它当作交通工具,而不是一种奢侈品。他刺激汽车行业发展的方法不是车本身降价,而是把员工的工资涨上去。因此,福特是聪明的,他不是把汽车制造当作简单地做生意,而是要将整个汽车行业带动起来,创造这个市场。

"5 美元工作日"这个新奇的提法,引起了全美暴风骤雨般地热烈反响。工人们无不拍手称快,他们从此以后可以过上真正体面的生活,可以挺起胸膛做人了。无数工人从全国各地涌向底特律,要求在福特汽车厂工作,以至于福特不得不把"雇员已满"的牌子挂到工厂大门口。而新闻界对此给予了罕见的赞扬,记者们一个个激动万分。"新的经济时代已经来临!"记者们在各大报头版新闻中纷纷给予赞扬。当然,最后获利的还是福特。

成败后人评说

事业上的巨大成功,传媒的过分青睐,面对自己庞大无比的福特王国,福特开始得意扬扬、居功自傲了:"我曾经做了那么多的事情,这些成就应该都归我所有了。"他表露出自己强烈的占有欲和权力欲。曾经慧眼识人才,现在却开始排斥异己,过分猜忌。在这种状态下,许多跟他一起共同奋斗的老战友、老伙伴都被赶出了公司,而他们后来都成了福特竞争对手的得力干将。

不仅如此,世界局势也在发生变化。20 世纪 20 年代后期,美国开始形成了一个巨大的旧车市场,大批质量相当不错的二手车只需几十美元甚至十几美元就可买到,这对一向以"价廉物美"而著称的 T 型车是一个极大的冲击。同时,由斯隆领导的通用汽车公司生产出了许多时髦多样和先进豪华的汽车,满足了不同阶层的购买需求,也对 T 型车形成了较大的竞争压力。而这时的福特依然将主要的资金和精力投入 T 型车中去,结果到1927 年,顽固的福特不得不让自己心爱的黑色 T 型车死亡,整个公司停产一年转产新的A 型车。由于转产组织匆忙,耗资巨大,加之接踵而来的经济大萧条的影响,福特公司元气大伤,整个 20 世纪 30 年代都未能恢复,分别被通用(1927 年)和克莱斯勒(1936 年)超过。后来经过全公司员工的拼力追赶,才算在"全国第二"的位置上站稳脚跟,那种产量独占全国一半以上的日子一去不复返了。1945 年,福特不得不让位于孙子亨利·福特二世。1947 年 4 月 7 日,亨利·福特因脑溢血死于底特律,终年 84 岁。

福特是汽车工业史上的一个传奇,在大起大落之中,他创造了自己的王国,不管他最后做了些什么,他留给人类的还是有许多可以回味、必须思索的东西。"当他未到人世时,这个世界还是马车时代。当他离开人间时,这个世界已经成了汽车的世界。"这是 1947 年 4 月《纽约时报》上的一段文字,它形象地概括了"福特"与这个世界的联系。

我们无法忘记,是他,在 20 世纪初生产出世界第一辆家庭车——福特 T 型车,把大伙从马车挪到"嘟嘟"叫唤的汽车上,使我们生活的这个世界开始飞转起来了,他给我们插上了文明的翅膀。

成 功 秘 诀

拥有舍弃继承家业的抉择力。

永不停止创新的精神。

练就迅速捕捉灵感的目光——即使是宰牛过程,也能发现玄机。

资料来源:康丽.88 位世界富豪的成长记录[M]. 北京:中国戏剧出版社,2004.

思考与讨论

结合上述案例,列出你自己对制造业经营的策略,并在本创业实践中加以运用与验证。

创业实践

创业实践 4-1　服装产品经营创业实践

?	实践主题:服装产品经营创业实践
☰	完成这些练习后,学员将能够: 了解服装产品经营规则; 体验服装产品创业经营的全过程
◈	假若你希望从事的创业活动为服装产品制造相关行业,你需要在掌握制造业经营规则后,思考服装业的创业策略及机会所在,为此请尽快体验一下服装产品的制造业经营过程,体验一下制造业成功的喜悦和失败的经验与教训

1. 服装工业产品创业实践

首先进行分组,每组人数不超过 7 人,然后以多人软件或单人自定义软件模式进入模拟系统,每组按以下要求进行系统设置(提示:服装产品在本次模拟中只包括皮夹克、牛仔裤、汗衫)。

目　　录	子　目　录	设 置 内 容
基本	难度等级	2级
环境	全部	系统默认
竞争对手	全部	系统默认
进口	全部	系统默认
目标任务	数值1玩家资产＝	2亿
	数值1其他参数	系统默认
	数值2全部参数	系统默认
	产业　全部参数	系统默认
	产品	只添加服装产品

检验方式：以组为单位，以个人是否完成目标、最后综合得分为检查依据，填写如下表格。

组名：

姓名(学号)	公司名称	是否完成目标	综合得分	排　　序

2. 分组讨论

分组讨论一下本次创业实践的经验与教训，并写一份服装工业产品创业实践经验总结。

创业实践 4-2　玩具产品创业实践

?	实践主题：玩具产品创业实践
▤	完成这些练习后，学员将能够： 了解玩具行业经营规则； 体验玩具业创业经营的全过程
▷	假若你希望从事的创业活动为玩具产品制造相关行业，你需要在掌握制造业经营规则后，思考玩具业的创业策略及机会所在，为此请尽快体验一下玩具产品的制造经营过程，体验一下玩具制造业成功的喜悦和失败的经验与教训

1. 玩具工业产品创业实践

首先进行分组，每组人数不超过 7 人，然后以多人软件或单人自定义软件模式进入模拟系统，每组按以下要求进行系统设置(提示：玩具产品在本次模拟中只包括便携软件机、玩具车、玩具娃娃、电视软件机)。

目　　录	子　目　录	设　置　内　容
基本	难度等级	3 级
环境	全部	系统默认
竞争对手	全部	系统默认
进口	全部	系统默认
目标任务	数值 1 玩家资产＝	2 亿
	数值 1 其他参数	系统默认
	数值 2 全部参数	系统默认
	产业　全部参数	系统默认
	产品	只添加玩具产品

检验方式：以组为单位，以个人是否完成目标、最后综合得分为检查依据，填写如下表格。

组名：

姓名(学号)	公司名称	是否完成目标	综合得分	排　　序

2. 分组讨论

分组讨论一下本次创业实践的经验与教训，并写一份玩具工业产品创业实践经验总结。

创业实践 4-3　电器产品创业实践

?	实践主题：电器产品创业实践
☰	完成这些练习后，学员将能够： 了解电器行业经营规则； 体验电器业创业经营的全过程
≫	假若你希望从事的创业活动为电器产品制造相关行业，你需要在掌握制造业经营规则后，思考电器业的创业策略及机会所在，为此请尽快体验一下电器产品的制造业经营过程，体验一下电器制造业成功的喜悦和失败的经验与教训

1. 电器工业产品创业实践

首先进行分组，每组人数不超过 7 人，然后以多人软件或单人自定义软件模式进入模拟系统，每组按以下要求进行系统设置(提示：电器产品在本次模拟中只包括空调、微波炉、电视机、音响)。

目　　录	子　目　录	设 置 内 容
基本	难度等级	3 级
环境	全部	系统默认
竞争对手	全部	系统默认
进口	全部	系统默认
目标任务	数值 1 玩家资产＝	2 亿
	数值 1 其他参数	系统默认
	数值 2 全部参数	系统默认
	产业全部参数	系统默认
	产品	只添加电器产品

检验方式:以组为单位,以个人是否完成目标以及最后综合得分为检查依据,填写如下表格。

组名:

姓名(学号)	公司名称	是否完成目标	综合得分	排　　序

2. **分组讨论**

分组讨论一下本次创业实践的经验与教训,并写一份电器工业产品创业实践经验总结。

创业实践 4-4　电脑产品创业实践

？	实践主题:电脑产品创业实践
▤	完成这些练习后,学员将能够: 了解电脑行业经营规则; 体验电脑业创业经营的全过程
⬗	假若你希望从事的创业活动为电脑产品制造相关行业,你需要在掌握制造业经营规则后,思考电脑业的创业策略及机会所在,为此请尽快体验一下电脑产品的制造业经营过程,体验一下电脑业成功的喜悦和失败的经验与教训

1. 电脑工业产品创业实践

首先进行分组,每组人数不超过 7 人,然后以多人软件或单人自定义软件模式进入模拟系统,每组按以下要求进行系统设置(提示:电脑产品在本次模拟中只包括台式电脑、笔记本电脑、掌上电脑、打印机)。

目 录	子 目 录	设 置 内 容
基本	难度等级	4 级
环境	全部	系统默认
竞争对手	全部	系统默认
进口	全部	系统默认
目标任务	数值 1 玩家资产=	2 亿
	数值 1 其他参数	系统默认
	数值 2 投资回报率	10%
	数值 2 全部参数	系统默认
	产业全部参数	系统默认
	产品	只添加电脑产品

检验方式:以组为单位,以个人是否完成目标、最后综合得分为检查依据,填写如下表格。

组名:

姓名(学号)	公司名称	是否完成目标	综合得分	排 序

2. 分组讨论

分组讨论本次创业实践的经验与教训,参赛队员准备一份电脑工业产品创业实践的经验总结(PPT 报告),建议包括经营思路、经营过程、经营中出现的问题、处理的方法、体会、电脑工业产品创业的机会所在等。

 进阶技巧

1. 制造业的管理指导

关于本软件的制造业管理指导方面,你可在建立好工厂后,单击"生产规划",当然你可以自己设定,也可以用预设,如果是初学者建议用预设。

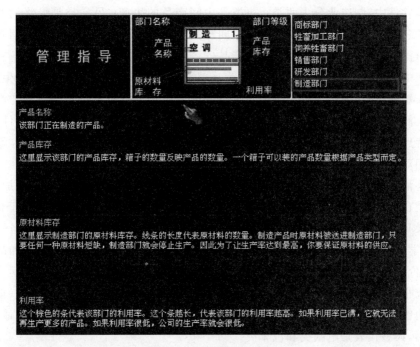

图 4-2　制造业管理指导

在创业工厂时一般要注意以下几项内容。

（1）选定要制造的产品，这也是你创建工作的目的所在。

（2）选定工厂所在地，主要考虑所在地的制造成本、消费能力、配套原材料等。

（3）确定项目工厂规模，大/中/小＋自动化程度，不同规模的工厂建造成本不同，每月管理费用也不同，需根据市场需求及你所能达到的份额来确定，自动化程度主要考虑是否要转产，考虑到会转产时选自动化程度高的，但自动化程度高的一般来说管理费用会高一些。

在管理工厂时一般要考虑以下几项内容。

（1）产品库存。它决定了你的工厂管理与市场销售的效率。

（2）原材料库存。要随时了解，库存不足时可考虑新的供应商。

（3）利用率。最高值为 100％，可反映你公司的营销情况。

（4）部门等级。它反映工厂的生产效率或产能，可通过加强培训与提高利用率来提升。当部门等级达到工厂设定的最高产能时（本软件为 9 级），就不会再提升。

2. 制造业的创业实践技巧

制造业，就是工厂。对于那些没接触过会计学，只会算流水账的人来说，贸易的会计处理很容易懂，而制造业的会计则显得复杂无比。不要怕，在本软件中，没有摊销和折旧，能简化的都简化了，不能简化的也都由电脑帮经营者算好了。在这里制造业的会计变得和零售业一样，只有进货成本、销售额、期间成本（维持费、员工工资、培训费三项）以及运费四个因素，当技术升级时再加一项设备更新费用。

在本软件中,制造业分为两类:一类是中间产品的生产;另一类是最终消费品的生产。除了芯片引擎之类的个别产品外,中间产品的单位价值比较低。而最终消费品分为近 20 个行业类别,每个类别有 2～4 种产品。

先谈中间产品的生产。中间产品的生产又可分为两类:一种是材料类的生产,像玻璃、钢材、塑料、纺织品。其特点是:①由矿场或者农场的产出品加工而成;②产品单位价值比较低,生产过程的附加值也比较低。另一种是零部件的生产,如电子元件、汽车车身。其特点是:①一般由前一类中间产品加工而成,是最终消费品的零部件;②产品单位价值相对较高,附加值也较高。

最终消费品则可分为三类:低附加值的、中附加值的、高附加值的。低附加值的,典型代表是食品,价格也低,购买量大,运费对于价格的影响比较大,而消费者对于价格很敏感。结果只能在生产地同城销售,而且最好生产地就在城里,以减少运费。当然也有例外,在教学课程中有一课是巧克力,生产技术达到完美,而巧克力又是对质量和品牌比较敏感、对价格不敏感的产品,就可以跨城销售。中附加值的,典型代表是服装,运费占价格的比重较小,消费者对于价格的敏感程度较低,而品牌和质量的影响比较大。一般情况下是同城销售,在质量较高时可以跨城销售。而高附加值的,品牌和质量的影响最大,价格极不敏感,典型代表是电脑类和汽车类。

这补充一下软件对于消费者在采购上的设定,它是按照市场学课本来设定的。消费者在采购上会考虑三个因素:价格、质量、品牌。不同的产品,这三个因素的比重不同,具体的比重数值大概是参考现实世界定出来的。三个因素按比重加权后,得出一个评价值,这个评价值再与当地其他公司提供的产品的评价值相比较,然后才决定消费者的消费态度。有时其他 NPC 没有在当地销售同类产品,电脑会自行设定一个中性的当地企业,当然它的生产技术很差,产品质量一般,它不会具体卖产品,但被消费者拿来作为一个参照系。有时你卖的产品连这个中性的当地企业都无法生产,当地的数字就是你的数字,那你就可以拼命提价了。

在消费者决定一个消费态度之后,还要受你的产品的品牌知名度和品牌忠诚度的影响。有时你因为价格太高导致评价比别人低,但是广告开支造成的品牌知名度和高质量导致的品牌忠诚度仍能吸引消费者。如果质量太差,会导致负的品牌忠诚度,表示消费者非常想离你而去。

低附加值与高附加值的消费品制造业的另一个差别是在所需的原材料上。低附加值消费品的制造往往是直接以农场和矿场的产品为原材料,而高附加值消费品的制造则以中间产品为原材料,从矿场到成品要经过 2～4 个中间环节。这意味着高附加值消费品的制造需要对中间产品制造工厂的大量投资,并且中间产品往往会产能过剩。另一个办法是在一个工厂里直接将原材料经过几个制造环节生成最终产品,这样节省了中间产品制造工厂的投资,但是会造成产能不足,不能充分挖掘市场潜力。这种方案适用于初期资金不足时,等到手中有钱了,还是建议一个厂出一个产品,每个中间产品都专设一个厂,在成本和产能上更划算。

除了所需原材料的差别外,高附加值产品对技术的依赖更大。原材料品质的影响很小,所以研发先行对于高附加值产品很重要。而且如果技术不佳时就进行生产销售,往往会销量不佳,因为你还没有超过当地的平均水准(一个中性的标准,并不一定就有产品销售)。

在部门等级不均衡的最初几年,工厂在部门设计上,为了尽力加大产能,降低单位产品上的成本,往往会一家厂出一种产品,尽量增加制造部门。需要一种原料的产品,在 9个部门中可以排出 6 个制造部门;需要两种原料的产品,在 9 个部门中可以排出 4 个制造部门;需要三种原料的产品,在 9 个部门中可以排出 3 个制造部门。但到了部门等级都到 9 级时,产能相对于销售能力过剩,这种设计反而造成了浪费。

所以均衡的设计,应该是一个制造部门对应于一个销售部门。

一家厂出一个产品的规划有另一个好处,就是不需要调整部门的规划,因为规划是通用性的,要转产只要把购入的原料改一下就可以了。不过在训练上的投资就报废了,所以只适用于 1 级的工厂。

对于同时在一座工厂里生产几种产品的规划,软件提供了许多参考方案,有兴趣的人可以自己慢慢研究。这种方案往往适用于初期资金和技术不足时,尤其是中间产品的生产。一个工厂只生产一种中间产品时,消费品工厂的需求往往不足以吸收其产能,为此一是将工厂建成小规模的,二是将工厂设计成同时生产几种产品。不过到了后期就需要新设工厂增加产能了,而管理上会因为各家工厂的需求不平衡而造成不便。

3. 工厂选址技巧

对于高附加值的消费品生产,其中间产品的采购决策是一件很头痛的事。如果能够外购的话,建议先暂时外购,同时加强研发,等研发完成后再自产,因为自产意味着要从矿场开始直到中间产品的工厂为止的一大笔投资。在无从外购时,可以去别的城市找找看,虽然城际运费相对于其原价是一个很大的数字,有时甚至运费比原价还要高,但是对于高附加值的制造业来说,原材料的成本只是一个很小的数字,在暂时没钱自产时,付运费比花钱投资要划算。

有时所需的中间产品在别的城市的港口有供应,因为你不能直接购买别的城市港口的产品,所以你可以在当地建一个小工厂,从港口进货后再转卖到你的最终消费品制造工厂。

有时你自建了中间产品的制造工厂,但是当地的下游企业却消化不掉它的产能,而你又打算在别的城市开发新市场。新的最终消费品工厂是建在新市场边上,还是建在中间产品所在的城市? 若新工厂是建在新市场边上,中间产品是就地外购,还是花一笔城际运费自产自销?

中间产品外购还是内购,这个答案很简单。如果你有工厂在生产,就尽可能内购。因为你的成本并没有看起来那么高,你的进价有很大一块是你另一个厂的利润。但是对于新厂选址,则要考虑运费的情况。

软件对于城际运费的算法有两个 bug。软件中,台北与首尔的距离只有 24 千米,而台北市东边到西边却有上百千米,城际距离远小于实际距离,甚至小于同城内的距离,这是件不可思议的事。另一个 bug 是车体和引擎的运费,比整车的运费要高许多。

　　另外,运费是以产品自身的价值为基础进行计算的,而不是以体积、重量为基础进行计算的。结果就是原材料的运费少得可怜,运一只引擎的运费来运钢材,够造几百只引擎了。对于这种情况,较好的对策是,将高附加值的生产放在市场当地,而原材料和车体引擎之外的中间产品,则可以统一在某个城市生产。

4. 科技更新

　　当科技更新时,只要科技升级,相关的制造部门等级就会下降,如果产品的研究周期为 3 年的话,3 年工厂等级就会下降一次,变成 7 级甚至 5 级,你得再次培训。

第 5 章

新型农业创业实践

- ◆ 掌握农业经营部门管理的要求
- ◆ 学会农业经营策略
- ◆ 加强创业精神的理解
- ◆ 能够理解农业的运营流程
- ◆ 能够分析农业的行业机会

5.1　新型农业创业管理指导

"葡萄大师"季伟平的创业之路

季伟平,男,丽水市云和县葡萄种植专业户。拥有规模超过 60 亩、30 多个葡萄品种的葡萄基地,另有 80 亩枣园基地,2007 年产值达 15 万元。面对如今的成功,季伟平依然朴素、淡然,一如创业之初。为了拓展业务、保持卓然业绩,季伟平走上了创新之路,由此,他的眼神中多了一丝渴望和野心。

初出茅庐,志存高远

1992 年,季伟平从云和县职业技术学校毕业。在毕业的关口,他和现今的大学生一样,有着对人生发展前途和未来的多重选择,但是他和当时的大部分毕业生有着不一样的选择。"我生在农村,长在农村,但是从城里回到农村后,我就是不能安于日出而作、日落而息的现状。"略显瘦弱但是精干的季伟平说,"我想用知识和勤劳改变贫穷的命运,让农村人过上像城里人一样的生活。"每一个成功的人都会有成功的理由。季伟平这种在当时略显激进的想法"逼"着他走向创业之路,虽然这条路异常坎坷,但已然是成功的开端。

经验缺乏,历程坎坷

"我 19 岁那年,养起了山鸡。那是我第一次创业。"季伟平平静地说,语气中却透露着豪气。说起如何筹钱买山鸡,他甚是感慨:"那是 1993 年刚过完春节,我先是说服父母把猪杀了,然后东借点西借点才凑了 2 500 元。"但毕竟是第一次,人年轻,没经验,不了解市场,季伟平在毫不知情的情况下从黑心鸡贩那买了商品肉鸡当种鸡养。"那些都是退化的品种,即使我再用心、再努力,花再大的心血也无济于事。"辛辛苦苦大半年,又杀猪又凑钱的，第一次创业却以失败告终，连饲料费合在一起，总共亏了 5 000 多元。

首次创业，就遭遇如此失败，对他的信心打击之大可想而知。但就在这次失败后第二年，季伟平就着手开始了自己的第二次创业。"当时听说养狗赚钱，1994 年我又借钱，养起了 30 只肉狗。"新的信息带来新的希望和机会，让季伟平暂时忘却了首次创业的失败，重新燃起斗志。但是功夫再负有心人，由于缺乏应有的养殖技术，一年时间不到，30 只肉狗得病死了 16 只。季伟平提起这次创业，仍然流露些许伤心："我一个人把死狗一只一只埋了，伤心、绝望一下闷到胸口……真的感觉天都阴了。"更让季伟平愧疚的是让父母跟着一起受累了。"为了支持我创业，家里欠了一屁股债。然后我就去乡所在地的一家玩具厂打工，来贴补家用。"年纪轻轻，接连两次创业，遭遇两次失败，历程之坎坷在季伟平黝黑的皮肤上留下了印记，说话语气中也时常流露出沧桑之感，而 2008 年才是他漫漫人生的第 34 个年头。

锲而不舍，掘得首金

两次创业对季伟平的打击很大，但难能可贵的是他对创业仍然没有死心。"我就相信只要努力总有一天会成功。"就是这种坚定的信念让季伟平一直坚持着，并最终印证了"天道酬勤"这句话。"在玩具厂打工的日子，有一次我在电视上看到山东枣庄一农户种葡萄发了家，我开始心动了。"季伟平说起当时的创业动机依然兴奋。把葡萄作为创业项目在当时确实是明智的，因为种植优质葡萄当时在丽水地区还是空白，而葡萄酒等葡萄加工产品的销路却很好。虽然有了方向，但是资金问题仍然棘手。"家里欠债拿不出钱，我就只能用打工挣的一点钱到金华买了一批葡萄种回来种。"这期间季伟平一边种葡萄，一边继续在玩具厂打工。每天在玩具厂工作很辛苦，但从工厂回来他总要去葡萄园看看。"看着葡萄树一天天长大，我的心就踏实，也感觉越来越有希望。"季伟平憨笑着说，展现了新一代创业者的朴实。为了种好葡萄，季伟平几乎跑遍了丽水大小书店了解相关的种植技术，还托人从北京购回一大堆关于种好葡萄的书，边自学边摸索。但是好事多磨，由于管理不善，葡萄不是得黑痘病就是锈病等，结果在丰收时节分文未收，不懈的努力再一次付之东流。"这次失败已经不是扛住扛不住了，家里就是极力反对的问题了，正好那时杭州有家工厂招工，家里人都叫我去。连着几次失败让我的信心一点一点丧失，心里也产生了动摇。"就在临出发的前一晚，季伟平又特意去葡萄园转了一圈，当看到自己辛辛苦苦种起来的葡萄时，他终于还是没忍心走。

"我既然头开进去了，就一定要坚持下去。'只要我努力一定可以种出好葡萄！'我当时就是这样激励自己的。"这时，这种必胜的信念多了一份对这份事业的热爱和真挚的感情。季伟平毅然放弃了去杭州打工的机会，留在家里一门心思研究葡萄技术。总结经验，不仅从书本里找技术，还虚心向前辈和专家请教。"我跑过金华农科所，向那里的科研人员学习。还了解到浙江农业大学的陈履荣教授对种植葡萄非常有研究，我就打电话去向他请教。陈教授很热心地帮我解决了很多技术上的问题，可能是被我的真诚和创业精神感动了吧。"季伟平再次憨憨地笑了起来，非常真实。有了之前的巨大付出，成功终于来了，来得一点也不突然。1998 年，季伟平的葡萄园终于结出累累硕果，又大又甜的葡萄被批发商抢购一空，赚了 7 000 多元。这是季伟平创业以来掘到的第一桶金！"兴奋。"季伟平用两个字来形容拿着这笔钱时的心情。这次成功更加坚定了季伟平的创业信心。

创新创业，立体发展

在葡萄种植稳定后，季伟平又看中了冬枣市场。经过周密的市场调查和了解，他发现南方很少有人种植鲜枣，前景应该非常乐观。于是他先后三次到山东对冬枣种植进行现场考察，后引进优质冬枣苗万余棵，在云和高胥村又租了 80 亩地，建起丽水市第一个冬枣园。此后他不断扩大规模，又种起雪梨、樱桃、草莓等水果，一个立体的、多方向发展的果园初具雏形。

季伟平现在重点发展的是一个以果园观光为主打的农家乐项目，客人可以在这里品尝自己亲手采摘的水果，甚至能体验水果种植。

回报社会，共同致富

季伟平觉得自己现在取得的成绩和社会各界的支持，特别是市县相关技术领导的指导是分不开的，因此他长存回报社会之心，带动村民一起创业，共同致富。"对于前来取经的农民，我都是热情对待，毫不保留地向他们传授管理技术，甚至手把手地教他们修剪、施肥。"2007 年季伟平还成立了大田水果专业合作社，为云和葡萄种植户统一购置农药、化肥，接下去还要统一管理、统一品牌、统一销售，争取更大的经济效益。2010 年 8 月，他又投资 10 多万元成立了全省首家"葡萄技能培训学校"，免费开设葡萄技能人才创业培训班，邀请省农科院的葡萄种植专家和种植能手前来授课，广泛传授葡萄种植高新技术。

资料来源：http://www.qsn365.com/qsn365/articles/49240.

处于筹备创业阶段的你，如果你未来创业计划希望在农业方面，而你对农业还不是十分清楚，希望对农业的相关信息进行进一步了解，特别希望加强对农业公司销售、采购、库存与生产等重要部门的管理的了解，为此你应该结合企业管理的基础知识与技能完成以下两个子任务。

任务一：农业的市场出路。

任务二：农业创业的创业管理。

任务分析

对农业创业的市场出路及管理，以下两个方面可供参考。

1. 罗杰斯：金融业在走下坡路，年轻人可考虑农业

北京时间（2013 年）10 月 5 日凌晨消息，量子基金联合创始人、著名投资人吉姆·罗杰斯（Jim Rogers）周五表示，他认为金融行业即将进入一个长期的下跌走势，因此他建议年轻人考虑在农业领域开创职业生涯。

吉姆·罗杰斯是在接受 CNBC 访问时提出这个建议的。他说："如果你家有不知道该干什么的年轻人，我建议他们别去读什么工商管理硕士（MBA）了，在农业方面拿下几个学位再说。"

杰姆·罗杰斯对整个金融领域的未来表达了悲观的看法，他说："金融业在过去 30 年中都是不错的，但是更早之前的 30 年并不是那么好，这种事情将会再次发生。"他强调，"金融业正在下滑。未来世界的中心不会是金融——将是真实的食品的制造者。"

著名经济学家、耶鲁大学经济学教授罗伯特·席勒（Robert Shiller）在近期也表达了类似的看法，他在9月的一篇专栏文章中提出，"最好和最聪明的人才"涌入金融行业是不是对这个世界帮了倒忙？他在文章中写道："是不是我们当中最具天才的一批人有太多选择了在金融行业效力，特别是在交易，投机和其他'非生产性'的活动中卖命？"

有很多学者都认为，农业领域实际上有更多极具挑战性的问题需要解决。阿肯色州立大学农业和技术学院院长蒂姆西·波西姆（Timothy Burcham）就表示："到2050年的时候，我们将要试图养活90亿人口，可耕作农田的亩数也只是这个规模而已。"

蒂姆西·波西姆将这个任务形容为"压倒一切的"，他说："对一个有大学学位的人来说，在农业领域的机会更大，这些机会在未来只会变得越来越好。"

吉姆·罗杰斯也把农业的崛起作为自己投资策略的一个重要参考。他表示："最近我已经开始考察农业相关股票。我对在农业领域寻找投资目标感到很兴奋。"

吉姆·罗杰斯在周三晚些时候的一次访问中也曾建议："先拿下一个农业相关学位，你肯定会发财的。"

2. 农业市场分析：2016 年农机补贴新变化

2015年12月9日，农业部农业机械化管理司司长李伟国在2015年全国农机工业工作会议上作主题发言时透露，2016年农机购置补贴将继续创新，在补贴方向上实施九字方针：缩范围、降定额、促敞开。

而在近日，农业部办公厅正式发布2016年《全国通用类农业机械中央财政资金最高补贴额一览表》。根据一览表显示，农机补贴政策在一定程度上发生了变化，这正是农机行业和用户关心的问题。

我国从2004年开始实行农机购置补贴政策，补贴投入逐年递增，农业机械化得到快速发展（图5-1）。目前，到了一个转方式、调结构、促升级的新阶段，这既是国家，也是行业发展的必然趋势。

在2015年公布的《2015—2017年农业机械购置补贴实施指导意见》中，未来3年的农机补贴对象、范围和流程等方面又有了一些新变化。

1）个人和组织也可享受补贴

农机购置补贴对象由之前的"农牧渔民、农场（林场）职工、农民合作社和从事农机作业的农业生产经营组织"变成"直接从事农业生产的个人和农业生产经营组织"。

这意味着，除了原有的补贴对象外，直接从事农业生产的其他居民和农业企业日后也可以享受补贴。

2）重点补贴向粮棉油糖等集中

农业机具重点补贴对象为粮食生产全程机械化所需机具，同时兼顾畜牧业、渔业、设施农业等所需机具。

此外，重点品目将实行敞开补贴制度，如免耕播种机、水稻插秧机、秸秆粉碎还田机、粮食烘干机等，符合

图 5-1　中央农机购置补贴投入

条件的农机购置者自主申请后均可享受补贴。

3）部分机械最高补贴金额提高

适当提高了部分机具的单项补贴限额,如大型甘蔗收获机由 25 万元提高到 40 万元,大型采棉机由 40 万元提高到 60 万元。

不过需要注意的是,这里指的是最高补贴额,具体补贴额度原则上按不超过该档产品上年平均销售价格的 30％测算。

4）补贴流程更简便,手续更简化

指导意见鼓励开展受理申请、核实登记“一站式”服务,并进一步加快资金结算进度。这意味着,与往年相比,未来 3 年的农机购置补贴流程更简便了。农户购买农机后,不仅可以更便捷、快速地办理补贴申请手续,还能在更短时间内领到补贴,减轻自身财政压力。

综合分析,未来若干年,我国农业的市场前景十分看好,将给创业带来巨大机遇。

本节学习顺序建议,先进行 5-1 畜牧业创业实践,然后学习相应知识链接中的知识点,最后学习“进阶技巧”中的“畜牧业经营技巧”。

知识链接

5.1.1　农业基础知识

1. 农业的定义

农业是国民经济中一个重要产业部门,是以土地资源为生产对象的部门。它是通过培育动植物生产食品及工业原料的产业。农业属于第一产业。利用土地资源进行种植活动的部门是种植业;利用土地空间进行水产养殖的是水产业,又叫渔业;利用土地资源培育采伐林木的部门,是林业;利用土地资源培育或者直接利用草地发展畜牧的是牧业。对这些产品进行小规模加工或者制作的是副业。它们都是农业的有机组成部分。对这些景观或者所在地域资源进行开发展出的是观光业,又称休闲农业。这是新时期随着人们的业余时间增多而产生的新型农业形式。

狭义的农业是指种植业。包括粮食作物、经济作物、饲料作物和绿肥等的生产活动。

2. 农业生产的特点

与其他部门相比,农业生产具有以下两个显著的特点。

1）地域性

含义:在空间的分布上具有明显的地域差异,不同的地域,生产的结构品种和数量都不同。

成因:生产的对象是动植物,需要热量、光照、水、地形、土壤等自然条件。不同的生物,生长发育要求的自然条件不同。世界各地的自然条件、经济技术条件和国家政策差别很大,形成明显的地域性要求。

要求:因地制宜。

2）季节性和周期性

含义：生产在时间分配上具有特殊规律，即生产的一切活动都要按季节顺序进行，并有一定的变化周期。

成因：动植物的生长发育有一定的规律，并且受自然因素的影响。自然因素随季节而变化，并有一定的周期。农业生产的一切活动都与季节有关，必须按季节顺序安排，季节性和周期性明显。

要求：因时制宜、抢季节、不违农时。

3. 农业的投入和产出

农业投入—产出的一般模式如图 5-2 所示。

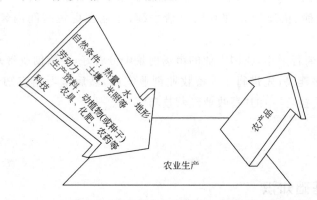

自然条件：热量、水、地形
劳动力   土壤、光照等
生产资料：
科技   农具、动植物(或种子)、
           化肥、农药等

农业生产

农产品

图 5-2   农业投入—产出的一般模式

图 5-2 展示了农业投入—产出的一般模式。动植物的生长繁殖与自然条件密切相关，因而，动植物（或者是植物种子）以及热量、光照、水、地形、土壤等自然条件成为农业必要的投入。在这些投入的基础上，经过劳动者的劳动（即投入劳动力），农业就可获得产出。随着社会生产力的发展和经济水平的提高，农业生产中，生产资料的投入比重逐渐增加。农业机械替代手工农具，解放了劳动力，提高了劳动生产率；化肥、农药等的投入，可促进农业的产出。在现代农业中，加大科技投入（如培育良种、改进灌溉技术、改良工作方式等），成为提高农业产出的重要手段。

4. 农业的分类

由于动植物的不同地域分布，以及自然条件、社会经济条件的地域差异，世界上形成了多种农业地域类型，如热带雨林迁徙农业、商品谷物农业、乳畜业等。

1）按生产对象分类

通常情况下，依据农业生产对象的不同，将农业分为种植业、畜牧业、林业、渔业和副业。世界主要农业地域类型，基本上分属畜牧业和种植业；有些情况下，农民在自己田地上同时经营种植业和畜牧业，这样的农业称为混合农业。

2）按投入多少分类

如果投入的生产资料或者劳动力较少，扩大土地面积成为增加农业产出的主要手段，这样的农业称为粗放农业。粗放农业一般分布在地广人稀、自然条件较为恶劣、生产力水平低下的地区。如果投入的生产资料或者劳动力较多，用提高单位面积产量的方法来增加农业的产出,这样的农业称为密集农业。现代世界的农业主要是密集型的。随着现代科技的发展,蔬菜、花卉、养猪、养禽等农业,出现了技术和资金密集的工厂化生产,并发展迅速。

3) 按产品用途分类

如果农民生产的产品,大多数甚至全部供自己及家庭享用,这样的农业称为自给农业。自给农业主要分布在发展中国家,绝大多数主要是为了解决自己及家庭成员的食品供应,同时也生产少量其他产品,如蔬菜等,供日常生活需要。如果是以销售产品为目的来进行农业生产,这样的农业称为商品农业。商品农业主要分布在发达国家,以及发展中国家的一些地区。商品农业普遍进行专业化生产,一般情况下,一个农场只种植一种农作物或者饲养一种畜或禽。

5.1.2　农业企业及其特征

1. 农业企业的界定

狭义的农业企业是指实行独立核算的农业生产经营单位。广义的农业企业是指与农业有关的产前、产中、产后相融合的综合(一体化)经营企业。总之,农业企业是指在一定地点,集合劳力、土地、设备、资本和技术等生产要素从事经营活动,为社会提供动植物产品(包括食物与天然纤维)和相关服务,并在利润动机和承担风险条件下,实行独立经营、独立核算、自负盈亏的经济单位。农业企业是我国农业经济的基础单位和国民经济的细胞。农业企业在社会主义市场经济条件下,是独立的商品生产者,成为市场经济中的经济主体。

2. 农业企业对生产要素的要求

农业企业对生产要素有着以下特别要求。

(1) 土地。包括土地本身及其所包含的自然资源。自然资源是农业生产的客观条件和物质基础,土地是农业生产的最基本的生产资料。

(2) 劳动力。农业劳动力包括农户务农人员和企业中生产产品和提供服务的人员。农业企业的劳动者必须具有一定的生物学知识、经济管理学知识和相应的职业操作技能。

(3) 资本。生产性固定资产和货币形式的流动资金,都是资本。

(4) 技术。作为生产要素的技术是指各种知识在再生产过程中的应用。在现代农业企业中,技术占生产要素的首位,土地、劳动力和技术等生产要素都要受到这个要素的影响。

(5) 制度。制度是指农业企业所选择的体制、机制和行为规范。

(6) 生态资源存量。对于农业企业来说,生态资源存量非减性和稳定性,是其可持续发展的自然基础。

现代农业企业生产要素可以用如下公式来表达:

现代农业企业生产要素=[(土地+劳动+资本)×技术]×制度±生态资源存量

3. 农业企业的特征

农业企业具有一般企业的特征。

(1) 农业企业的经营目的是获得利润。

（2）农业企业必须独立核算、自负盈亏。

（3）企业具有法人资格，受到国家有关法律的保护和约束。

（4）农业企业拥有经营自主权，行使企业应有的职能。

此外，农业企业具有本部门企业的特征：

（1）地处广大农村，企业的生产经营活动具有分散性特点。

（2）主要从事第一产业，提供动植物产品的生产、加工、流通和服务。

（3）具有多种经济成分和多种经营形式。

（4）生产活动是在自然条件下进行的，受自然因素的影响很大，生产条件较差，工作比较艰苦。

5.1.3　农业创业步骤

农业创业是指某一个人或团体，通过寻找和把握农业行业机遇，去创立、创设或创新农业事业和职业岗位，在农业行业领域内去创造价值和谋求发展，并通过自己的产品或服务来满足社会某些人群的愿望和需求；也是指人们在农业行业领域内进行投资，从事农业生产、加工、运输、服务等活动的过程。包括种植、养殖规模经营、进行设施农业生产、从事农业经纪活动、组建农民经济合作社、创办农业企业等。农业创业的步骤如图 5-3 所示。

图 5-3　农业创业的步骤

1. 选择农业创业项目

1）农业创业的种类

农业创业的种类包括设施园艺业、规模种植业、规模养殖业、休闲观光农业、农产品加工业、现代农业服务业等。

2）选择农业创业项目要遵循的原则

（1）国家政策鼓励和支持，发展前景良好、适应社会需求、适合个人兴趣、充分利用地方资源等。

（2）坚持创新，做到"人无我有、人有我优、人优我特"。

（3）量力而行，从干小事、求小利做起。

2. 了解农业市场行情

1）了解农业市场行情的途径

（1）跑一跑市场。

（2）查一查资料：要了解全国的农产品行情，进入中国农业网（http://www.agronet.com.cn），你就可以立即查到全国各地的农产品批发价格。

（3）问一问行家。

2）应该了解的农业市场行情

（1）谁是你的客户？

（2）谁是你的对手？

（3）购销渠道在哪里？

（4）发展前景怎么样？

3. 组建农业创业团队

人们在选朋友时，往往倾向于和自己类似的人，这叫物以类聚、人以群分。相似的价值观是人们相互吸引的主要因素，使大家相处更为融洽，但若选创业搭档，则是在目标与价值观一致的前提下，互补最好。

我们在组合团队时需要考虑由不同特点的人组成，如会当家的、能算账的、懂技术的、跑市场的等。并因人而异把他们安排在恰当的位置上，要充分分析人的特点、特长，用足他们的长处，才能发挥最大的能效。

4. 准备农业创业资金

明智的创业者在企业开办时，往往因陋就简，或者先租用现有的场地、厂房和机械设备，这样不仅能有效地解决了部分启动资金问题，还大大降低了创业风险。当然，每个企业创办时总会有一些投资，这个投资一定要控制在合理、够用的范围。

1）启动资金的构成

（1）启动资金：是用来支付场地（土地和建筑）、办公和机械设备、原材料和商品库存、营业执照和许可证、开业前广告和促销、工资、保险以及水电费和电话费等费用的总和。人们通常把它称为"本钱"。

（2）启动资金的分类：其包括固定资产（投资）和流动资金（活动经费）。

☑ 固定资产：是指为企业购买的价值较高、使用寿命长的东西。如加工茶叶的机械设备、运输蔬菜的车辆等。一般为场地和建筑、办公设施、机械设备。

☑ 流动资金：是指企业日常运转所需要支出的资金。如茶叶中的鲜叶、新鲜蔬菜等。一般为购买并储存原材料和成品资金、促销费、工资、租金、保险费、其他日常费用。

2）预测创业所需要的启动资金

（1）启动资金总量预测。无论你的启动费用是高还是低，你都需要一个确切的数字。其预测是一件专业性很强的事情。你可以通过下列途径获取启动资金的信息。

☑ 正在运营公司的人。

☑ 供应商渠道。

☑ 专业协会。

☑ 创业指南。

☑ 特许经营组织。

☑ 商业咨询顾问。

☑ 与创业起步相关的文章。

（2）固定资产预测。

☑ 企业用地和建筑：建厂房（资金需求量大，时间长，但可以根据自己的需要进行设计）、买房（简便快捷，但资金需要量大）、租房（比较灵活）。

☑ 设备：是指企业需要的所有机器、工具、工作设施、车辆、办公家具等。对于制造商和一些服务行业,最大的投资往往是设备。一些企业需要在设备上大量投资,因此了解清楚需要什么设备,以及选择正确的设备类型非常重要。

☑ 根据中国的税法,以下折旧率适用于大多数小企业:固定资产类型及折旧率:工具和设备为 20%,机动车辆为 10%,办公家具为 20%,店铺为 5%,工厂建筑为 2%。

(3) 流动资金预测。企业要运转一段时间才能有销售收入。例如,农业生产企业在销售之前必须把农产品生产出来;农业现代服务业在开始提供服务之前要买设备、材料和用品;农产品零售商和批发商在卖货之前必须先买货;所有企业在揽来顾客之前必须花时间和费用进行促销与宣传。

农业企业的流动资金支付时间的长短要根据农产品的生产周期而定。例如,种植蔬菜、粮食、油菜、棉花的农业企业,其作物的生长周期;种植花卉林果的农业企业,其植物的生长周期;饲养蛋鸡、生猪、奶牛和水产养殖的农业企业,其产品的周期;鲜活农产品经销企业,为了保持产品鲜活,要求当天进,当天出,周期最短。

因此,你必须预测,在获得收入之前企业能够支撑多久。一般而言,刚开始的时候销售并不顺利,因此,你的流动资金要有计划留有余地。预测的资金计划包括:

☑ 原材料和成品储存:制造商生产产品需要原材料;服务行业的经营者也需要些材料;零售商和批发商需要储存商品来出售。预计的库存越多,需要用于采购的流动资金就越大。既然购买存货需要资金,就应该将库存降到最低限度。如果企业允许赊账,资金回收的时间就更长,就需要动用资金充实库存。

☑ 促销:新企业开张,需要促销自己的商品或服务,而促销活动需要流动资金。

☑ 工资:如果你雇用员工,在起步阶段你就得给他们付工资。同时还要以工资方式支付自己家庭的生活费用。计算流动资金时,要计算用于发工资的钱。

☑ 租金:企业一开始运转就要付企业用地用房的租金,需要流动资金。

☑ 保险:企业一开始运转,就必须投保并给付所有的保险费,这也需要流动资金。

☑ 其他费用:在企业起步阶段,还要支付一些其他费用,例如电费、文具用品费、交通费。

☑ 不可预见资金预测:开办农业企业,你的启动资金预测得再准,难免也会有疏漏,况且有一些事情是突发性的,有些事情是不可预见的。如果你在预测启动资金总量时留有余地,就能及时有效地应对,不至于束手无策。

3) 创业资金的筹集

任何企业都要成本,就算是最少的启动资金,也要包含一些最基本的开支。启动资金,对于你来说应该是一笔不小数目。是否筹措到这笔资金,关系到你能否启动创业项目。多数创业者难以以自己之力一口气拿出来,这就需要多方筹集。

(1) 自有资金。

☑ 个人存款:是你实现创业理想的物质基础,也是你启动资金的重要组成部分。

☑ 寻找投资合伙人:你在创办一家企业时必须有一套详细的实施计划和可行性论证,如果确信项目有前途,有竞争力,但又缺少长期经营资金,那你可以寻找投资合伙人。首先你要让合伙人充分了解对创建公司的构想、经营目标、市场形势。

最好拟一份上述内容的详细说明,使合伙人能详尽了解情况,以增强投资信心。

（2）现在条件。就是你和你的合伙人拥有的场地、房屋、办公用品和机械设备以及交通工具,能够利用的尽可能利用,如果是合伙创业,也要做到亲兄弟明算账,利用了谁的现有条件,都要事前谈好租用的费用,避免时间长,为了利益分歧而伤了和气。

（3）亲友借款。一定要做到诚实无欺、信守承诺。

（4）银行贷款。银行贷款被誉为创业融资的"蓄水池",在创业者中很有"群众基础"。事实上,银行贷款对于一个处于创业阶段的企业来说一般不适用,因为这个时候企业一方面还没有建立信用,另一方面企业也缺乏固定资产进行抵押或担保。其可以采用以下三种方式。

☑ 信用贷款：指银行仅凭对借款人资信的信任而发放的贷款,借款人无须向银行提供抵押物。

☑ 担保贷款：指以担保人的信用为担保而发放的贷款。

☑ 贴现贷款：指借款人在急需资金时,以未到期的票据向银行申请贴现而融通资金的贷款方式。

提醒创业者因为申请贷款除了与银行打交道,还要经过工商管理部门、税务部门、中介机构等。而且手续烦琐,任何一个环节都不能出问题。

（5）融资。

☑ 融资租赁：也就是企业生产用的设备、设施等固定资产,企业可以不选择购买,而是找租赁公司用融资的形式,这样可以为企业节省一大笔固定资金支出。当然这种方式下,你的营业利润率必须超过贷款利率。

☑ 向供应商融资：企业合理制定应收账款政策,充分利用供应商应付账款的付款期,来达到利用供应商资金进行周转的目的。

☑ 向其他债权人融资：创业初期的企业可以选择向熟人等其他债权人进行融资,但是这种融资方式必须充分合理设计相关选择性条款,如赋予债权人以后某个时点的入股资格和条件等。

☑ 现有股东借款：股东借款给公司,而不是增资入股,在企业资金周转正常的情况下再行抽回。

（6）争取政府出台的创业基金、项目款等。

5. 编制农业创业计划书

1）计划书的内容

参考本书附录。

2）创业计划的论证

（1）专家论证。

（2）多方咨询。

（3）风险评估。

6. 实施农业创业计划

1）做好四个准备

（1）组合好人员。

（2）准备好资金。

（3）选择好场地。

（4）制定好制度。

2）走好四个程序

（1）工商注册。

（2）税务登记。

（3）银行开户。

（4）择时开业。

5.1.4　农业创业政策

2016 年农民基本补贴方面相关政策有 52 条之多，现摘录部分如下，更多信息参考国家相关政策。

1. 农业支持保护补贴政策

为提高农业补贴政策效能，2015 年，国家启动农业"三项补贴"改革，将种粮直补、农资综合补贴、良种补贴合并为"农业支持保护补贴"，主要调整措施是：一是将 80% 的农资综合补贴存量资金，加上种粮农民直接补贴和农作物良种补贴资金，用于耕地地力保护。二是将 20% 的农资综合补贴存量资金，加上种粮大户补贴资金和农业"三项补贴"增量资金，支持发展多种形式的粮食适度规模经营，重点支持建立完善农业信贷担保体系，向种粮大户、家庭农场、农民合作社、农业社会化服务组织等新型经营主体倾斜，体现"谁多种粮食，就优先支持谁"。

2. 农机购置补贴政策

2016 年，农机购置补贴政策在全国所有农牧业县（场）范围内实施，补贴对象为直接从事农业生产的个人和农业生产经营组织，一般机具的中央财政资金单机补贴额不超过 5 万元；挤奶机械、烘干机单机补贴额不超过 12 万元；100 马力以上大型拖拉机、高性能青饲料收获机、大型免耕播种机、大型联合收割机、水稻大型浸种催芽程控设备单机补贴额不超过 15 万元；200 马力以上拖拉机单机补贴额不超过 25 万元；大型甘蔗收获机单机补贴额不超过 40 万元；大型棉花采摘机单机补贴额不超过 60 万元。

3. 农机报废更新补贴试点政策

2016 年，农业部、财政部继续在江苏等 17 个省（市、区）开展农机报废更新补贴试点工作，拖拉机根据马力段的不同补贴额从 500 元到 1.1 万元不等，联合收割机根据喂入量（或收割行数）的不同分为 3 000 元到 1.8 万元不等。

4. 小麦、稻谷最低收购价政策

2016 年生产的小麦（三等）最低收购价格每 50 公斤 118 元。2016 年生产的早籼稻（三等，下同）、中晚籼稻和粳稻最低收购价格分别为每 50 公斤 133 元、138 元和 155 元。

5. 畜牧良种补贴政策

生猪良种补贴标准为每头能繁母猪 40 元；肉牛良种补贴标准为每头能繁母牛 10元；羊良种补贴标准为每只种公羊 800 元；牦牛种公牛补贴标准为每头种公牛 2 000 元。奶牛良种补贴标准为荷斯坦牛、娟姗牛、奶水牛每头能繁母牛 30 元，其他品种每头能繁母

牛 20 元,并开展优质荷斯坦种用胚胎引进补贴试点,每枚补贴标准 5 000 元。2016 年国家继续实施畜牧良种补贴政策。

5.1.5　农业创业管理案例

关于农业的创业管理,睿农科技示范园的创始人姚依东的报告可供参考。

姚依东于 2004 年注册创立了费县睿农业有限公司(睿农科技示范园)。短短 4 年中,姚依农靠着他那份执着和全体"睿农人"的睿智,使公司由原来松散的繁育场、饲料厂、渔场等几个不起眼的小企业,整合发展壮大成为国家级农村优秀青年培训工程示范基地和临沂市市级农业产业化重点龙头企业。企业发展中有以下经验值得借鉴。

1. 厚积企业文化,筑固发展根基

用姚依东的话说,企业文化是企业管理的组成部分,是企业的内在素质要求,也是企业管理最基本的和最重要的内容。企业拥有了自己的文化,才能使企业具有持久的生命活力。企业文化底蕴的厚薄,决定了企业根基的稳固,它如同血液,将"营养"供输企业的各个领域,支撑企业不断地发展和壮大。一句话,良好的经济效益来源于良好的企业形象,良好的企业形象依赖于优秀的企业文化。他们将"诚信,利民,创新,发展"作为睿农企业文化精髓,要求每个"睿农人"话里说着,心里念着,工作里用着,把企业文化体现在企业运行的方方面面,形成一种向心力、凝聚力和企业合力,使企业全体成员心往一处想,劲往一处使,凝聚团队智力,共谋企业发展,筑牢企业发展根基。

2. 持产业化运营,做大做强企业

多年来,姚依东带领着企业始终坚持以科学技术为先导,诚实守信为根本,对内加强管理,对外同养猪户、养鱼户进行紧密合作,与原料供应商和产品销售商建立高度信任关系,实行产业化经营模式,促使公司发展壮大。一是抢抓机遇,乘势而上。公司新建了"洋三元"杂交猪生产项目,建起了高标准的种猪舍、保育猪舍和育肥猪舍,配备了产床等先进设备。从猪的配种、产仔、保育、育肥、防疫、卫生等环节,定人,定岗,定责。严格落实责任制,责、权、利有机结合,使睿农业有限公司不断发展壮大,跨入全省同行业先进行列。繁育场现占地 50 亩,设 3 个场区:种猪繁育区、保育区、育肥区,栏舍面积 16 000 平方米,投放基础母猪群 800 头,存栏 8 000 头,年出栏优良种猪 5 000 头,出栏商品猪 10 000 头。合作养猪大户 96 家,投放基础母猪群 3 000 多头。二是质量为先,堵漏源头。他带领的公司非常注重产品质量,视质量为生命。为搞好无公害肉猪生产,从饲料源头上控制残留药物和有害物质的添加,解决合作养猪户使用饲料的随机性,公司配套建起了一个年产 2 万吨的饲料专供生产厂,饲料注册了"睿农牌"商标,除专门为合作养猪户提供饲料外,还开发了肉鸡、蛋鸡、牛、羊、兔、鱼等各类饲料。饲料厂生产严格技术操作规程,绝对禁止使用违禁药品和添加剂,确保饲料的质量和信誉,形成了"养殖—供料—技术"一条龙服务,深得养殖户的欢迎和拥护。

3. 实行规模化发展,带领农民致富

多年来,姚依东带领公司实行"公司＋基地＋农户"的农业产业化经营模式,公司发展的同时从不忘带动乡亲们致富。特别是在规模化养殖方面,更为明显。一是自公司成立早期即开始运作"养殖企业带动养殖大户",与农户建立了"合同养猪小区"。公司对养殖

大户实行从策划建栏舍到供种、供料、免费防疫、技术服务、仔猪保护价回收一条龙服务，合同化管理，同养猪大户确立了良好的合作关系。二是为使每个合作养猪户都成为高水平的养猪高手，公司每月专门邀请有关专家对他们进行一次免费培训。平时由副总经理带领技术服务小组，定时上门提供技术服务，帮助他们找问题、解难题，手把手地教，面对面地学，提高了他们的饲养管理水平，也使睿农良种猪繁育场和合作户顺利地度过了2006—2007 年度的"猪无名高热"大疫情。三是为每个养猪户订了《山东养猪通讯》《齐鲁牧业报》，进一步丰富了他们的养猪知识，较及时地了解市场信息，坚定了他们大力发展养猪业的信心。通过优质高效的全方位的服务，至 2013 年，已有 12 个乡镇的 1 500 余农户与公司形成了稳定的合作关系，投放种猪 3 000 头。同时，饲料加工销售和淡水鱼养殖也为养殖户提供了优质服务，累计受益农户 2 100 户，每年可使受益农户获得 2 000 万元纯收入。2004 年以来，先后投资 300 多万元，投放鲤鱼、鲫鱼、罗非鱼、美国斑点叉尾蛔鱼等鱼种 100 多万尾。通过规范管理和科学喂养，获得良好经济效益。该养鱼场生产的产品，报经省级抽检，2006 年获得山东省无公害农产品产地认定证书，至 2013 已成为费县最大的规模化养鱼企业之一，带动了库区 100 多家养鱼户发展渔业，发家致富。

4. 推广标准化养殖，提高经济效益

为了实现标准化养殖，姚依东充分利用新技术、新工艺来提高猪群健康度，减少疾病风险，降低生产成本和管理成本，提高养殖效益。一是夏季为了降温，猪场每栋舍全部安装了湿帘、风机等设备，启动后每栋舍内能够降低 8℃～10℃；二是为了提高种公猪利用率、母猪产仔率，降低疾病传播风险，猪场在给母猪配种时全部使用人工受精；三是为了降低疾病垂直传播概率，提早建立仔猪自身免疫系统、加快生长速度，缩短母猪繁育周期，猪场使用高营养饲料对仔猪进行 21 天早期断奶；四是为了减少母猪产仔应激和仔猪断奶应激产生的不良后果，猪场在母猪产仔前后两周和仔猪保育阶段分别在饲料中添加中草药进行疾病预防和保健；五是在饲料中添加有益菌群，改善肠道内环境，提高饲料消化吸收率，使料重比降低，排泄物当中的有害菌和氨气产生量减少，也改善了饲养环境，减轻了污染压力；六是作为环保配套设施，沼气设备使粪尿通过发酵灭菌再加工成配方有机肥料用于种植业，沼气用于取暖照明，从而实现了生态农业的良性循环，保护了环境，提高了经济效益和社会效益。通过"统一猪舍建设标准，统一供种，统一饲料配送，统一免费防疫，统一技术培训，统一商品猪回收销售"标准化养殖，使猪群健康度普遍提高，死亡降低到 5％以下，全程料重比达到 2.5∶1，出栏商品猪都能符合安全食用标准，生产效益提高 30％。

5. 支持公益事业，努力回报社会

姚依东乐善好施，在带领群众致富的同时，积极参与公益活动，努力回报社会。2005年 10 月他向费县钟山学校捐资 1 万元，资助了 10 名贫困高中学生。2005 年至 2006 年捐资 2 万元，在山东畜牧兽医职业学院设立了睿农助学金，资助经济上困难的同学，以便帮助这些同学顺利度过大学生活，完成学业。2007 年 8 月，通过费县团县委组织的帮扶工程，他又拿出 5 000 元钱资助了一名贫困大学生。与此同时，对很多非合同养猪户的咨询、求助提供无偿帮助，在养猪技术和信息上给予了他们极大的支持，8 年来，以相对低廉的价格给农民提供了 10 000 多头种猪，在一定程度上对改良费县地方猪种、优良肉猪的

生产起了促进作用,间接产生了 5 000 多万元的经济效益。

资料来源:http://www.sdmyxy.cn/article.aspx? menuid=1312&tab=tab_News&tabid=819.

5.2　农业经营策略

杂交稻之父

以史为鉴之 20 世纪 70 年代:袁隆平——新中国成立以来贡献最大的农学家。

据老一辈说,真正重新吃饱饭,是在 20 世纪 70 年代末,以前的稻子是高高的,风一吹就倒,换了矮水稻以后,粮食产量能翻倍产生了。报纸上曾引述农民的话说:"我们吃饱饭,靠的是两'平',邓小平和袁隆平。"

袁隆平的水稻南优 2 号,比以前的水稻单产增产 20%,于 1973 年研究成功,1976 年开始推广。20 世纪 80 年代,国际组织给他的奖项多得像米粒一样。中国有 9 亿农民,他一个人相当于干了两亿农民的活。有人预估,他的种子共创造效益 5 600 亿美元。假设分零头给他,那么他的资产就会大致与世界首富卡洛斯·斯利姆·埃卢 590 亿美元相当。

2000 年 12 月 11 日,以袁隆平名字命名的"隆平高科(000998)"在深交所上市。

1960 年罕见的自然灾害,带来了严重的粮食饥荒,一个个蜡黄脸色的水肿病患者倒下了,袁隆平的五尺之躯也同样经历着饥饿的痛苦。

袁隆平目睹了严酷的现实,他辗转反侧不能安睡。当时,人民已当家做主人,但仍未摆脱饥饿对人们的威胁。他决心努力用学过的专业知识,尽快培育出亩产过 800 斤、1 000 斤、2 000 斤的水稻新品种,让粮食大幅度增产,用农业科学技术战胜饥饿。

袁隆平赞成这样一个公式:知识＋汗水＋灵感＋机遇＝成功。

杂交稻过关

1964 年 6 月到 1965 年 7 月,他和妻子邓哲找到了 6 株雄性不育的植株。成熟时,分别采收了自然授粉的第一代雄性不育材料种子。经过两个春秋的试验和科学数据的分析整理,撰写出第一篇重要论文《水稻的雄性不育性》,发表在 1966 年《科学通报》第 17 卷第 4 期上。文中还预言,通过进一步选育,可以从中获得雄性不育系、保持系(使后代保持雄性不育的性状)和恢复系(恢复雄性可育能力),实现三系配套,使利用杂交水稻第一代优势成为可能,将会给农业生产带来大面积、大幅度的增产。这篇重要论文的发表,被一些同行认为是"吹响了第二次绿色革命"的进军号角。

又经过 8 年历经磨难的"过五关"(提高雄性不育率关、三系配套关、育性稳定关、杂交优势关、繁殖制种关),1974 年配制种子成功,并组织了优势鉴定。1975 年又在湖南省委、省政府的支持下,获大面积制种成功,为次年大面积推广做好了种子准备,使该项研究成果进入大面积推广阶段。

1975 年冬,国务院作出了迅速扩大试种和大量推广杂交水稻的决定,国家投入了大量人力、物力、财力,一年三代地进行繁殖制种,以最快的速度推广。1976 年定点示范 208 万亩,在全国范围开始应用于生产,到 1988 年全国杂交稻面积 1.94 亿亩,占水稻面积的

39.6％,而总产量占 18.5％。10 年全国累计种植杂交稻面积 12.56 亿亩,累计增产稻谷 1 000 亿公斤以上,增加总产值 280 亿元,取得了巨大的经济效益和社会效益。

随着杂交水稻的培育成功和在全国大面积推广,袁隆平名声大振。在成绩和荣誉面前,袁隆平公开声称现阶段培育的杂交稻的缺点是"三个有余、三个不足",即"前劲有余、后劲不足;分蘖有余,成穗不足;穗大有余,结实不足",并组织助手们从育种与栽培两个方面,采取措施加以解决。

20 世纪 80 年代初期,面对世界性的饥荒,袁隆平心中再一次萌发了一个惊人的设想,大胆提出了杂交水稻超高产育种的课题,试图解决更大范围内的饥饿问题。

1985 年,袁隆平以强烈的责任感发表了《杂交水稻超高产育种探讨》一文,提出了选育强优势超高产组合的四个途径,其中花力气最大的是培育核质杂种。可是多年的育种实践,却没有产生出符合生产要求的组合。他便果断迅速地从核质杂种研究中跳了出来,向新的希望更大的研究领域去探索。

袁隆平凭着丰富的想象、敏锐的直觉和大胆的创造精神,认真总结了百年农作物育种史和 20 年"三系杂交稻"育种经验,以及他所掌握的丰富的育种材料,于 1986 年 10 月提出了"杂交水稻育种的战略设想",即三系法为主的器种间杂种优势利用;两系法为主的籼粳亚种杂种优势利用;一系法为主的远缘杂种优势利用。这是袁隆平杂交水稻理论发展的又一座新高峰。

在袁隆平的战略思想指引下,继湖北石明松 1973 年在晚粳农垦 58 自然群体中发现一株不育的光敏核不育材料之后,1987 年 7 月 16 日,李必湖的助手邓华凤在安江农校籼稻三系育种材料中,找到一株光敏不育水稻。历经两年三代异地繁殖和观察,该材料农艺性状整齐一致,不育株率和不育度都达到了 100％,不育期在安江稳定 50 天以上,并且育性转换明显和同步。这一新成果,为杂交水稻从"三系法"过渡到"两系法"开拓了新局面。关于水稻"无融合生殖"研究的进展,也使一系法远缘杂种优势利用研究迈出了可喜的一步。袁隆平对杂交水稻研究的前景,充满必胜信心。

随着杂交水稻在世界各国试验试种,杂交稻引起世界范围的关注。袁隆平先后应邀到菲律宾、美国、日本、法国、英国、意大利、埃及、澳大利亚 8 个国家讲学、传授技术、参加学术会议或进行技术合作研究等国际性学术活动。将杂交水稻推向世界,美国、日本、菲律宾、巴西、阿根廷等多个国家纷纷引进杂交水稻。自 1981 年袁隆平的杂交水稻成果在国内获得新中国成立以来第一个特等发明奖之后,1985—1988 年的短短 4 年内,又连续荣获了 3 个国际性科学大奖。国际水稻研究所所长、印度前农业部长斯瓦米纳森博士高度评价说:"我们把袁隆平先生称为'杂交水稻之父',因为他的成就不仅是中国的骄傲,也是世界的骄傲,他的成就给人类带来了福音。"

袁隆平,从湖南省偏僻的安江农校里走来,从一个中等农校的青年教师,成长为举世瞩目的名人,荣获了"杂交水稻之父"的称谓。杂交水稻研究事业方兴未艾,正朝着袁隆平新的战略设想的方向迅猛发展!

两 个 心 愿

袁隆平有两个心愿:一是把"超级杂交稻"合成;二是让杂交稻走向世界。

这是袁隆平的心声,一种博大的爱。为了实现这个心愿,他从成绩与荣誉两个"包袱"

中解脱出来,超然于名利之外,对于众多的头衔和兼职,能辞去的坚决辞去,能不参加的会议一般不参加,梦魂萦绕的只有杂交稻。他希望杂交水稻的研究成果不但能增强我们国家自己解决吃饭问题的能力,同时也为解决人类仍然面临的饥饿问题作出更大的贡献。因此,袁隆平把帮助其他国家发展杂交稻作为人类谋幸福的崇高事业,还受聘担任了联合国粮农组织的首席顾问。

"喜看稻菽千重浪,遍地英雄下夕烟。"袁隆平说,"我做过一个梦,梦见杂交水稻的茎秆像高粱一样高,穗子像扫帚一样大,稻谷像葡萄一样结得一串串,我和我的助手们一块在稻田里散步,在水稻下面乘凉。"

满载着袁隆平的梦想与希望,杂交水稻在中国和世界的大地上播种和收获,创造着一个个神话般的奇迹。

世界杰出的农业经济学家唐·帕尔伯格在《走向丰衣足食的世界》一书中写道:"袁隆平为中国赢得了宝贵的时间,他增产的粮食实质上降低了人口增长率。他在农业科学的成就击败了饥饿的威胁。他正引导我们走向一个丰衣足食的世界。"

现在,已有多个国家引种杂交稻,联合国粮农组织把在全球范围内推广杂交稻技术作为一项战略计划,20 世纪 90 年代以来专门立项支持在世界一些产稻国家发展杂交水稻。袁隆平受聘为联合国粮农组织的首席顾问,经常出国指导,还派出了许多专家担任顾问,多次赴印度、越南、缅甸、孟加拉等国指导,并为这些国家培训技术专家。从 1981 年至1998 年,湖南杂交水稻研究中心共举办了 38 期国际杂交水稻培训班,培训了来自 15 个以上国家的 100 多名科技人员。

1998 年,越南和印度种植杂交稻面积已分别超过了 10 万公顷和 20 万顷,并且取得了每公顷增产 1~2 吨的效果。杂交水稻在解决世界饥饿问题上正日益显示出强大的生命力。现在,袁隆平久居长沙,其研究工作仍在继续。最近,在会见有关学者时,他对使用计算机数值算法计算最优化水稻的株型空间分布表示出浓厚的兴趣。

资料来源:http://baike.baidu.com/view/9239.htm.

农学家袁隆平对农业发展的充满信心,你也可以来试一试。请完成以下两个子任务。

任务一:农业创业的精神食粮分析。

任务二:5-2 农业创业综合实践。

任务分析

对农业创业的精神动力问题,袁隆平的精神品质值得我们学习与借鉴:

(1) 创新,是中国杂交水稻第一人;

(2) 时刻关心人民,他解决了世界五分之一人口的温饱问题;

(3) 淡泊名利,如果他申请专利的话,或许他现在是中国最富有的人,可是他却把专利无私地奉献出来;

(4) 简朴,即使已经成为百万富翁,他的生活依旧简单;

(5) 热爱生活,有自己的追求。

本节学习顺序建议,先进行 5-2 农业创业综合实践,然后学习相应知识链接中的知识点,最后学习"进阶技巧"中的"种植业经营技巧"。

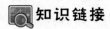 **知识链接**

5.2.1　农业经济管理的基本原则

农业经营主要应该遵循以下几项基本原则。

1. 市场导向原则

大力发展商品经济是各个农户家庭发展农业的着眼点。我们必须通过加强农业管理,搞好农业的商品化生产和经营,提高农产品商品率,这就需要坚持市场导向原则。

(1) 农业管理必须克服自然经济观念。长期以来,我国农村实行自然经济的生产经营方式,生产什么,生产多少,怎样生产,都从自身的需要出发,许多农户"养猪为过年,养牛为耕田,种一年庄稼,讨一年生活"。近几年来,这种状况虽有所好转,但并没有从根本上得到改变。只是随着生产的发展,农民生产的产品剩余增多了,到市场上交换的也就增加了。许多农民仍然不注意市场需求,不关心消费者的偏好,只是从自己方便出发,"想生产什么,就生产什么,想生产多少,就生产多少",使农业生产发展没有大的突破,农产品商品率很低。这种状况必须从根本上得到改变。农户家庭要搞好农业管理,首要一环是要摆脱小生产的生产组织方式,克服自然经济观念,增强商品经济意识。

(2) 坚持以市场为导向,搞好生产经营管理。以市场为导向的原则,就是使农业生产转移到以消费者为中心、以市场需要为中心的轨道上来,坚持"消费者需要什么,我们就生产什么","市场需要什么,我们就卖什么",这就要求我们认真搞好市场调查和市场预测,了解消费者需求及其特征,了解市场现状及变化趋势,预测各种农产品供求情况及价格变化趋势,依据这些制订自己的生产经营计划及实施方案。

2. 经济效益原则

(1) 农业管理应以经济效益为中心。所谓经济效益就是人们在生产、交换、分配、消费等方面产生的有益的效果,就是农业生产经营中产出与投入间的比较。坚持经济效益原则就是以最小人力、物力消耗取得最大的经济成果。

(2) 坚持集约化经营。坚持集约化经营是经济效益的重要途径。所谓集约化经营就是节约型的经营,就是节约人力、物力、财力型经商,就是节约资源型的经营。我国以前的农业生产本是实行粗放经营,各项资源得不到充分利用,造成了很大浪费。这与我们的国情是极不相称的,虽然我们是一个农业大国,但除了劳动力资源比较充裕以外(且不谈素质如何),其他农业资源按人口平均计算都是稀缺的,这要求我们必须实行集约化经营。

3. 优化组合原则

生产过程是生产要素按照一定比例结合互相作用的过程,生产要素之间的配置状态,对生产发展速度起着决定性作用。一般来说,生产要素的配置方式,决定着生产过程的性质。生产要素的配置比例,决定着生产结果的优劣。彻底解放生产力的关键,在于实现生产要素最优组合,如果各要素之间缺乏合理的比例,势必导致某种要素未被充分利用和另一种要素被过量利用,从而影响生产的过程和结果,阻碍生产力的发展。

5.2.2　农业经营策略——农业企业化

农业企业化是在现实中国国情条件下实现农业现代化的核心问题。概括地讲,农业企业化是在市场经济条件下,农业生产逐渐成为一种适应新形势要求的市场化、规模化和深度开发化的渐次高度化过程。作为家庭联产承包制之后我国农村改革的"第二次飞跃",农业企业化是一场自下而上的、内生的制度变迁。

1. 内涵

农业企业是指使用一定劳动资料、独立经营、自负盈亏、从事商品性农业生产以及与农产品直接相关的经济组织。通常有三类农业企业:一是农产品生产企业;二是农产品加工企业,主要指农产品初级加工企业;三是农产品流通企业,即农产品的运输与销售企业。这三类企业并不总是截然分开的,可以是混合型或者从某种类型发展为混合类型。这一定义与乡镇企业既相互联系又相互区别。

农业企业化是一个发展的过程,是根据市场经济运行的要求,以市场为导向,以经济效益为中心,以农业资源开发为基础,在保持家庭联产承包责任制稳定不变的前提下,在现有农村生产力水平和经济发展水平基础上,把分散经营的农民组织起来,从而聚集力量,装备和武装农业,既调整增量,扩大新经济增长点的生产规模,也调整存量,优化资源组合,全面提高农业生产力,从而解决农业生产过度分散化和非组织化这一当前我国农业问题的主要症结的过程。

2. 特征

国内外的发展经验表明,农业企业化一般具有如下基本特征。

(1) 由传统农业逐渐向现代农业转化,农业经济由自然经济发展到商品经济(交换经济),实现管理对象的商品化。农业商品经济的发展,一方面促进了化肥、农药、农机具等生产资料各产业部门的发展;另一方面也促进了农产品加工、储藏、运输、销售等农业产品各部门的发展。从而为农业生产的专业化、社会化奠定了基础。更重要的是,农业的商品化把广大农业生产者直接推向市场,这就使他们必须按市场的要求来调整市场和品种结构,以实现农产品的商品化,获得净收益。这促使生产者主动了解市场信息,讲求生产经营之道,改进农业生产技术,也就开始了向现代农业转化的历程。高度的商品化既是农业现代化的起点,也是实现农业现代化管理的重要途径。

(2) 作为大多数生产经营主体的家庭农场的农场主(所有者)逐渐成为企业的管理经营者,家庭农场成为名副其实的高度商品化的企业,实现生产经营主体的企业化。它们自主经营、独立核算,以盈利为根本目的,生产是为了销售,经营是为了获得利润。生产经营主体的企业化要求家庭农场内部实行企业化管理,也要求对农业企业的管理应遵循价值规律,采用经济手段通过市场加以调控。

(3) 农业生产的专业化。包括三个层次的含义:一是从宏观上讲,农业作为一个产业部门,在全国范围内形成地区专业化;二是由于农业生产经营的集中化、商品化,扩大了农前、农中、农后各产业部门和各类农场的分工,从而促进了部门专业化和农场专业化;三是从微观来看,农业部门和农场专业化的发展,又把一种产品的不同部分或不同工艺阶段都分成了专项生产,推动了农业生产工艺专业化。农业生产专业化在这三个层次上的发展,使科学、高效的组织管理方式的运用成为可能,从而才有可能实现生产要素的合理配置,进一步降低生产成本,大大提高了生产效率。

(4) 随着农业生产力的发展,社会分工越来越细,农业生产的商品化、专业化和社会化程度不断提高,农业同相关产业部门相互结合,彼此依存日益密切,从而出现了供、产、销或农、工、商等农业经营的一体化。形成以农业为核心并与有关的经济部门密切结合的、产供销统一经营的有机经济系统。经营一体化中农业与相关经济部门的结合是互相依存、密不可分的关系。尽管农业是核心,但推动一体化发展的却是非农经济部门。发达国家的实践表明,这是农业经营管理的有效途径。由于各地区经济和资源禀赋条件的差异,农业经营一体化的组织形式也是不尽相同的。

3. 与农业产业化的关系

农业企业化与农业产业化之间是一种什么样的关系? 从经济学分类讲,农业企业化属于微观经济,农业产业化属于中观经济,农村经济发展属于宏观经济。农村宏观经济发展依赖于农业微观经济的发展,介于两者之间的是农业产业化。农业产业化的微观基础是农业企业化,是农民而不是政府成为农业发展的活动主体。农业企业化更大范围的扩散和发展,像专业分工、追求利润最大化、调整产品结构等,直接导致农业产业化;而农业产业化也为农业企业化的进一步发展创造了广阔的前景。农业产业化的经济学含义是农业内部结构高度化与多样化。一是调整农业内部结构和种植业内部结构。例如,我国狭义的农业在农业、林业、牧业、渔业总产值中的比重不断下降,由 1978 年的 80.0% 下降为 1998 年的 58.1%,导致农业附加值提高。二是农业多样化指数不断提高。如果在农业、林业、牧业、渔业总产值中,只有农业产值,则多样化指数等于 1,当林业、牧业、渔业分项产值增大时,则多样化指数大于 1,并不断增大。1978 年全国农业、林业、牧业、渔业总产值多样化指数为 1.51,到 1998 年已提高到 2.33。

农业产业化与农业企业化是既相互联系又有区别的概念。农业产业化的表现形式是农业企业化,农业产业化的过程也是农业企业化的过程。农业产业化从组建农业企业和具有企业化经营性质的经济组织开始,到这些农业组织成熟而结束。在此意义上,农业产业化与农业企业化是同一过程。

4. 与家庭联产承包制的关系

家庭联产承包制与农业企业化之间是一种什么样的关系呢? 它们是中国农业改革与发展的"上篇"与"下篇"的关系,两者相互联系,又相互区别。首先,农业企业化建立在稳定家庭联产承包制的前提下,这是指基本口粮田、水田和高产粮田仍然按原承包制方式,保持基本不变。其次,农业企业主要从事经济作物种植业和林果业、牧业、养殖业、水产业的生产、初级加工和运输销售等。再次,农业企业化过程中的土地流转和兼并主要是利用荒地、坡地、山地、滩涂、海水面以及少量耕地,通过投资、开发、整治、发展高附加价值的经济作物。最后,农业企业与所带动的农户是少数与多数的关系,是企业制与小农家庭制的关系,两者并不相互排斥,而是相互依托、共同发展。家庭联产承包制与农业企业化组成了一个连续序列的组织创新和制度创新过程:当承包制对个人经济行为中自主权利的确认作为改革之初的一种新因素注入旧体制时,它曾极大地促进了农村生产力的解放,推动了农村经济的飞跃；但当它在新的市场经济制度下，容不下新的经济因素的发展时，它必然会被历史所调整和改进，甚至淘汰，这是历史的辩证法；当制度变迁的收益超过变迁所要付出的成本时，制度创新或制度变迁的过程便会得以实现。由于农业企业化的基本方向是农民的企业家化，农业发展的企业化、市场化和商品化，农村经济的现代化，因而制度创新的过程实质上也就是利益的调整、分配与价值的增值过程。

农业企业化与农村经济发展水平密切相关。当农民人均收入在 500～1 000 元时，主要解决温饱问题；人均收入达到 1 000～2 000 元，农民表现为消费行为，如建新房、购买耐用消费品；当人均收入超过 2 000 元时，农民开始具有较强的投资倾向，产生了投资需求。这是农业企业化发展的动力。

5. 组织模式

农业企业化是多种类型的农业企业不断发展的长期过程，也是农村经济组织化过程，它不是一个模式。实践中出现的农业企业化主要有以下四种形式：一是农户联合经营方式。这种方式仍以小农家庭承包为基础，土地要素没有重新组合，但土地的承包权和经营权相对分离，采取共同作业方式，从事某一作物栽培种植、作业管理、收获、保存、运输销售，从而大大降低了生产成本。二是委托经营方式。农户通过土地租赁的形式把土地委托给"能人"经营，土地要素仍没有流动，但已经实现一定程度上的集中。例如，委托代耕、田间作业和收获，收取土地租金，或分享生产成果。有的农户因转业从事非农产业活动，干脆委托他人经营土地。三是合作经营方式。农民用土地、资金、技术、劳力等要素入股，组成合伙人性质的生产合作社。但是它不同于 20 世纪 50 年代的合作社，社员来自不同行政乡村，土地成片开发，选出经济能人经营。这种方式，土地所有权与经营权分离，农民既可以从劳动中获得工资收入，又可以从土地入股中获得预期收益。四是公司经营方式。生产完全按现代企业运作方式管理，产权清晰，经营方式现代化，产、供、销一体化，面向区域市场与全国市场，甚至还面向国际市场。

前两者属于农业企业化初级阶段，全部由农民自己创办，在目前具有更普遍的适应性和应用性；后两者属于中级或高级阶段，由于许多其他产业企业和外商不断进入，在今后具有广泛的发展前景。但无论哪一种方式，都可以扩大农业生产经营规模，降低生产成本。

6. 发展前景

农业企业化首先是农民创造出来的，农民是这场制度创新的主体。因此，他们在实践中以最快的速度传播，产生巨大的示范效应，创造出多样化的农业企业化的经营方式。我们对农民的创新应给予肯定，对私营的、集体的、股份的或其他的经济类型，都要给予鼓励。尽管目前农业企业化尚处于发展初期，但我们认为，这种方式以现代经营方式组织生产，把不同的生产力要素重新配置、重新组合，具有一定的规模经济，能够适应市场，提高农产品附加值，有着强烈的生命力。目前，虽然农业企业农户占全部农户比例极小，但是每个农业企业都直接或间接带动了周围的几十个农户甚至几百个农户，在带领农民脱贫致富方面起着播种机的作用。可以设想，如果这些农业企业占全国农户比重达到 1％或 2％，每个农业企业能够带动十几户或几十户农户，实际上就起到了我们长期所希望的使广大农民脱贫致富、实现小康目的的积极作用。

7. 案例

高 盛 养 猪

据报道称,2008 年下半年高盛斥资 2 亿～3 亿美元,在中国生猪养殖重点地区湖南、福建一口气全资收购了 10 余家专业养猪场。高盛为什么要养猪? 难道中国没有更具投资价值的公司了? 其实,早在 2004 年,高盛就开始布局中国农业市场。高盛在双汇最大的竞争对手雨润食品集团有限公司持有 13% 的股权,并在雨润 2005 年下半年香港上市时,承销了其首次公开募股。到 2006 年 4 月,高盛以 20.1 亿元中标价格夺得双汇集团 100% 股权,之后虽然所持双汇股份下降到 52.86%,但仍然处于绝对控股地位。随着中国养殖规模化、专业化大举推进,已抓住了加工环节的高盛当然不会放弃向对市场和价格更有影响力的产业上游推进,这就不难解释高盛为什么会养猪了。

单从投资的角度看,高盛落子生猪养殖,不仅可以分散投资风险,还可以完善在中国的农业产业链的投资,谋求更广泛的市场收益。由于国内生猪养殖的集中度并不高,提前布局不仅可以降低进入的成本,还有助于形成规模扩张的先发优势。更重要的是,如今农副产品的竞争已然是整条产业链的竞争,高盛推进上下游一体化的布局符合产业发展趋势。

高盛投资生殖养猪业,是一种战略上的布局,符合农业企业化的要求,给中国企业带来了一些启示和灵感。但是,中国企业在拟定战略的时候,切不可盲目大跃进,而应该审时度势,根据企业的实际需求和经济环境进行取舍。中国企业有一个特点,如同螃蟹——一红就死。很多企业发展到一定阶段就带有一种青春期的扩张冲动,往往无法保持创业时的清醒和冷静,缺乏战略规划的习惯和如何取舍的能力。所以很多当年风云一时的企业,如巨人、爱多、神州、小霸王、秦池先后归于沉寂。

资料来源: http://www.jobcn.com/hr/News_content.jsp?ID=157859.

5.2.3 现代农业介绍

1. 精准农业

1) 概念

精准农业是由信息技术支持的,根据空间变异,定位、定时、定量地实施一整套现代化农事操作技术与管理的系统。其基本含义是根据作物生长的土壤性状,调节对作物的投入,即一方面查清田块内部的土壤性状与生产力空间变异;另一方面确定农作物的生产目标,进行定位的"系统诊断、优化配方、技术组装、科学管理",调动土壤生产力,以最少的或最节省的投入达到同等收入或更高的收入,并改善环境,高效地利用各类农业资源,取得经济效益和环境效益。

2) 构成

精准农业由 10 个系统组成,即全球定位系统、农田信息采集系统、农田遥感监测系统、农田地理信息系统、农业专家系统、智能化农机具系统、环境监测系统、系统集成、网络化管理系统和培训系统。其核心是建立一个完善的农田地理信息系统,可以说精准农业是信息技术与农业生产全面结合的一种新型农业。

2. 有机农业

1）概述

有机农业（organic agriculture）是指在生产中完全或基本不用人工合成的肥料、农药、生长调节剂和畜禽饲料添加剂，而采用有机肥满足作物营养需求的种植业，或采用有机饲料满足畜禽营养需求的养殖业。

2）特点

有机农业与传统农业相比较，有以下特点。

（1）可向社会提供无污染、好口味、食用安全的环保食品，有力保障人民身体健康，减少疾病发生。

（2）可以减轻环境污染，有利恢复生态平衡。

（3）有利提高我国农产品在国际上的竞争力，增加外汇收入。

（4）有利于增加农村就业、农民收入，提高农业生产水平。

3）前景

我国有机农业的发展起始于 20 世纪 80 年代，1984 年中国农业大学开始进行生态农业和有机食品的研究和开发，1988 年国家环保局南京环科所开始进行有机食品的科研工作，并成为国际有机农业运动联盟的会员。1994 年 10 月国家环保局正式成立有机食品发展中心，我国的有机食品开发才走向正规化。我国各地发展了众多的有机食品基地，在东北三省及云南、江西等一些偏远山区有机农业发展得比较快，近几年来已有许多外贸公司联合生产基地进行了多种产品的开发，如有机豆类、花生、茶叶、葵花子、蜂蜜等。目前绝大部分有机食品已出口到了欧洲、美国、日本等国家和地区，下面一个案例很能说明我国有机农产品的发展前景问题。从总体情况来看，我国有机食品的生产目前仍处于起步阶段，生产规模较小，且基本上都是面向国际市场，国内市场几乎为零。

3. 案例

美日高价进口中国非转基因大豆不仅吃还做药

甘肃省张掖市委书记陈克恭接受记者专访，谈为什么张掖市蹚进转基因"雷区"。为了国家粮食安全，具体地说，是为了国家粮食种子的安全。陈克恭书记说：正如袁隆平先生讲的，"关键时期，一粒小小的种子就可以绊倒一个大国"。种子是粮食之母，而张掖是国家玉米制种基地，占全国玉米种子市场的半壁江山。它出问题就不是一颗种子出问题了，而是全国粮食都会出问题。从这个角度讲，对种业的安全问题，张掖较其他任何一个地方更有责任。作为市委书记，我只能做到停下来、慢一点，采取兜底措施，没想到却进了雷区。

陈书记说："央视二频道做一期有关转基因食品争议的报道，记者让我也说几句话。一位大连的老年观众看到后，给我打来电话，并随后发来短信，告诉我一个故事。她在信中说，当年很喜欢一个生产 E 黄酮的工厂，那是一个豆油生产厂的附属企业，厂子的环境和生产线都很好，当时满院子里堆的都是从美国进口的转基因大豆。她想收购这个工厂，请人搞生产试验，结果只产出一点点，连预计产量的一成都没达到。后来企业告诉她，要用东北的非转基因大豆来生产才能有生产线上的设计产量。用上东北的土大豆来试验，那套生产线产出的 E 黄酮量很高，才知道美国转基因大豆含的 E 黄酮数量太低。她又跟哈尔滨一些生产 E 黄酮的企业联系，他们也证实了，确实得用我国自己的东北没转基因的老大豆来生产，才能保证产量。她去落实生产原料才知道，要提前一年定购。少量的散豆不能保证生产需要。因此，当时就没有买那个厂。美国、日本、英国一些国家从我国大量高价进口的是非转基因大豆，他们不仅是人吃，还作为医药原料。我们出口一斤非转基因大豆，能买回 3～4 斤美国转基因大豆。那些年，他们还以低价买饲料豆粕的名义，把我们的非转基因大豆粕买回去，提取大豆 E 黄酮。豆粕提取的 E 黄酮，其中含抗心血管疾病染料木苷、大豆苷占 80%。用大豆胚芽提取抗癌的大豆 E 黄酮，里面含黄豆黄苷、大豆苷占 80%。外边卖的是两种混合的。我们当年生产工艺是提取大豆 E 黄酮，其中含有天然维生素 E。现在生产 E 黄酮的企业，有单独提取大豆天然维生素的，是用非转基因大豆。"

这个故事起码告诉我们，转基因粮食不单存在是否安全问题，还有一个营养问题。仅仅告诉国人转基因大豆吃了安全，却把国内有营养的非转基因大豆都卖给外国人吃，那也是不行的。

资料来源：http://finance.qq.com/a/20131218/001836.htm?pgv_ref=aio2012&ptlang=2052.

在面对转基因食品上，法国议会于 2014 年批准禁止转基因玉米种植，详见下报道：

北京时间 2014 年 5 月 6 日凌晨消息，法国议会参议院周一正式批准了一项旨在绝对禁止于法国境内种植转基因玉米的法案。

包括来自执政的社会党、绿党以及共产党的一组左翼参议员在击败右翼议员的反对之后通过了这组法案。法案之前已经获得了议会下院的批准。

资料来源：孔军．http://finance.qq.com/a/20140506/005887.htm? pgv_ref=aio2012&ptlang=2052.

如果这些进口大豆能部分国产，并且不含转基因而是非转基因生产，从而发展我国传统有机农业的众多优势，一定具有广阔的发展前景。

 典型案例

利农国际马承榕种菜 6 年成亿万富翁

中国利农集团，创建于 2004 年，总部在香港，是以蔬果等农产品的研发、标准化种植、标准化加工、品牌化销售为一体的综合型国际化农业公司。

创业规划

利农国际现任董事长兼 CEO 马承榕于 2004 年 3 月从种植西蓝花开始了他的创业之路。

2004 年 7 月，马承榕在中国大陆地区拥有了 3 个西蓝花生产基地；在开始大面积种植的同时，马承榕开始思考一个许多企业家都想做但之前都没有做好的事情——农业生产工厂化。就是用工业流程化作业改造传统农业的道路，把农产品研发、标准化种植、标准化加工、品牌化销售作为一个工业流程进行细分管理，从而实现对农作物的生长周期、产出品质和生产成本的有效控制。这就需要拆解每个品种、每一个种植工序,而在不同的地域和不同的季节进行不同的操作,所以总的流程规范标准就是"品种—工序—地域—季节"的量级的工作,这是一项异常庞大而复杂的工程。马承榕执着地追求着!

融　资

2005 年 4 月,利农国际从单一种植西蓝花扩展到了多个品种,并开始扩展自己的种植面积;但蔬菜生产的成本和土地租金及相关设施等需要大量的资金,刚发展一年的利农国际肯定不能靠自身的积累实现快速扩张。幸运的是之前一直从事科技投资的红杉资本关注到了利农的生产模式,并且非常认可马承榕的做法;所以利农国际拿到了 500 万美元,成了红杉资本投资的第一个非科技项目。

之后的 2007 年和 2008 年,红杉资本又对利农国际进行了两次注资,2008 年更是携手海纳亚洲投资了 3 000 万美元。通过 6 年时间的发展,利农国际已经发展成了拥有福建、广东、辽宁、山东、河北、浙江等省市的 15 个农场,共计万亩蔬菜种植基地;并且已经通过温室大棚种植初步实现了蔬菜生产的工业化切割;做好了快速扩张的基础工作。马承榕表示希望今后以每年 5 000 亩的速度提升公司规模。

生 产 基 地

有了资金后的利农国际开始了第一轮扩张,将蔬菜种植基地扩展到了靠近消费市场的福建、广东重点城市的周边,如深圳周边的惠州,厦门旁边的漳州、泉州和福州旁边的宁德等地。在扩张的过程中,租地又是个难办而重要的环节。在中国政府没有明确土地政策,文化程度相对较低的农民没有契约意思的环境下,马承榕采取了自上而下的做法。先跟乡镇、村委会中比较有威望的人接洽,再通过他跟农民沟通;然后跟每个自愿出租的农户签约,并由干部做证;同时确保每一个农场都有一个从农民成长起来的老总,专门负责跟乡镇、村干部和村民打交道,以确保种植基地的稳定发展和运作。

生 产 计 划

"农业要想获得好的利润,最关键的是制订种植计划。"马承榕有说不完的秘诀,但他最为看重的是种植计划。

看似普通的种植结构,其实背后有着精心的策划。在利农的福州总部设有专门的信息部。其工作就是通过各种渠道搜集不同时间蔬菜价格的变化,以制订最合理的种植计划,保证每种蔬菜批量上市的时候是市场价格最好的时候。利农的情报人员遍布全国主要的蔬菜批发市场和蔬菜主产区,同时利农还要通过种子公司搜集不同时间、不同种子的出售量,来预测市场未来的走向。

惠州基地的产品主要面向香港、深圳和东莞等东南沿海城市。当地的气候特点决定了当地蔬菜价格的变动轨迹。"夏天只要有绿叶的菜价格就非常贵,到冬天茄果类的价格就很好。同类蔬菜在不同季节的价格能差 10 倍。"所以在 12 月中旬,我们在农场中看到的大量都是茄子、西红柿和辣椒。

事实上,马承榕的计划不仅仅体现在种植安排上,他的农场本身也都是计划出来的。"我们首先确定目标城市,之后在调研的基础上做出这个市场每年单价比较高的蔬菜品种列表。"利农的技术人员会根据技术的可行性对列表中的品种进行挑选,确定种植品种后再确定预期占有的市场份额,根据这个份额确定种植数量,根据种植数量最后确定需要建设的农场规模。这样的倒推法保证了利农每个农场的蔬菜都供不应求,从来不愁销路。

销　售

在做好了蔬菜高质量稳定供应之后,还有个很重要的环节是要把种出来的蔬菜卖个好价钱。马承榕通过建立互联网信息中心,将各主要地区的大型批发市场的蔬菜价格信息汇总在一起,研究出一年四季各个时期什么时候哪些蔬菜更好卖,什么时候价格最高;然后通过这些数据推算在什么时间种哪个品种的蔬菜,种多大量;最后通过标准化的蔬菜种植流程,在该品种蔬菜价格最高的时候推向市场。通过这样的信息中心,还可以辅助决策哪些地区可以继续新增种植面积,哪些地区需要调整种植品种等。

中国温室蔬菜生产企业利农国际集团 2010 年 10 月 29 日在美国纳斯达克证券交易所正式挂牌交易,上市当天股价大涨近 20%,成为近期赴美上市中国企业中的又一亮点。

资料来源:http://www.qncye.com/2010/1116/54860.html.

思考与讨论

结合上述案例,列出你自己对农业经营的策略,并在本章的创业实践中加以运用与验证。

 创业实践

创业实践 5-1　畜牧业创业实践

?	实践主题:畜牧业创业实践
▤	完成这些练习后,学员将能够: 体验畜牧业经营的技巧及运行规律; 年收入达到 7 亿元,年利润达到 1 亿元
◈	拥有中型农场、超市各 2 个,制造销售冻牛肉、冻猪肉、冻鸡肉和鸡蛋,质量都为 48,中等。冻肉类市场有低强度的竞争,质量都比较差,只有某港口的冻羊肉质量为 58,略高。皮具市场无电脑对手竞争,只有较低强度背景的本地竞争。 现拥有现金 2 500 万元,可贷款 2 300 万元,年收入 4 700 万元,年利润 700 万元

请以单人高手模式进入"10. 强劲对手",背景说明如下:

> 你以前在肉制品市场上非常成功,但是最近国内开始进口外国的廉价肉制品,你无力与之竞争。你必须找到新的盈利点,例如牲畜业的其他副产品。
>
> 你要在30年内达到7亿美元的年收入,1亿美元的年利润。

检验方式：以个人是否完成目标，完成目标的时间为检查依据，填写如下表格。

姓名(学号)	公司名称	是否完成目标	完成时间(年)	排　序

创业实践 5-2　农业创业综合实践

?	实践主题：农业创业综合实践
	完成这些练习后，学员将能够： 了解农业经营规则； 体验农业创业经营的全过程
	假若你希望从事的创业活动为农业行业，你需要掌握农业经营规则后，思考农业的创业策略及机会所在，为此请尽快体验一下农业经营过程，体验一下农业成功的喜悦和失败的经验与教训

1. 农业创业实践

首先进行分组，每组人数不超过 7 人，然后以多人软件或单人自定义软件模式进入模拟系统，每组按以下要求进行系统设置(提示：农业在本次模拟中包括农场经营、农业产品加工、农业销售)。

目　录	子　目　录	设　置　内　容
基本	难度等级	5 级
环境	全部	系统默认
竞争对手	全部	系统默认
进口	全部	系统默认
目标任务	数值 1 玩家资产=	3 亿
	数值 1 其他参数	系统默认
	数值 2 投资回报率	10%
	数值 2 全部参数	系统默认
	产业	农业
	产业其他参数	系统默认
	产品	系统默认

检验方式：以组为单位，以个人是否完成目标、最后综合得分为检查依据，填写如下表格。

组名：

姓名(学号)	公 司 名 称	是否完成目标	综 合 得 分	排　　序

2. 分组讨论

分组讨论本次创业实践的经验与教训，参赛队员准备一份农业产品创业实践的经验总结(PPT 报告)，建议包括经营思路、经营过程、经营中出现的问题、处理的方法、体会、农业产品创业的机会所在等。

进阶技巧

1. 畜牧业经营技巧

畜牧业指鸡、牛、羊、猪四种农场。它提供蛋肉类食品(在软件中被称为畜牧产品)以及皮革、羊毛等工业原料。

畜牧业不需要技术，或者说没有什么技术含量。产品的品质取决于员工等级。

蛋肉类食品因为需求量很大，没有技术含量，生产简单，所以是超市在初期的主打项目。它的竞争集中在质量和价格上，质量取决于经营者的农场员工级别(前面已经提过了)，而价格则取决于产能和运费。产品的需求量，经营者可以在产品明细中查到一个需求指数，食品一般是 80%，而服装一般在 50%～60%，电子类产品在 40%，首饰和香水则在 10%～20%。这个数值是固定的，城市不会因为经济繁荣而增加对高档消费品的需求指数。

在这里介绍一下农场。农场对于种植业和畜牧业是无差别的，也就是说，经营者在同一所农场里的 3×3 的 9 个部门，可以既养猪又种棉花。农场和工厂有大、中、小三级规模的差别，小农场或者小工厂在建设、维持、员工、培训成本上低许多，但产能也小许多，而且根据教学课程的说法，单位产品的成本也要高，即同样的生产流程，如"养殖(牛)—畜牧制品(牛肉)—销售"这个典型的三部门生产线，小农场缺乏规模效益。所以选取怎样的规模，是很有讲究的。

在蛋肉类的价格上，前面说到产能和运费两个因素。大型农场的产能比中型农场大，中型的产能比小型的大，因此单位产品的成本较低。但是大型农场的产能太大，仅仅是一条三部门生产线，就能供应近 10 家中型超市，这样就会产生一个运输问题。超市不能离得太远,距离一远,运费的上浮就抵消了单位成本的下降,所以农场必须离超市尽可能近。因为软件中没有提供一个计算工具或者辅助性的工具,所以超市的距离可以凭感觉做。另外,蛋肉类的生产只用中型农场的三部门生产线,一条生产线对应 4 家左右的超市,距离远了就另建农场。所以把农场建在市区,地价就会很贵。建了超市后再根据蛋肉类食品的价格建新的农场,也是一个办法。

产能的另一个因素是生产效率,也就是部门的级别。一家企业中最多 9 个部门,虽然培训开支是打在一起的,但是员工的成长却不是同一个速度。做事多的部门,也就是工作负荷长期较高的部门,级别成长得快,所以有时畜牧制品车间和销售部门的级别会比养殖部门高许多,这时畜牧制品车间的效率柱就会显示未充分利用。当看到畜牧制品部门的利用效率比较低,而销售部门并没有存货时,说明不是产品卖不动导致停产,而是原料供应不上。

这时可以增加养殖场,即两个或者更多的养殖场对应一个畜牧制品车间。这种因为级别上升导致的产能上升,以及用多个养殖场对应一个畜牧制品车间导致的成本节约,都会导致单位成本的下降。但这种设计当所有的部门都升到 9 级后,会造成养殖场相对于畜牧制品车间的产能过剩。同样,若几个制品车间对应于一个销售部门时,也会发生来不及卖出去的情况。在后面工厂的部门设计我们会谈到类似的情况。

对于蛋肉类食品来说价格很重要,因为其本身价格就不高,基本上属于薄利多销的产品,运费差一毛钱,产品在消费者中的评价就会差许多。但是对于工业原料来说,这个问题就不那么严重。

畜牧业出产的工业原料分两类:一种是食品工业的原料;另一种是服装工业的原料。食品工业是指鸡肉、蛋、牛奶三种,其中鸡肉和蛋本身又是可以直接上超市货架的畜牧产品;而服装工业则是指羊毛和皮革两种。食品工业的产品也是大多属于薄利多销的类型,但是产品价格相对畜牧产品要高一点,运费的影响不那么严重,往往是一两座工厂全城销售,不需要像畜牧产品那样全城分布 3～6 家中小型农场。而对于服装工业来说,自身的附加值就更高了,原材料的一点运费差异就不那么重要了。所以针对食品工业和服装工业的畜牧业,往往使用大型农场。为了简化管理,尽可能一个农场只生产一种产品。

2. 种植业经营技巧

种植业也是使用农场,但是有一个种植期和收获期的问题,一年是一种一收,货放在仓库里让销售部门全年卖,需要为种植期间的费用作资金准备。软件中并未考虑地理因素,例如,在莫斯科也可以种橡胶,算是一种简化。

种植业提供各种工业原料,粮和小麦是用于食品工业的,柠檬制成柠檬酸既可以用于食品工业,也可以用于化工产品的生产。经营者可以根据自己的发展计划从十几种作物中作出选择。工厂一开始可以从 NPC 或者港口购货,为了保证经营者的工业的供货稳定,农场要尽早建起来,一旦收获期到了就转用自己的产品。因为港口的品质可能不尽如人意,而 NPC 也可能会变更其内销政策。

这里再介绍一个内销的概念。所有生产性企业,其产品都可以规定是否内销。如果内销,就只能自产自销,在销售不足时会带来损失,如果允许外销,则壮大了经营者的对手。软件在内销的选项按钮上没有做好,让人无法确定企业是否可以内销。在这里给个说明,按钮呈绿色是只许内销,按钮和面板一样呈蓝色是允许外销。内销是以单个企业为单位的,同一产品的不同生产厂家可以确定不同的内销政策。当设定按钮之后,NPC 的工厂仍然可以从客户列表中查到,在下个月才会消失。

应用于食品和服装工业的种植业和应用于其他工业的种植业有一点很不同,就是需求量。食品和服装的需求量大,因此原料的需求量也大,往往一个大型农场只出产一种产品,甚至几个大型农场的产量才能满足一座城市的需求。但是其他工业的需求量比较小,如橡胶,只能用于制造轮胎和运动鞋(属体育用品)。一个大型农场的一条"种植—仓储—销售"三部门生产线所出产的橡胶,就足够供应 4 座城市的汽车和摩托车的轮胎消费。所以有时我们会采用中型农场来进行单一产品的生产,而大型农场则同时进行三种作物的种植。

种植业产品的品质和畜牧业一样,取决于员工的级别。

第 6 章

金融业创业实践

- ◆ 掌握金融业经营部门管理要求
- ◆ 学会金融业经营策略
- ◆ 了解创业团队建设的基础知识
- ◆ 能够理解金融业的操作流程
- ◆ 能够分析金融业经营的创业机会

6.1 金融业创业管理指导

小散创造神话

戴彦龙，一位幽默的哈尔滨老股民，拥有 17 年的炒股经历，操作过 300 只股票，赔过 40 只股票，考察过百家上市公司，股票账户从 2007 年的 2 万元炒至目前的 100 万元，创造了不大不小的"小散"神话。

借款 5 000 元初入市"调研"百家公司

戴彦龙读大学时就开始接触股市，1994 年戴彦龙结婚，"当时真没什么钱，只是因为我懂一点股票，老婆就被我'忽悠'，从她父母那里借了 5 000 元入市了"。

初入市，戴彦龙运气不错，"当时生活的很多日常花销都是从股票账户里赚出来的"。按戴彦龙的说法，股市有点像他的提款机，不过，因此他也养成不太好的习惯，就是经常从股票账户里提钱。

因为早年业务上的关系，戴彦龙与部分上市公司有过一点接触，这让他后来的股市操作受益匪浅。

1994 年辞掉工作的戴彦龙开始尝试做生意，2000—2005 年，戴彦龙做黄页广告，这让他与不少公司有业务往来，包括内蒙古的亿利能源、鄂尔多斯、包钢股份，甘肃的敦煌种业，青海的西宁特钢以及新疆很多上市公司都去过。"我一般每到一个地方都会到上市公司去看看，可能不会接触到公司管理层，但与公司员工聊聊天，看看厂房设备，至少对这家公司形成感性认知。"戴彦龙说，几年间，他去过 100 多家上市公司。

"折戟"信联股份　潍柴动力赚 50%

10 多年的炒股经历中,戴彦龙有过一天亏损 30% 的经历,那是因为炒茅台权证;在物贸股份上也有亏 50% 的惨痛教训,但最让他刻骨铭心的一次还是在信联股份。"2006年以 25 元买入信联股份,之后出差一个月,没想到这只股票连续下跌,到只有 0.5 元时才明白要止损。"戴彦龙说,虽然当时资金量并不多,只有 2.5 万元,但是这种重挫的感觉让他很受伤。买股票切忌捕风捉影,"君子不立危墙之下",一旦意识到这是一面危墙,要懂得快跑。

随着账户的资金量变大,戴彦龙买股票也更谨慎,以 2010 年操作的潍柴动力为例,戴彦龙 9 月以 76 元的价格买入,后以 118 元抛出,收益率 50% 以上。"买入前一定要找到多个买入的理由。"戴彦龙详细分析了"出手"的理由:两市业绩最优良、半年报分配方案是 10 转 10、符合国家产业政策等。可能每只股票的理由都不同,但从潍柴动力来看,戴彦龙对个股的选择一方面关注业绩、行业政策,另一方面还有题材和预期上的想象空间。

牛市两万起步　3 年多赚到百万

最让戴彦龙得意的是 2007—2010 年的几年时间,2007 年元旦其股票账户只有 2 万元,到 2010 年年底有 100 万元,不足 4 年时间翻了 50 倍,其间主要以短平快的操作手法为主,迅速寻找市场热点,牛市找上涨龙头,熊市找反弹龙头。

戴彦龙认为,主力操作一只股票,一般分几个阶段,最开始是震荡,小幅拉升,这个时间是最佳的介入时机;而如果你没有介入,在第二个拉升阶段买入也行,"不需要全部赚足,但至少在鱼肚子上咬了一口"。

根据这几年的经验,戴彦龙在资金的分配上主要分三个层次,50%～60% 的仓位配置在绩优、符合国家政策、形象良好的个股,期待稳定增长;约 30% 的仓位进行比较激进的操作,主要选择可能成为市场热点的股票;最后 10%～20% 的资金则是跟随市场热点,做做"短平快"。

资料来源:http://www.chinanews.com/cj/2010/12-03/2697257.shtml.

处于有一定资金基础、希望上一个台阶的你,如果你未来的创业计划在金融业方面,而你对金融业还不是十分清楚,希望对金融业的相关信息进行进一步了解,特别希望加强对金融业公司的股票发行、融资、股票及有价证券的交易、公司收购等的了解,为此你应该结合企业管理的基础知识与技能完成以下两个子任务。

任务一:证券投资基础了解。

任务二:学会证券交易操作。

任务分析

对以上任务简要分析如下,供参考。

1. 了解证券投资品种

证券投资品种是了解股票证券市场的基础知识,可从以下方面进行了解。

1) 有价证券

有价证券包括股票、国家债券、公司债券、不动产抵押债券等。国家债券出现较早,是最先投入交易的有价债券。随着商品经济的发展，才逐渐出现股票等有价债券。因此，股票交易只是有价债券交易的一个组成部分，股票市场也只是多种有价债券市场中的一种。目前，很少有单一的股票市场。

股票市场是上市公司筹集资金的主要途径之一。随着商品经济的发展，公司的规模越来越大，需要大量的长期资本。而如果单靠公司自身的资本化积累，是很难满足生产发展需求的，所以必须从外部筹集资金。公司筹集长期资本一般有三种方式：一是向银行借贷；二是发行公司债券；三是发行股票。前两种方式的利息较高，并且有时间限制，这不仅增加了公司的经营成本，而且也使公司的资本难以稳定，因而有很大的局限性。而利用发行股票的方式来筹集资金，则无须还本付息，只需在利润中划拨一部分出来支付红利即可。综合比较这三种筹资方式，发行股票的方式无疑是最符合经济原则的，对公司来说是最有利的。所以发行股票来筹集资本就成为发展大企业经济的一种重要形式，而股票交易在整个证券交易中因此占有相当重要的地位。

股票市场的变化与整个市场经济的发展是密切相关的，股票市场在市场经济中始终发挥着经济状况晴雨表的作用。所以股市一方面为股票的流通转让提供了基本的场所，另一方面也可以刺激人们购买股票的欲望，为一级股票市场的发行提供保证。同时由于股市的交易价格能比较客观地反映出股票市场的供求关系，股市也能为一级市场股票的发行提供价格及数量等方面的参考依据。

2）股票流通市场

股票流通市场是已经发行的股票按时价进行转让、买卖和流通的市场，包括交易所市场和场外交易市场两部分。由于它是建立在发行市场基础上的，因此又称作二级市场。股票流通市场的结构和交易活动比发行市场更为复杂，其作用和影响也更大。

股票流通市场包含了股票流通的一切活动。股票流通市场的存在和发展为股票发行者创造了有利的筹资环境，投资者可以根据自己的投资计划和市场变动情况，随时买卖股票。由于解除了投资者的后顾之忧，他们可以放心地参加股票发行市场的认购活动，有利于公司筹措长期资金，股票流通的顺畅也为股票发行起了积极的推动作用。对于投资者来说，通过股票流通市场的活动，可以使长期投资短期化，在股票和现金之间随时转换，增强了股票的流动性和安全性。股票流通市场上的价格是反映经济动向的晴雨表，它能灵敏地反映出资金供求状况、市场供求、行业前景和政治形势的变化，是进行经济预测和分析的重要指标。对于企业来说，股权的转移和股票行市的涨落是其经营状况的指示器，还能为企业及时提供大量信息，有助于它们的经营决策和改善经营管理。可见，股票流通市场具有重要的作用。

2. **学会证券交易操作**

初学者要学习证券交易，以股票交易为例，一般称为散户，散户在开始投资股票时，几乎都没有任何投资常识，消息主导全部投资方向。如果一买就输，肯定是祖宗保佑，日后你最多只会小进小出，当个认真交税的好居民；万一一买就赢，产生自以为是的心理，通常都是以大赔收场，如何能在投资的起步阶段尽可能减少损失及累积技术，就成为这个时期的重点。以下几点是对初入股市者的建议。

1) 关注投资信息

每天阅读各种股票投资及经济的新闻,要多注意有关股票知识的报道。至于个股的分析报道,大多是小道消息或是过时信息,千万不可以当成买股票的依据。在每天不知不觉地吸收知识中,你已经慢慢地具备了价值投资的基础观念。

2) 形成市场及产品观念

景气循环或公司获利的改变,多是长期的变化,经济学家也没办法准确预估,但投资者至少要有最基本的市场及产品观念,你必须了解这家公司做什么,市场对其产品评价如何,竞争对手是谁,主要客户在哪里。如果有可能,你可以去试吃试用试玩,去第一线了解其产品的竞争力。成长投资需要长期观察才会有效,对散户投资者来说,最简单的方法或许就是最有效的方法。

3) 观察股市行情

上网观察各家公司的股价变化,日线、周线、月线的走势,分析它们上涨的原因,股价跟成交量的关系,股价跟消息面的关系,股价跟融资融券的关系,观察分析得越清楚,你赢的机会就越大。反向投资不是光用嘴说然后胡乱反向,你必须长期观察各种可能的变化,才可以作出正确的判断。

4) 学会分析判断

自己分析看看,把分析结果说给别人听,让他告诉你这只股票好不好。如果反映是正面的,试买一些练习一下技术。投资理财都是有风险的,长期规划是降低风险的不二法门,日本股神是川银藏先生根据一生的投资经验总结出五个原则,最后一个原则就是:孤注一掷的结果多是失败。散户没有失败的本钱,避免孤注一掷只有一个办法,即买股票前你必须事先就有长远的投资计划。

巴菲特的父亲是股票的经纪商,从小就灌输他正确的投资观念,13岁他就买了他第一只股票,并且得到了他的第一笔获利。股票投资没有速成法,也不能靠运气,不能相信"专家"建议,也不能只听消息。想要投资获利,你就必须先建立正确的投资观念,然后多花时间研究,越年轻越早开始研究,时间就对你越有利。择日不如撞日,推托没时间只是借口,下定决心就从今天开始吧。

本节学习顺序建议,先进行 6-1 股市创业实践,然后再学习相应知识链接中的知识点,最后学习"进阶技巧"中的"投票操作技巧"等。

🔍 知识链接

6.1.1　债券投资与发行

1. 什么是债券及债券投资

债券是一种有价证券,是社会各类经济主体(如政府、企业等)为筹措资金而向债券购买者出具的、承诺按一定利率定期支付利息并到期偿还本金的债权债务凭证,它是一种重要的信用工具。其基本要素有票面价值、价格、偿还期限和利率。

债券投资可以获取固定的利息收入,也可以在市场买卖中赚取差价。随着利率的升降,投资者如果能适时地买进卖出,还能获得更大收益。目前,在上交所挂牌交易的债券品种主要包括国债、企业债、公司债、可转换债、可分离交易的可转债等。

2. 债券投资的特征

债券作为投资工具主要有以下几个特点。

(1) 安全性高。由于债券发行时就约定了到期后偿还本金和利息,故其收益稳定、安全性高。特别是对于国债及有担保的公司债、企业债来说,几乎没有什么风险,是具有较高安全性的一种投资方式。

(2) 收益稳定。投资于债券,投资者一方面可以获得稳定的利息收入,另一方面可以利用债券价格的变动,买卖债券,赚取价差。

(3) 流动性强。上市债券具有较好的流动性。当债券持有人急需资金时,可以在交易市场随时卖出,而且随着金融市场的进一步开放,债券的流动性将会不断加强。

因此,债券作为投资工具,最适合想获取固定收益的投资人。

3. 为什么要进行债券投资

经典的投资学理念告诉我们"不要把鸡蛋放在一个篮子里面",通过分散投资,将资金分散在股票、债券(包括国债、企业债以及公司债)等不同产品上,形成投资组合,会更好地实现投资安全性、收益性与流动性的良好结合。

4. 债券投资应考虑哪些问题

债券投资应考虑哪些问题。

(1) 债券种类。一般来说,政府债券风险较小,公司债券风险较前者要大,但收益也较前者大。

(2) 债券期限。一般债券期限越长,利率越高、风险越大;期限越短,利率越低、风险越小。

(3) 债券收益水平。债券发行价格、投资者持有债券的时间及债券的期限结构等都会影响债券收益水平。

(4) 投资结构。不同品种、不同期限的债券的不同搭配会极大影响收益水平,合理的投资结构可以减少债券投资的风险,增加流动性,实现投资收益的最大化。

5. 债券发行

债券发行市场主要由发行者、认购者和委托承销机构组成。前面我们已经说过,只要具备发行资格,不管是国家、政府机构和金融机构,还是公司、企业和其他法人,都可以通过发行债券来借钱。认购者就是我们投资的人,主要有社会公众团体、企事业法人、证券经营机构、非营利性机构、外国企事业机构和我们的家庭或个人。委托承销机构就是代发行人办理债券发行和销售业务的中介人,主要有投资银行、证券公司、商业银行和信托投资公司等。债券的发行方式一般有公募发行、私募发行和承购包销三种。

国债发行按是否有金融中介机构参与出售的标准来看,有直接发行与间接发行之分,其中间接发行又包括代销、承购包销、招标发行和拍卖发行四种方式。

直接发行,一般指作为发行体的财政部直接将国债券定向发行给特定的机构投资者,也称定向私募发行,采取这种推销方式发行的国债数额一般不太大。而国家财政部每次国债发行额较大,如美国每星期仅中长期国债就发行 100 亿美元,我国每次发行的国债至少也达百亿元人民币。仅靠发行主体直接推销巨额国债有一定难度,因此使用该种发行方式较为少见。

代销方式,指由国债发行体委托代销者代为向社会出售债券。这种发行方式可以充分利用代销者的网点,但因代销者只是按预定的发行条件,于约定日期内代为推销,代销期终止,若有未销出余额,则全部退给发行主体,代销者不承担任何风险与责任。因此,代销方式也有以下不尽如人意的地方。

(1) 不能保证按当时的供求情况形成合理的发行条件。

(2) 推销效率难尽如人意。

(3) 发行期较长,因为有预约推销期的限制。

所以,代销发行仅适用于证券市场不发达、金融市场秩序不良、机构投资者缺乏承销条件和积极性的情况。

承购包销发行方式,指大宗机构投资者组成承购包销团,按一定条件向财政部承购包销国债,并由其负责在市场上转售,任何未能售出的余额均由承销者包购。这种发行方式的特征是:①承购包销的初衷是要求承销者向社会再出售,发行条件的确定,由作为发行体的财政部与承销团达成协议,一切承购手续完成后,国债方能与投资者见面,因而承销者是作为发行主体与投资者间的媒介而存在的;②承购包销是用经济手段发行国债的标志,并可用招标方式决定发行条件,是国债发行转向市场化的一种形式。

公开招标发行方式,指作为国债发行体的财政部直接向大宗机构投资者招标,投资者中标认购后,没有再向社会销售的义务,因而中标者即为国债认购者,当然中标者也可以按一定价格向社会再行出售。相对承购包销发行方式,公开招标发行不仅实现了发行者与投资者的直接见面,减少了中间环节,而且使竞争和其他市场机制通过投资者对发行条件的自主选择投标而得以充分体现,有利于形成公平合理的发行条件,也有利于缩短发行期限,提高市场效率,降低发行体的发行成本,是国债发行方式市场化的进一步加深。

拍卖发行方式,指在拍卖市场上,按照例行的经常性的拍卖方式和程序,由发行主体主持,公开向投资者拍卖国债,完全由市场决定国债发行价格与利率。国债的拍卖发行实际是在公开招标发行基础上更加市场化的做法,是国债发行市场高度发展的标志。由于该种发行方式更加科学合理、高效,所以目前西方发达国家的国债发行多采用这种形式。

实际上,不管采用什么方式对投资者来说都不重要,在发行市场上认购国债还是需要缴纳手续费的。

6.1.2　股票投资的基础知识及获利来源

1. 基础知识

1)股票

股票是股份证书的简称,是股份公司为筹集资金而发行给股东作为持股凭证并借以取得股息和红利的一种有价证券。每股股票都代表股东对企业拥有一个基本单位的所有权。股票是股份公司资本的构成部分,可以转让、买卖或作价抵押,是资金市场的主要长期信用工具。

2) 股票面值

股票的面值,是股份公司在所发行的股票票面上标明的票面金额,它以元/股为单位,其作用是用来表明每一张股票所包含的资本数额。在我国上海和深圳证券交易所流通的股票的面值均为壹元,即每股一元。

股票面值的作用有两个:一是表明股票的认购者在股份公司的投资中所占的比例,作为确定股东权利的依据。如某上市公司的总股本为 1 000 000 股,则持有一股股票就表示在该公司占有的股份为 1/1 000 000。二是在首次发行股票时,将股票的面值作为发行定价的一个依据。一般来说,股票的发行价格都会高于其面值。当股票进入流通市场后,股票的面值就与股票的价格没有什么关系了。股民爱将股价炒到多高,它就有多高。

3) 股票净值

股票的净值又称账面价值,也称为每股净资产,是用会计统计的方法计算出来的每股股票所包含的资产净值。其计算方法是用公司的净资产(包括注册资金、各种公积金、累积盈余等,不包括债务)除以总股本,得到的就是每股的净值。股份公司的账面价值越高,则股东实际拥有的资产就越多。由于账面价值是财务统计、计算的结果,数据较精确而且可信度很高,所以它是股票投资者评估和分析上市公司实力的重要依据之一。股民应注意上市公司的这一数据。

4) 股票发行价

当股票上市发行时,上市公司从公司自身利益以及确保股票上市成功等角度出发,对上市的股票不按面值发行,而制定一个较为合理的价格来发行,这个价格就称为股票的发行价。

5) 股票市价

股票的市价,是指股票在交易过程中交易双方达成的成交价,通常所指的股票价格就是指市价。股票的市价直接反映着股票市场的行情,是股民购买股票的依据。由于受众多因素的影响,股票的市价处于经常性的变化之中。股票价格是股票市场价值的集中体现,因此这一价格又称股票行市。

6) 股票清算价格

股票的清算价格是指一旦股份公司破产或倒闭后进行清算时,每股股票所代表的实际价值。从理论上讲,股票的每股清算价格应与股票的账面价值相一致,但企业在破产清算时,其财产价值是以实际的销售价格来计算的,而在进行财产处置时,其售价一般都会低于实际价值。所以股票的清算价格就会与股票的净值不相一致。股票的清算价格只是在股份公司因破产或其他原因丧失法人资格而进行清算时才被作为确定股票价格的依据,在股票的发行和流通过程中没有意义。

2. 股票获利的两种来源

投资股票的获利来源有两个:一是公司分配盈余时股东所得的股利;二是股票买卖间的价差。

1) 股利

当你所投资的公司赚钱时,会按照你持有的股份占所有股份的比例,分配利润给你,此时你所获得的利润,就是股利。须注意的是,当公司不赚钱的时候,股东就可能完全领不到股利了。股利可分成两种:一为股票股利;二为现金股利。即通常所说的送红股和派现金。

(1) 股票股利。假设 A 公司去年每股纯收益为 4 元。公司董事会决定这 4 元用等值的股票发给股东,这就是股票股利。至于 4 元的股票股利相当多少股票?如果你只有1 000 股。公司每股赚 4 元,表示你总共可得到约 4 000 元的股利。由于股票的面值为一股 10 元,因此你可得到相当于 400 股的股票股利。而你的持股总数将增加为 1 400 股。

(2) 现金股利。援用前一个例子说明,若公司将你应得的 4 000 元股利用现金的方式发放,就是现金股利。至于你的股票则没有任何异动,还是维持在 1 000 股。

2) 股票价差

当市场上对某只股票的需求量大于供给量时,该股票的价格就会上涨。所以,若投资人能低买高卖,就能赚取当中的差价。

关于领取股利。在沪深股市,股票的分红派息都由证券交易所及登记公司协助进行。在分红时,深市的登记公司将会把分派的红股直接登录到股民的股票账户中,将现金红利通过股民开户的券商划拨到股民的资金账户。沪市上市公司对红股的处理方式与深市一致,但现金红利需要股民到券商处履行相关的手续,即股民在规定的期限内到柜台中将红利以现金红利权卖出,其红利款项由券商划入资金账户中。如逾期未办理手续,则需委托券商到证券交易所办理相关手续。

6.1.3 股票的分类

1. 按股东权利分类

1) 优先股

优先股是"普通股"的对称,是股份公司发行的在分配红利和剩余财产时比普通股具有优先权的股份。优先股也是一种没有期限的有权凭证,优先股股东一般不能在中途向公司要求退股(少数可赎回的优先股例外)。

优先股的主要特征有以下三个。

一是优先股通常预先定明股息收益率。由于优先股股息率事先固定,所以优先股的股息一般不会根据公司经营情况而增减,而且一般也不能参与公司的分红,但优先股可以先于普通股获得股息,对公司来说,由于股息固定,它不影响公司的利润分配。

二是优先股的权利范围小。优先股股东一般没有选举权和被选举权,对股份公司的重大经营无投票权,但在某些情况下可以享有投票权。

三是优先股享有优先权。如果公司股东大会需要讨论与优先股有关的索偿权,即优先股的索偿权先于普通股,而次于债权。

优先股的优先权主要表现在以下两个方面。

(1) 股息领取优先权。股份公司分派股息的顺序是优先股在前,普通股在后。

(2) 剩余资产分配优先权。股份公司在解散、破产清算时,优先股具有公司剩余资产的分配优先权,不过,优先股的优先分配权在债权人之后,而在普通股之前。

2) 普通股

普通股是"优先股"的对称,是随企业利润变动而变动的一种股份,是公司资本构成中最普通、最基本的股份,是股份企业资金的基础部分。

普通股的基本特点是基投资利益(股息和分红)不是在购买时约定,而是事后根据股票发行公司的经营实际来确定,公司的经营实际好,普通股的收益就高;而经营实际差,普通股的收益就低。普通股是股份公司资本构成中最重要、最基本的股份,亦是风险最大的一种股份,但又是股票中最常见的一种。

一般可把普通股的特点概括为如下四点。

(1) 持有普通股的股东有权获得股利,但必须是在公司支付了债息和优先股的股息之后才能分得。普通股的股利是不固定的,一般视公司净利润的多少而定。当公司经营有方,利润不断递增时普通股能够比优先股多分得股利,股利率甚至可以超过 50%;但赶上公司经营不善的年头,也可能连一分钱都得不到,甚至可能连本钱也赔掉。

(2) 当公司因破产或结业而进行清算时,普通股股东有权分得公司剩余资产,但普通股股东必须在公司的债权人、优先股股东之后才能分得财产,财产多时多分,少时少分,没有则只能作罢。由此可见,普通股股东与公司的命运更加息息相关、荣辱与共。当公司获得暴利时,普通股股东是主要的受益者;而当公司亏损时,他们又是主要的受损者。

(3) 普通股股东一般都拥有发言权和表决权,即有权就公司重大问题进行发言和投票表决。普通股股东持有一股便有一股的投票权,持有两股便有两股的投票权。任何普通股股东都有资格参加公司最高级会议每年一次的股东大会,但如果不愿参加,也可以委托代理人来行使其投票权。

(4) 普通股股东一般具有优先认股权,即当公司增发新普通股时,现有股东有权优先(可能还以低价)购买新发行的股票,以保持其对企业所有权的原百分比不变,从而维持其在公司中的权益。例如,某公司原有 1 万股普通股,而你拥有 100 股,占 1%,现在公司决定增发 10% 的普通股,即增发 1 000 股,那么你就有权以低于市价的价格购买其中的 1%,即 10 股,以便保持你持有股票的比例不变。

在发行新股票时,具有优先认股权的股东既可以行使其优先认股权,认购新增发的股票,也可以出售、转让其认股权。当然,在股东认为购买新股无利可图,而转让或出售认股权又比较困难或获利甚微时,也可以听任优先认股权过期而失效。公司提供认股权时,一般规定股权登记日期,股东只有在该日期内登记并缴付股款,方能取得认股权而优先认购新股。

3) 后配股

后配股是在利益或利息分红及剩余财产分配时比普通股处于劣势的股票,一般是在普通股分配之后,对剩余利益进行再分配。如果公司的盈利巨大,后配股的发行数量又很有限,则购买后配股的股东可以取得很高的收益。发行后配股,一般所筹措的资金不能立即产生收益,投资者的范围又受限制,因此利用率不高。

2. 按票面形态分类

1) 记名股

这种股票在发行时,票面上记载有股东的姓名,并记载于公司的股东名册上。记名股票的特点就是除持有者和其正式的委托代理人或合法继承人、受赠人外,任何人都不能行使其股权。另外,记名股票不能任意转让,转让时,既要将受让人的姓名、住址分别记载于股票票面,还要在公司的股东名册上办理过户手续,否则转让不能生效。显然这种股票有安全、不怕遗失的优点,但转让手续烦琐。这种股票如需要私自转让,例如发生继承和赠予等行为时,必须在转让行为发生后立即办理过户等手续。

2)无记名股

此种股票在发行时,在股票上不记载股东的姓名。其持有者可自行转让股票,任何人一旦持有便享有股东的权利,无须再通过其他方式、途径证明有自己的股东资格。这种股票转让手续简便,但也应该通过证券市场的合法交易实现转让。

3)面值股

面值股指有票面金额股票,简称金额股票或面额股票,是指在股票票面上记载一定的金额,如每股人民币 100 元、200 元等。金额股票给股票定了一个票面价值,这样就可以很容易地确定每一股份在该股份公司中所占的比例。

4)无面值股

无面值股也称比例股票或无面额股票。股票发行时无票面价值记载,仅表明每股占资本总额的比例。其价值随公司财产的增减而增减。因此,这种股票的内在价值总是处于变动状态。这种股票最大的优点就是避免了公司实际资产与票面资产的背离,因为股票的面值往往是徒有虚名,人们关心的不是股票面值,而是股票价格。发行这种股票对公司管理、财务核算、法律责任等方面要求极高,因此只有在美国比较流行,而不少国家根本不允许发行。

3. 按股投资主体分类

我国上市公司的股份可以分为国有股、法人股和社会公众股。

国有股指有权代表国家投资的部门或机构以国有资产向公司投资形成的股份,包括以公司现有国有资产折算成的股份。由于我国大部分股份制企业都是由原国有大中型企业改制而来的,因此,国有股在公司股权中占有较大的比重。

法人股指企业法人或具有法人资格的事业单位和社会团体,以其依法可经营的资产向公司非上市流通股权部分投资所形成的股份。目前,在我国上市公司的股权结构中,法人股占 20%左右。根据法人股认购的对象,可将法人股进一步分为境内发起法人股、外资法人股和募集法人股三个部分。

社会公众股是指我国境内个人和机构,以其合法财产向公司可上市流通股权部分投资所形成的股份。

我国国有股和法人股目前还不能上市交易。国家股东和法人股东要转让股权,可以在法律许可的范围内,经证券主管部门批准,与合格机构投资者签订转让协议,一次性完成大宗股权的转移。由于国有股和法人股占总股本的比重平均超过 70%,在大多数情况下,要取得一家上市公司的控制股权,收购方需要从原国家股东和法人股东手中协议受让大宗股权。除少量公司职工股、内部职工股及转配股上市流通受一定限制外,绝大部分的社会公众股都可以上市流通交易。

4. 按上市地点分类

我国上市公司的股票有 A 股、B 股、H 股、N 股、S 股等区分。这一区分主要依据股票的上市地点和所面对的投资者而定。

A 股的正式名称是人民币普通股票。它是由我国境内的公司发行,供境内机构、组织或个人(不含香港、澳门、台湾地区的投资者)以人民币认购和交易的普通股股票。

B 股的正式名称是人民币特种股票。它是以人民币标明面值,以外币认购和买卖,在境内(上海、深圳)证券交易所上市交易的。

B 股的投资人限于:外国的自然人、法人和其他组织,香港、澳门、台湾地区的自然人、法人和其他组织,定居在国外的中国公民,中国证监会规定的其他投资人。现阶段 B 股的投资人,主要是上述几类中的机构投资者。

B 股公司的注册地和上市地都在境内,只不过投资者在境外或在中国香港、澳门及台湾地区。

H 股,即注册地在内地、上市地在香港的外资股。香港的英文是 Hong Kong,取其字首,在港上市外资股就叫作 H 股。以此类推,纽约的第一个英文字母是 N,新加坡的第一个英文字母是 S,纽约和新加坡上市的股票就分别叫作 N 股和 S 股。

5. 按公司业绩分类

我国上市公司的股票按公司业绩分类,有绩优股和垃圾股。

(1) 绩优股就是业绩优良公司的股票,但对于绩优股的定义国内外却有所不同。在我国,投资者衡量绩优股的主要指标是每股税后利润和净资产收益率。

一般而言,每股税后利润在全体上市公司中处于中上地位,公司上市后净资产收益率连续三年显著超过 10% 的股票当属绩优股。在国外,绩优股主要指的是业绩优良且比较稳定的大公司股票。这些大公司经过长时间的努力,在行业内达到了较高的市场占有率,形成了经营规模优势,利润稳步增长,市场知名度很高。

绩优股具有较高的投资回报和投资价值。其公司拥有资金、市场、信誉等方面的优势,对各种市场变化具有较强的随机适应能力,绩优股的股价一般相对稳定且呈长期上升趋势。因此,绩优股总是受到投资者,尤其是从事长期投资的稳健型投资者的青睐。

(2) 垃圾股与绩优股相对应,指的是业绩较差的公司的股票。这类上市公司或者行业前景不好,或者经营不善等,有的甚至进入亏损行列。其股票在市场上的表现萎靡不振,股价走低,交投不活跃,年终分红也差。投资者在考虑选择这些股票时,要有比较高的风险意识,切忌盲目跟风投机。

6.1.4　基金及其分类

1. 什么是基金

基金是指通过发行基金单位(或基金券)将投资者分散的资金集中起来,交由专业的托管人和管理人进行托管、管理,动用资金,投资于股票、债券、外汇、货币、实业等领域,以尽可以减少风险,获得收益,从而使资本得到增值,而资本的增值部分,也就是基金投资的收益归持有基金的投资者所有,专业的托管、管理机构收取一定比例的托管管理费用。

股票是以 1"股"为单位的,基金则是以"基金单位"为单位的,在基金初次发行时,将其基金总额划分为若干等额的整数份,每一份就是一个基金单位。例如,基金发行时的基金总额共计 20 亿元,将其等分为 20 亿份,每一份即一个基金单位,代表投资者 1 元的投资额。

2. 基金的分类

1）证券投资基金

证券投资基金指一种利益共享、风险共担的集合证券投资方式，即通过发行基金单位，集中投资者的资金，由基金托管人托管，由基金管理人管理和运用资金，从事股票、债券等金融工具投资。国际经验表明，基金对引导储蓄资金转化为投资、稳定和活跃证券市场、提高直接融资的比例、完善社会保障体系、完善金融结构具有极大的促进作用。我国证券投资基金的发展历程也表明，基金的发展与壮大，推动了证券市场的健康稳定发展和金融体系的健全完善，在国民经济和社会发展中发挥日益重要的作用。

证券投资基金的种类繁多，可按不同的方式进行分类。根据基金受益单位能否随时认购或赎回及转让方式的不同，可分为开放型基金和封闭型基金；根据投资基金的组织形式的不同，可分为公司型基金与契约型基金；根据投资基金投资对象的不同，可分为货币基金、债券基金、股票基金等。

我国证券投资基金开始于 1998 年 3 月，在较短的时间内就成功地实现了从封闭式基金到开放式基金、从资本市场到货币市场、从内资基金管理公司到合资基金管理公司、从境内投资到境外理财的几大历史性的跨越，走过了发达国家几十年上百年走过的历程，取得了举世瞩目的成绩。证券投资基金目前已经具有了相当规模，成为我国证券市场的最重要机构投资力量和广大投资者的最重要投资工具之一。

（1）开放式基金。开放式基金是指基金发行总额不固定，基金单位总数随时增减，投资者可以按基金的报价在国家规定的营业场所申购或者赎回基金单位的一种基金。

（2）封闭式基金。封闭式基金是指事先确定发行总额，在封闭期内基金单位总数不变，基金上市后投资者可以通过证券市场转让、买卖基金单位的一种基金。

（3）契约型基金。契约型基金又称单位信托基金，是指投资者、管理人、托管人三者作为基金的当事人，通过签订基金契约的形式发行受益凭证而设立的一种基金。它是基于契约原理而组织起来的代理投资行为，没有基金章程，也没有公司董事会，而是通过基金企业来规范三方当事人的行为。基金管理人负责基金的管理操作。基金托管人作为基金资产的名义持有人，负责基金资产的保管和处置，对基金管理人的运作实行监督。

（4）公司型基金。公司型基金又叫作共同基金，指基金本身为一家股份有限公司，公司通过发行股票或受益凭证的方式来筹集资金，然后再由公司委托一家投资顾问公司进行投资。

（5）债券基金。债券基金是指全部或大部分投资于债券市场的基金。假如全部投资于债券，可以称其为纯债券基金，例如华夏债券基金；假如大部分基金资产投资于债券，少部分投资于股票，可以称其为债券型基金，例如南方宝元债券型基金，其规定债券投资占基金资产的 45%～95%，股票投资的比例占基金资产的 0～35%，股市不好时，则可以不持有股票。

2）收入型基金

收入型基金是主要投资于可带来现金收入的有价证券，以获取当期的最大收入为目的。收入型基金资产成长的潜力较小，损失本金的风险相对也较低，一般可分为固定收入型基金和权益收入型基金。

3）政府公债型基金

政府公债基金指专门投资于直接或间接由政府担保的有价证券的基金。投资对象包括国库券、国库本票、政府债券及政府机构发行的债券。投资于这种基金的最大优点是安全性高。因为它有政府担保，收益相对稳定，且流动性也大。

4）公募基金

公募基金是指受我国政府主管部门监管的，向不特定投资者公开发行受益凭证的证券投资基金。例如目前国内证券市场上的封闭式基金属于公募基金。

5）私募基金

私募基金是指非公开宣传的，私下向特定投资者募集资金进行的一种集合投资。

6）股票基金

股票基金是指主要投资于股票市场的基金，这是一个相对的概念，并不是要求所有的资金买股票，也可以有少量资金投入债券或其他的证券，我国有关法规规定，基金资产的不少于 20％的资金必须投资国债。一个基金是不是股票基金，往往要根据基金契约中规定的投资目标、投资范围去判断。国内所有上市交易的封闭式基金及大部分的开放式基金都是股票基金。

7）成长型基金

成长型基金是基金中最常见的一种。该类基金的资产长期增值。为了达到这一目标，基金管理人通常将基金资产投资于信誉度较高且有长期成长前景或长期盈余的公司的股票。

8）指数基金

指数基金是按指数化的方式进行投资的基金，简单地说，就是选择一定的市场的指数进行跟踪，被动地投资于市场，使基金的收益与这个市场指数的收益一致。

9）保本基金

保本基金是一种半封闭式的基金品种。基金在一定的投资期（如 3 年或 5 年）内为投资者提供一定固定比例（如 100％、102％或更高）的本金回报保证，除此之外还通过其他的一些高收益金融工具（如股票、衍生证券等）的投资来保持为投资者提供额外回报的潜力。投资者只要持有基金到期，就可以获得本金回报的保证。在市场波动较大或市场整体低迷的情况之下，保本基金是一种低风险同时有升值潜力的投资工具。

10）交易所交易基金（exchange-traded funds，ETF）和上市型开放式基金（listed open-end funds，LOF）

交易所交易基金指的是可以在交易所交易的基金。交易所交易基金从法律结构上说仍然属于开放式基金，但它主要是在二级市场上以竞价方式交易；并且通常不准许现金申购及赎回，而是以一篮子股票来创设和赎回基金单位。

LOF 是指在交易所上市交易的开放式证券投资基金。LOF 的投资者既可以通过基金管理人或其委托的销售机构以基金净值进行基金的申购、赎回，也可以通过交易所市场以交易系统撮合成交价进行基金的买入、卖出。

11）偿债基金

偿债基金亦称"减债基金"，指国家或发行公司为偿还未到期公债或公司债而设置的专项基金。很多发达国家都设立了偿债基金制度。日本的偿债基金制度，是在日本明治39年根据国债整理基金特别会计法确定的。偿债基金一般是在债券实行分期偿还方式下才予设置。偿债基金一般是每年从发行公司盈余中按一定比例提取，也可以每年按固定金额或已发行债券比例提取。

12）伞型基金

伞型基金也称"伞子基金"或"伞子结构基金"，是基金的一种组织形式。在这一组织结构下，基金发起人根据一份总的基金招募书，设立多只相互之间可以根据规定的程序及费率水平进行转换的基金，这些基金称为"子基金"或"成分基金"；而由这些子基金共同构成的这一基金体系被称为"伞型基金"。

13）专项基金

专项基金（special funds）是指将资金专门投资于某一特定行业领域的股票基金产品。相对于一般股票基金而言，专项基金有效地缩小了投资范围，在选择投资对象方面具有更强的针对性；基金管理人可以把主要的研发精力集中于既定的行业领域，不仅提高了投资管理的专业化程度，也在一定程度上降低了管理成本。以美国的基金行业为例，较为常见的专项基金的投资领域包括了高科技、大众传媒、健康护理、金融、公用事业、自然资源、房地产等。

14）货币市场基金

货币市场基金是投资于银行定期存款、商业本票、承兑汇票等风险低、流通性高的短期投资工具的基金品种，因此具有流通性好、低风险与收益较低的特性。

15）平衡型基金

平衡型基金的投资目标是既要获得当期收入，又要追求长期增值，通常是把资金分散投资于股票和债券，以保证资金的安全性和营利性。

16）债券基金

债券基金是指专门投资于债券的基金，它通过集中众多投资者的资金，对债券进行组合投资，寻求较为稳定的收益。根据中国证监会对基金类别的分类标准，基金资产80%以上投资于债券的为债券基金。债券基金也可以有一小部分资金投资于股票市场，另外，投资于可转债和打新股也是债券基金获得收益的重要渠道。相比较股票基金，债券基金具有收益稳定、风险较低的特点。

17）QDII、QFII

QDII（qualified domestic institutional investors，合格的境内机构投资者），是指在资本项目未完全开放的情况下，允许政府所认可的境内金融投资机构到境外资本市场投资的机制。

QFII（qualified foreign institutional investors，合格的境外机构投资者），是指外国专业投资机构到境内投资的资格认定制度。作为一种过渡性制度安排，QFII制度是在资本项目尚未完全开放的国家和地区，实现有序、稳妥开放证券市场的特殊通道。

QDII与QFII正好是相对应的一种投资制度。

18）混合型基金

一种在投资组合中既有成长型股票、收益型股票，又有债券等固定收益投资的共同基金。

混合型基金设计的目的是让投资者通过选择一款基金品种就能实现投资的多元化，而无须去分别购买风格不同的股票型基金、债券型基金和货币市场基金。混合型基金会同时使用激进和保守的投资策略，其回报和风险要低于股票型基金，高于债券和货币市场基金，是一种风险适中的理财产品。一些运作良好的混合型基金回报甚至会超过股票基金的水平。

19）生命周期基金

生命周期基金是根据基金目标持有人的年龄不断调整投资组合的一种证券投资基金。

生命周期基金一般都有一个时间上的目标期限，随着所设定目标时间的临近，基金则会不断调整其投资组合，降低基金资产的风险，在基金目标持有人生命不同阶段的风险承受能力相适应的前提下，追求资本的最大增值。

6.1.5　权证

1. 权证的概念及其分类

权证是指由特定发行人发行的，约定持有人在规定期间内或特定到期日，有权按约定价格向发行人购买或出售标的证券，或以现金结算等方式收取结算差价的有价证券。

权证分为两种：一种是认购权证，指持有人有权利在某段期间内以预先约定的价格向发行人购买特定数量的标的证券，其实质是一个看涨期权；另一种是认沽权证，指持有人有权利在某段期间内以预先约定的价格向发行人出售特定数量的标的证券，其实质是一个看跌期权。认沽权证亦分为欧式和美式两种。美式认沽权证允许持有人在股证上市日至到期日期间任何时间均可行使其权利；而欧式认沽权证的持有人只可以在到期日当日行使其权利。目前我国主要是欧式权证。

2. 权证交易的基础知识

1）权证交易

权证的买卖与股票相似，投资者可以通过券商提供的诸如电脑终端、网上交易平台、电话委托等申报渠道输入账户、权证代码、价格、数量和买卖方向等信息买卖权证。所需账户就是股票账户，已有股票账户的投资者不用开设新的账户。

2）权证申报限制

权证买卖单笔申报数量不超过 100 万份，申报价格最小变动单位为 0.001 元人民币。权证买入申报数量为 100 份的整数倍，也就是说，投资者每次申报买入的最少数量应为 100 份，或 100 的整数倍。如可以买入 100 份、1 200 份等，但不得申报买入 99 份、160 份等。权证卖出申报数量没有限制，对于投资者持有的不到 100 份的权证，如 99 份权证也可以申报卖出。

3）权证交易方式

权证实行 T＋0 交易，与股票交易当日买进当日不得卖出不同，权证实行 T＋0 交易，即当日买进的权证，当日可以卖出。

4）权证涨跌幅限制

权证交易实行价格涨跌幅限制,但与股票涨跌幅采取的10%的比例限制不同,权证涨跌幅是以涨跌幅的价格而不是百分比来限制的,具体按下列公式计算:权证涨幅价格＝权证前一日收盘价格＋(标的证券当日涨幅价格－标的证券前一日收盘价)×125%×行权比例;权证跌幅价格＝权证前一日收盘价格－(标的证券前一日收盘价－标的证券当日跌幅价格)×125%×行权比例。当计算结果小于等于零时,权证跌幅价格为零。举例:某日权证的收盘价是2元,标的股票的收盘价是10元。第二天,标的股票涨停至11元,如果权证也涨停,按上面的公式计算,权证的涨幅价格为2＋(11－10)×125%＝3.25元,此时权证的涨幅百分比为(3.25－2)/2×100%＝62.5%。

6.1.6 期货投资基础知识

1. 什么是期货

所谓期货,一般指期货合约,就是指由期货交易所统一制定的、规定在将来某一特定的时间和地点交割一定数量标的物的标准化合约。这个标的物又叫基础资产,对期货合约所对应的现货,可以是某种商品,如铜或原油,也可以是某个金融工具,如外汇、债券,还可以是某个金融指标,如三个月同业拆借利率或股票指数。期货合约的买方,如果将合约持有到期,那么他有义务买入期货合约对应的标的物;而期货合约的卖方,如果将合约持有到期,那么他有义务卖出期货合约对应的标的物(有些期货合约在到期时不是进行实物交割而是结算差价,例如股指期货到期就是按照现货指数的某个平均来对在手的期货合约进行最后结算)。当然,期货合约的交易者还可以选择在合约到期前进行反向买卖来冲销这种义务。

广义的期货概念还包括了交易所交易的期权合约。大多数期货交易所同时上市期货与期权品种。

2. 期货有哪些种类

期货可以大致分为商品期货与金融期货两大类。商品期货中主要品种可以分为农产品期货、金属期货(包括基础金属期货、贵金属期货、能源期货三大类);金融期货中主要品种可以分为外汇期货、利率期货。

所谓外汇期货,是指以汇率为标的物的期货合约,用来回避汇率风险。它是金融期货中最早出现的品种。目前,外汇期货交易的主要品种有美元、英镑、德国马克、日元、瑞士法郎、加拿大元、澳大利亚元、法国法郎、荷兰盾等。从世界范围看,外汇期货的主要市场在美国。

所谓利率期货是指以债券类证券为标的物的期货合约,它可以回避银行利率波动所引起的证券价格变动的风险。利率期货的种类繁多,分类方法也有多种。通常,按照合约标的期限,利率期货可分为短期利率期货和长期利率期货两大类。股指期货也属于利率期货,它是以股票指数为标的物的期货。双方交易的是一定期限后的股票指数价格水平,通过现金结算差价来进行交割。

3. 股指期货与股票,有哪些不同点

股指期货与股票相比,有以下几个非常鲜明的特点,这对股票投资者来说尤为重要。

（1）期货合约有到期日，不能无限期持有。股票买入后可以一直持有，正常情况下股票数量不会减少。但股指期货都有固定的到期日，到期就要摘牌。因此交易股指期货不能像买卖股票一样，交易后就不管了，必须注意合约到期日，以决定是提前了结头寸，还是等待合约到期（好在股指期货是现金结算交割，不需要实际交割股票），或者将头寸转到下一个月。

（2）期货合约是保证金交易，必须每天结算。股指期货合约采用保证金交易，一般只要付出合约面值 10%～15% 的资金就可以买卖一张合约，这一方面提高了盈利的空间，但另一方面也带来了风险，因此必须每天按照结算价对持有在手的合约进行结算，账面盈利可以提走，但账面亏损第二天开盘前必须补足（即追加保证金）。而且由于是保证金交易，亏损额甚至可能超过你的投资本金。而买入股票后在卖出以前，账面盈亏都是不结算的。

（3）期货合约可以卖空。股指期货合约可以十分方便地卖空，等价格回落后再买回。股票融券交易也可以卖空，但难度相对较大。当然一旦卖空后价格不跌反涨，投资者会面临损失。

（4）市场的流动性较高。有研究表明，指数期货市场的流动性明显高于股票现货市场。如在 1991 年，FTSE-100 指数期货交易量就已达 850 亿英镑。

（5）股指期货实行现金交割方式。期指市场虽然是建立在股票市场基础之上的衍生市场，但期指交割以现金形式进行，即在交割时只计算盈亏而不转移实物，在期指合约的交割期投资者完全不必购买或者抛出相应的股票来履行合约义务，这就避免了在交割期股票市场出现"挤市"的现象。

（6）一般来说，股指期货市场是专注于根据宏观经济资料进行的买卖，而现货市场则专注于根据个别公司状况进行的买卖。

6.2　金融业经营策略

彼得·林奇的操作策略

作为价值投资的另一面大旗，彼得·林奇的操作策略无疑极具参考价值，但林奇的操作方式也许只有天才能做到。我们要学习的是其基本的战略指导思想，和那些对巴式投资者有价值的战术细节，而不是同时持有上千只股票和令人眼花缭乱的每年数千次买卖。

第一部分：投资哲理

当前那些著名的投资者中，彼得·林奇的名声几乎无人能敌。这不仅仅在于他的投资方式成功通过了实践的检验，而且他坚定地认为，个人投资者在运用他的投资方法时，较华尔街和大户投资者更具独特优势，因为个人投资者不受政府政策及短期行为的影响，其方法运用更加灵活。

林奇在富达基金管理公司总结出了自己的投资原则，并且在管理富达的麦哲伦基金中逐渐享誉盛名。自他 1977 年开始管理这只基金到 1990 年退休,该基金一直位居排名最高的股票型基金行列。

林奇的选股切入点严格遵循自下而上的基本面分析,即集中关注投资者自己所熟悉的股票,运用基本分析法以更全面地理解公司行为,这些基础分析包括:充分了解公司本身的经营现状、前景和竞争环境,以及该股票能否以合理价格买入。其基本战略在他最畅销的一本书 *One Up on Wall Street*(Penguin Books paperback,1989)里有详尽描述。这本书在帮助个人投资者理解并运用他的方法上给予诸多指导。他另一本书 *Beating the Street*(Fireside/Simon & Schuster paperback,1994)则进一步强调了第一本书的主题,并提供了他在投资中如何选择公司及行业的具体案例。

不要相信专家意见

彼得·林奇是华尔街著名投资公司麦哲伦公司的总经理。上任几年间他便将公司资产由 2 000 万美元增长至 90 亿美元,《时代》周刊称他为"第一理财家",《幸福》杂志则赞誉他为"股票投资领域的最成功者……一位超级投资巨星"。他在投资理念上有自己独到的见解,也许能给投资理财者一些启发。

(1)不要相信各种理论。多少世纪以前,人们听到公鸡叫后太阳升起,于是认为太阳之所以升起是由于公鸡打鸣。今天,鸡叫如故。但是每天为解释股市上涨的原因及华尔街产生影响的新论点,却总让人困惑不已。例如:某一会议赢得大酒杯奖啦,日本人不高兴啦,某种趋势线被阻断啦,"每当我听到此类理论。我总是想起那打鸣的公鸡"。

(2)不要相信专家意见。专家不能预测到任何东西。虽然利率和股市之间确实存在微妙的相互联系,我却不信谁能用金融规律来提前说明利率的变化方向。

(3)不要相信数学分析。"股票投资是一门艺术,而不是一门科学。"那些受到呆板的数量分析训练的人,处处都会遇到不利因素,如果可以通过数学分析来确定选择什么样的股票的话,还不如用电脑算命。选择股票的决策不是通过数学做出的,你在股市上需要的全部数学知识是你上小学四年级就学会了的。

(4)不要相信投资天赋。在股票选择方面,没有世袭的技巧。尽管许多人认为别人生来就是股票投资人,而把自己的失利归咎为悲剧性的天生缺陷。我的成长历程说明,事实并非如此。在我的摇篮上并没有吊着股票行情收录机,我长乳牙时也没有咬过股市交易记录单,这与人们所传贝利婴儿时期就会反弹足球的早慧截然相反。

(5)你的投资才能不是来源于华尔街的专家,你本身就具有这种才能。如果你运用你的才能,投资你所熟悉的公司或行业,你就能超过专家。

(6)每只股票后面都有一家公司,了解公司在干什么!你得了解你拥有的(股票)和你为什么拥有它。"这只股票一定要涨"的说法并不可靠。

(7)拥有股票就像养孩子一样——不要养得太多而管不过来。业余选股者大约有时间跟踪 8~12 个公司,在有条件买卖股票时,同一时间的投资组合不要超过 5 家公司。

(8)当你读不懂某一公司的财务情况时,不要投资。股市的最大亏损源于投资了在资产负债方面很糟糕的公司。先看资产负债表,搞清该公司是否有偿债能力,然后再投钱冒险。

（9）避开热门行业里的热门股票。被冷落、不再增长的行业里的好公司总会是大赢家。

（10）对于小公司，最好等到它们盈利后再投资。

（11）公司经营的成功往往几个月甚至几年都和它的股票的成功不同步。从长远看，它们百分之百相关。这种不一致才是赚钱的关键，耐心和拥有成功的公司，终将得到厚报。

（12）如果你投资 1 000 美元于一只股票，你最多损失 1 000 美元，而且如果你有耐心的话，你还有等到赚 10 000 美元的机会。一般人可以集中投资于几个好的公司，基金管理人却不得不分散投资。股票的只数太多，你就会失去集中的优势，几只大赚的股票就足以使投资生涯有价值了。

（13）在全国的每一行业和地区，仔细观察的业余投资者都可以在职业投资者之前发现有增长前景的公司。

（14）股市下跌就像科罗拉多一月的暴风雪一样平常，如果你有准备，它并不能伤害你。下跌正是好机会，去捡那些慌忙逃离风暴的投资者丢下的廉价货。

（15）每人都有炒股赚钱的脑力，但不是每人都有这样的肚量。如果你动不动就闻风出逃，你就不要碰股票，也不要买股票基金。

（16）事情是担心不完的。避开周末悲观，也不要理会股评人士大胆的最新预测。卖股票应该是因为该公司的基本面变坏，而不是因为天要塌下来。

（17）没有人能预测利率、经济或股市未来的走向，抛开这样的预测，注意观察你已投资的公司究竟在发生什么事。

（18）你拥有优质公司的股份时，时间站在你的一边。你可以等待，即使你在前 5 年没买沃玛特，在下一个 5 年里，它仍然是很好的股票。当你买的是期权时，时间却站在了你的对面。

（19）如果你有买股票的肚量，但却没有时间也不想做家庭作业，你就投资证券互助基金好了。当然，这也要分散投资。你应该买几只不同的基金，它们的经理追求不同的投资风格：价值型、小型公司、大型公司等。投资 6 只相同风格的基金不叫分散投资。

（20）资本利得税惩罚的是那些频繁换基金的人。当你投资的一只或几只基金表现良好时，不要随意抛弃它们。要抓住它们不放。

基本原则：投资于你所熟悉的股票

林奇是善于挖掘"业绩"的投资者。即每只股票的选择都建立在对公司成长前景的良好期望上。这个期望来自公司的"业绩"——公司计划做什么或者准备做什么，来达到所期望的结果。对公司越熟悉，就能越好地理解其经营情况和所处的竞争环境，找到一个能够实现好"业绩"公司的概率就越大。因此林奇强烈提倡投资于你所熟悉的，或者其产品和服务你能够理解的公司。林奇表示，在他的投资选择中，他认为"汽车旅馆好过纤维光学"，在投资过程中，你应将作为一个消费者、业余爱好者以及专业人士的三方面知识很好地平衡结合起来。

林奇不提倡将投资者局限于某一类型的股票。他的"业绩"方式，相反是鼓励投资于那些有多种理由能达到良好预期的公司。通常他倾向于一些小型的、适度快速成长的、定价合理的公司。

投资之前应进行研究。林奇发现许多人买股票只凭借预感或是小道消息,而不作任何研究。通常这一类型的投资者都将大量时间耗费在寻找市场上谁是最好的咖啡生产商,然后在纸上计算谁的股票价格最便宜。

第二部分:寻找买点

虽然彼得·林奇选股着重于基本面并毫不留情地剔除弱势公司,他的一些基本原则在筛选判别中还是非常具有实用价值的。我们的首次筛选会排除金融类股。彼得·林奇是个标准的金融股迷,而且在《战胜华尔街》这本书中,他提供了一系列银行类股的筛选方法。不过在我们讨论范围内得排除银行股,因为它们的资金运作很难同其他公司作比较。

如何买进

找到一个好的公司,我们的投资战略还只成功了一半,如何以一个合理的价格买进,是成功的另一半。林奇在评定股票价值时,对公司盈利水平和资产评估两方面都很关注。盈利评估集中于考察企业未来获取收益的能力。期望收益越高,公司价值越大,盈利能力的增强即意味着股票价格的上扬。资产评估在决定一个公司资产重组过程中非常有指导意义。

仔细分析市盈率

公司潜在的盈利能力是决定公司价值的基础。有时候市场预期会比较超前,以至于以过高的预期高估股票价值,而市盈率则能时刻帮你检查股价是否存在泡沫。该指标比较股票现价与新近公布的每股盈利。一般而言,成长性高的股票允许有较高的市盈率,成长性差的股票市盈率就低。

市盈率如何与其历史平均水平纵向比较?通过研究市盈率在很长时期中的表现,我们应该对该指标的正常水平有个基本的判断能力。这方面的知识帮我们回避那些价格被过高估计的股票,或是适时警告我们:是该抛出这些股票的时候了。假设一个公司各方面都让人满意,但如果价格太高,我们还是应该回避。我们下一步的筛选在于目前市盈率低于过去5年平均水平的公司。这个原则相对严格,除了考察公司目前的价值水平,还要求5年的业绩正增长。

市盈率如何与行业平均水平比较?这个比较能帮助我们认识到公司与整个行业相比股票价格上是否被低估,或至少有助于我们发现这只股票的定价是否与众不同。不同的原因是在于公司本身成长性差?还是股票价值被忽略?林奇认为最理想的是能够发现那些被市场忽略的公司——在某个垄断性强且进入壁垒高的行业占有一定份额。然后再从这些筛选结果里找出市盈率低于整个行业平均水平的公司,这才是我们的最终目标。

第三部分:成长中保持合理价格

选股的最后一个要点,选择市盈率低于公司历史平均水平以及行业一般水平的股票。这一部分我们能看出,彼得·林奇在价值与成长性两者间是怎样找到平衡点的。

比较市盈率与盈利增长率(即 PEG 指标)

具有良好成长性的公司市盈率一般较高。一个有效的评估方法就是比较公司市盈率和盈利增长率。市盈率为历史盈利增长率一半被认为是较有吸引力的,而这个比值高于2 就不太妙了。

林奇调整了评估方法,除盈利增长率外,他还将股息生息率考虑在内。这个调整认可了股息对投资者所得利润的补偿价值。具体计算方法:用市盈率除以盈利增长率与股息生息率之和。调整后,比率高于 1 被排除,低于 0.5 较有吸引力。我们的选股也用到这个指标,以 0.5 为分界点。

盈利是否稳定持续

历史盈利水平非常重要。股价不可能脱离盈利水平,所以盈利的增长方式能展示一个公司的稳定性与综合实力。最理想的状态是盈利能够持续地保持增长。在实际操作中我们并不会用到任何盈利稳定性指标,但是我们在筛选时应收集每只股票 7 年的盈利资料。

回避热门行业的热门公司

林奇倾向投资于非成长行业内盈利适度高度增长(20%~25%)的公司。极度高速的盈利增长率是很难持续的,但公司若能持续性地保持高速增长,则股价上扬就在我们可接受范围内了。高成长水平的公司及行业总会吸引大批投资者和竞争者的目光,前者会一窝蜂地哄抬股价,后者则会时不时地给公司经营环境找些麻烦。我们的目标就是要找出每股盈利增长率不高于 50% 的公司。

第四部分:规模对投资有何影响

现在我们集中考察市场资金和机构投资者是否对我们所选股票是否有兴趣。

什么是机构持有水平

林奇认为好的股票往往处于被华尔街忽视的地位。机构持有率越低,相关分析越少,该股票越值得我们关注。

公司规模多大

小公司较大公司有更大的成长潜力。小公司更易扩张规模,而大公司扩张很有限。

资产负债表

资产负债表状况如何? 合理的资产负债表反映了公司是在扩张还是陷入了困境。林奇对于公司的银行负债极其敏感,因为这些负债时刻有被银行收回的风险。小规模的公司与大规模公司相比,很难通过债券市场融资,因此常通过银行贷款。仔细阅读公司的财务报表,尤其是报表中的注释,有助于看出银行贷款的作用。我们最后一步是确定公司总负债与资产比低于行业平均水平。之所以用总负债这个指标,是因为这个资料包括了所有形式的负债,与行业水平相比较则是因为不同行业比率不同。通常较高资本密集度和收益相对稳定的行业,负债率也较高。

第五部分:其 他 要 点

每股净现金

林奇喜欢考察每股净现金水平,看其是否对股票价格有支撑作用,并以此考察公司的财务实力。每股净现金的计算方法:(现金和现金等价物-长期负债)/总股本。每股净现金反映了公司背后的资产,并且对那些处于困境的、即将转型或是资本运作的公司都是重要部分。

内部人员是否买这只股票

内部人员买入股票是个有利信号,尤其是这个信号在许多投资者间传播开来。然而内部人员卖出股票可能有很多原因,他们一般在感觉到这是个吸引人的投资时才买入。

公司回购股票吗

林奇尤其欣赏从那些期望进入其他领域的公司回购自己股票的公司。公司进入成熟期,资金流量超过需求时,就会考虑在市场上回购股票。这种回购行为为股票价格形成支撑点,而且通常发生在公司管理者感觉股票市场价格较低的时候。

股票选择要点

分析应集中于以下影响股票价格的因素。

(1) 寻找市盈率相对盈利增长率和股息生息率来说较低的股票——市盈率与盈利增长率和股息生息率相比较。

(2) 寻找市盈率较历史水平低的股票——市盈率与其历史水平相比较。

(3) 寻找市盈率低于行业平均水平的股票——市盈率与行业平均水平相比较。

(4) 研究公司的盈利模式,尤其是他们如何应对不景气时期——盈利是否持续稳定。

(5) 寻找负债较低的公司,尤其是银行负债——资产负债表是否良好。

(6) 每股净现金与股票价格高度相关——现金运用恰当与否。

(7) 密切关注盈利增长率高于50%的公司——回避热点行业的热点公司。

(8) 小公司更值得关注,它们有更大的成长空间——大公司成长缓慢,小公司有更高的成长速度。

(9) 寻找机构投资者持有率低以及市场跟踪少的股票——机构持有水平是多少。

(10) 内部人购买股票是个有利信号——有内部人购进股票吗? 公司是否在市场上回购股票?

资料来源: http://school.stockstar.com/people_SS20080612301750092_0.shtml.

投资经理人——彼得·林奇从事金融行业的经历,会给我们很多启发,请你也来考虑以下两个方面的任务。

任务一:金融投资的心理素质。

任务二:金融投资的战略。

任务分析

对金融业创业,投资专家彼得·林奇的敬业精神及专业技能值得我们学习与借鉴。经过对彼得·林奇的投资分析,发现他有一项很重要的法则:正确地通过认识账面价值和隐藏价值来对公司进行估值。

要对公司进行估值我们需先了解市盈率这个很重要的概念。市盈率指在一个考察期(通常为12个月的时间)内,股票的价格和每股收益的比率。计算公式为

$$P/E_{ratio} = \frac{\text{Price per Share}}{\text{Earnings per Share}}$$

"P/E_{ratio}"表示市盈率;"Price per Share"表示每股的股价;"Earnings per Share"表

示每股收益。即股票的价格与该股上一年度每股税后利润之比(P/E)，该指标为衡量股票投资价值的一种动态指标。

市盈率和市净率指标是估值的基础，但彼得·林奇的实践经验却告诫投资者，可能是因为这些指标太容易获得，账面价值经常会出现高估或者低估公司真实价值的情况。例如，巴菲特的投资旗舰哈撒韦公司最初源自收购新贝德福德纺织厂，借壳重组多年后，巴菲特决定彻底剥离纺织产业。此时问题出现了，织布机的账面价值高达86.6万美元，但最终拍卖时这些账面计价每台5 000美元的织布机仅能卖得每台26美元，此价格甚至比拖走这些织布机的运费还要低。

另有案例令彼得·林奇始终难忘：1976年艾伦伍德钢铁公司破产前夕，账面价值是3 200万美元，每股高达40美元。问题在于这些账面上的炼钢优质资产，却因为设计和操作上的缺陷，难以正常开工，最终破产偿债时，这些优质资产只能当废品卖了。

而与账面资产高估形成鲜明对比的是隐藏资产的低估，典型案例是资源型企业。彼得·林奇曾举例："有时你会发现一家石油公司在地下储存了40年的石油存货，其账面价值是以几十年前罗斯福时期购买时的成本入账的。"又有彼得·林奇投资时代的经典案例：波士顿第五频道电视台账面价值仅250万美元，但在20世纪80年代以4.5亿美元出售易主，也就是说这家电视台的账面价值被低估了300倍，因为该电视台在被收售前始终是以最初建设成本入账的。

近年来海内外类似的隐藏价值案例随处可见。例如，中国铝业在数年前还是巨额亏损，但现在却是年盈利超过40亿元人民币；默多克收购道琼斯整整溢价一倍，即使如此慷慨尚且历经艰难；而SEB国际收购境内股票苏泊尔，价格也是一涨再涨，显然这些公司的账面价值都曾经被低估了。另有一些隐藏资产案例则较复杂，只有业内才能窥其奥秘。例如，三一重工掌门人向文波曾质疑凯雷低价收购徐工，间接揭示了徐工隐藏价值的奥秘；都说地产股受益人民币升值，其实也有低估和高估之分，地产业是典型的成本在以前、收益在现在的资产股，因此那些土地或自有物业很早就入账的地产，其商业股隐藏价值被低估的概率高，而现在高价拿地或租赁物业为主的地产，其商业股则有可能被高估。

最后，彼得·林奇另有一则重要经验值得投资者借鉴，即超乎一般基金经理人的勤奋。正所谓勤能补拙，天道酬勤。价值投资非易事，研究更加需要韧劲和耐心。

本节学习顺序建议，先进行6-2金融业综合创业实践，然后再学习相应知识链接中的知识点，最后学习"进阶技巧"中的"股权控制与并购"等。

知识链接

6.2.1　基本面分析

1. 基本面分析的主要内容

所谓基本面，是指对影响股票市场走势的一些基础性因素的状况，通过对基本面进行分析，可以把握决定股价变动的基本因素，它是股票投资分析的基础。

基本面因素主要包括以下几项。

1) 宏观经济状况

从长期和根本上看,股票市场的走势和变化是由一国经济发展水平和经济景气状况所决定的,股票市场价格波动也在很大程度上反映了宏观经济状况的变化。从国外证券市场历史走势不难发现,股票市场的变动趋势大体上与经济周期相吻合。在经济繁荣时期,企业经营状况好,盈利多,其股票价格也在上涨。经济不景气时,企业收入减少,利润下降,也将导致其股票价格不断下跌。但是股票市场的走势与经济周期在时间上并不是完全一致的,通常,股票市场的变化会有一定的超前,因此股市价格被称作是宏观经济的晴雨表。

2) 利率水平

在影响股票市场走势的诸多因素中,利率是一个比较敏感的因素。一般来说,利率上升,可能会将一部分资金吸引到银行储蓄系统,从而减少了股票市场的资金量,对股价造成一定的影响。同时,由于利率上升,企业经营成本增加,利润减少,也相应地会使股票价格有所下跌。反之,利率降低,人们出于保值增值的内在需要,可能会将更多的资金投向股市,从而刺激股票价格的上涨。同时,由于利率降低,企业经营成本降低,利润增加,也相应地促使股票价格上涨。

3) 通货膨胀

这一因素对股票市场走势有利也有弊,既有刺激市场的作用,又有压抑市场的作用,但总的来看是弊大于利,它会推动股市的泡沫成分加大。在通货膨胀初期,由于货币供应增加会刺激生产和消费,增加企业的盈利,从而促使股票价格上涨。但通货膨胀到了一定程度时,将会推动利率上扬,从而促使股价下跌。

4) 企业素质

对于具体的个股而言,影响其价位高低的主要因素在于企业本身的内在素质,包括财务状况、经营情况、管理水平、技术能力、市场大小、行业特点、发展潜力等一系列因素。

5) 政治因素

政治因素指对股票市场发生直接或间接影响的政治方面的原因,如国际的政治形势、政治事件、国家之间的关系、重要政治领导人的变换等,这些都会对股价产生巨大的、突发性的影响。这也是基本面中应该考虑的一个重要方面。

2. 上市公司经营管理能力分析

上市公司经营管理能力分析,是基本面分析的很重要的一个环节,主要包括以下几个方面。

1) 公司管理人员的素质和能力分析

所谓素质,是指一个人的品质、性格、学识、能力、体质等方面特性的总和。在现代企业里,管理人员不仅担负着对企业生产经营活动进行计划、组织、指挥、控制等管理职能,而且从不同角度和方面负责或参与对各类非管理人员的选择、使用与培训工作。因此,管理人员的素质是决定企业能否取得成功的一个重要因素。在现代市场经济条件下,企业面临的内外环境日益复杂,对公司管理人员的要求也不断提高。在一定意义上,是否有卓越的企业管理人员和管理人员集团,直接决定着企业的经营成败。显然,才智平庸、软弱无能者是无法担当起有效管理企业的重任的。所以,现代企业管理职能客观上要求企业管理人员具有相应的良好素质。换言之,良好的管理人员的素质是提高管理不可或缺的重要条件。管理人员的素质要求是指从事企业管理工作的人员应当具备的基本品质、素养和能力,它是选拔管理人员担任相应职务的依据和标准,也是决定管理者工作效能的先决条件。对管理人员的素质分析是公司分析的重要组成部分。一般而言,企业的管理人员应该具备如下素质。

(1) 从事管理工作的愿望。企业管理是组织、引导和影响他人为实现组织目标而努力的专业性工作,胜任这一工作的前提条件是必须具有从事管理工作的愿望。只有那些具有影响他人的强烈愿望,并能从管理工作中获得乐趣、真正得到满足的人,才可能成为一个有效的管理者;反之,倘若没有从事管理工作对他人施加影响的愿望,个人就不会花费时间和精力去探索管理活动的规律性与方法,亦缺乏做好管理工作的动力,不可能致力于提高他人的工作效率,难以成为一个优秀的管理者。

(2) 专业技术能力。管理人员应当具备处理专门业务技术问题的能力,包括掌握必要的专业知识,能够从事专业问题的分析研究,能够熟练运用专业工具和方法等。这是由于企业的各项管理工作,不论是综合性管理抑或职能管理,都有其特定的技术要求。如计划管理要求掌握制订计划的基本方法和各项经济指标的内在联系,能够综合分析企业的经营状况和预测未来的发展趋势,善于运用有关计算工具和预测方法。要胜任计划管理工作,就必须具备上述专业能力。因此,管理人员应当是所从事管理工作的专家。此外,就管理对象的业务活动而言,管理人员虽然不一定直接从事具体的技术操作,但必须精通有关业务技术特点,否则就无法对业务活动出现的问题作出准确判断,也不可能从技术上给下级职工以正确指导,这会使管理人员的影响力和工作效能受到很大限制。

(3) 良好的道德品质修养。管理人员能否有效影响和激发他人的工作动机,不仅决定于企业组织赋予管理者个人的职权大小,而且在很大程度上取决于个人的影响力。而构成影响力的主要因素是管理者的道德品质修养,包括思想品德、工作作风、生活作风、性格气质等方面。管理者只有具备能对他人起到榜样、楷模作用的道德品质修养,才能赢得被管理者的尊敬和信赖,建立起威信和威望,使之自觉接受管理者的影响,提高管理工作的效果;反之,管理人员如果不具有良好的道德品质修养,甚至低于一般规范,则非但无法正常行使职权,反而会抵消管理工作中其他推动力的作用,影响下级工作的积极性。

(4) 人际关系协调能力。这是从事管理工作必须具备的基本能力。在企业组织中,管理人员通常担负着带领和推动某一部门、环节的若干个人或群体共同从事生产经营活动的职责,因此,需要管理人员具有较强的组织能力,能够按照分工协作的要求合理分配人员,布置工作任务,调节工作进程,将计划目标转化为每个员工的实际行动,促进生产经营过程连续有序地稳定进行。不仅如此,为了充分发挥协作劳动的集体力量,适应企业内外联系日益复杂的要求,管理人员应成为有效的协调者,善于协调工作群体内部各个成员之间以及部门内各工作群体之间的关系,鼓励职工与群体发挥合作精神,创造和谐融洽的组织气氛;同时要善于处理与企业有直接或间接关系的各种社会集团及个人的关系,妥善化解矛盾,避免冲突和纠纷,最大限度地争取社会各界公众的理解、信任、合作与支持,为企业的发展创造良好的外部环境。

(5) 综合能力。现代市场经济条件下,企业作为不断与外部环境进行信息、物质与人才转换的开放系统,生产经营过程具有明显的动态性质,即需要随时根据市场环境的变化作出反应和调整。与这一状况相适应,管理工作经常面对大量的新情况、新问题。在一定意义上,管理过程就是不断发现问题、解决问题的过程。为此,管理人员必须具备较强的解决问题的能力,要能够敏锐地发现问题的所在,迅速提出解决问题的各种措施和途径,善于讲求方式方法和处理技巧,使问题得到及时、妥善的解决。在解决问题的过程中,决策能力具有至关重要的作用。现代管理中管理人员特别是高层管理人员面临的非程序性、非规范化问题越来越多,在没有先例可循的情况下,管理人员必须具有较高的决策能力,要善于在全面收集、整理信息的基础上,准确判断,大胆拍板,从各种备选方案中果断地选择最优方案,并将决策方案付诸实施。不同层次的管理人员所需要的能力构成也有所不同。一般来说,专业技术能力对基层管理人员显得比较重要,中层管理人员次之,高层管理人员则不需要太强的专业技术能力。基层管理者日常管理工作中面对的大量问题是技术问题,必须有熟练的专业技术能力和深厚的专业基础知识才能胜任。综合能力对高层管理人员最重要,因为高层管理者承担企业重大战略决策、协调内外环境平衡的职能,专业问题可以委托职能部门的参谋人员去解决,但是最终的决策必须由自己作出。人际关系协调能力对每个管理层次都很重要,但不同管理层次人际关系协调能力的类型有所不同。基层管理者需要协调基层操作人员工作协作、配合方面的能力;中层管理人员既要协调上级和下级单位之间的关系,也要承担大量的横向协调职能;高层管理人员主要承担企业外部关系的协调职能,为企业营造一个良好的环境。

2) 公司管理风格及经营理念分析

管理风格是企业在管理过程中所一贯坚持的原则、目标及方式等方面的总称。经营理念是企业发展一贯坚持的一种核心思想,是公司员工坚守的基本信条,也是企业制订战略目标及实施战术的前提条件和基本依据。一个企业不必追求"宏伟的"理念,而应建立一个切合自身实际的,并能贯彻渗透下去的理念体系。经营理念往往是管理风格形成的前提。一般而言,公司的管理风格和经营理念有稳健型和创新型两种。稳健型公司的特点是在管理风格和经营理念上以稳健为核心,一般不会轻易改变业已形成的管理和经营模式。因为成熟模式是企业内部经过各方面反复探索、学习、调整和适应才形成的,意味着企业的发展达到了较理想的状态。奉行稳健型原则的公司的发展一般较为平稳,大起大落的情况较少,但是由于不太愿意从事风险较高的经营活动,公司较难获得超额利润,跳跃式增长的可能性较小,而且有时由于过于稳健,会丧失大发展的良机。稳健并不排斥创新,由于企业面临的生存发展环境在不断变化之中,企业也需要在坚持稳健的原则下不断调整自己的管理方式和经营策略以适应外部环境的变化。如果排斥创新的话,稳健型的公司也可能会遭到失败。创新型公司的特点是管理风格和经营理念上以创新为核心,公司在经营活动中的开拓能力较强。创新型的管理风格是此类公司获得持续竞争力的关键。管理创新是指管理人员借助于系统的观点,利用新思维、新技术、新方法,创造一种新的更有效的资源整合方式,以促进企业管理系统综合效益的不断提高,达到以尽可能少的投入获得尽可能多的综合效益,具有动态反馈机制的全过程管理目的。管理创新应贯穿于企业管理系统的各环节,包括经营理念、战略决策、组织结构、业务流程、管理技术和人力资源开发等各方面,这些也是管理创新的主要内容。创新型企业依靠自己的开拓创造,有可能在行业中率先崛起，获得超常规的发展；但创新并不意味着企业的发展一定能够获得成功，有时实行的一些冒进式的发展战略也有可能迅速导致企业的失败。分析公司的管理风格可以跳过现有的财务指标来预测公司是否具有可持续发展的能力，而分析公司的经营理念则可据以判断公司管理层制定何种公司发展战略。

3）公司业务人员素质和创新能力分析

公司业务人员的素质也会对公司的发展起到很重要的作用。作为公司的员工，公司业务人员应该具有如下的素质：熟悉自己从事的业务，必要的专业技术能力，对企业的忠诚度，对本职工作的责任感，具有团队合作精神等。具有以上这些基本素质的公司业务人员，才有可能做好自己的本职工作，才有可能贯彻落实公司的各项管理措施以及完成公司的各项经营业务，才有可能把自身的发展和企业的发展紧密地联系在一起。当今国际经济竞争的核心，是知识创新、技术创新和高技术产业化，不少高科技公司依靠提高产品和技术服务的市场竞争力，加快新产品开发，公司业绩实现持续增长。管理创新是企业创新的一个方面，其他还有产品创新、技术创新、市场创新。管理创新则是产品、技术和市场创新的基础。在进取型的公司管理风格下，还需要具有创新能力的公司业务人员，如技术创新、新产品的开发必须由技术开发人员来完成，而市场创新的信息获得和创新方式则不可缺少市场营销人员的努力。因此，公司业务人员的素质，包括进取意识和业务技能也是公司发展不可或缺的要素。对员工的素质进行分析可以判断该公司发展的持久力和创新能力。

3. 上市公司产品分析

1）产品的竞争能力分析

（1）成本优势。成本优势是指公司的产品依靠低成本获得高于同行业其他企业的盈利能力。在很多行业中，成本优势是决定竞争优势的关键因素。企业一般通过规模经济、专有技术、优惠的原材料和低廉的劳动力实现成本优势。由资本的集中程度而决定的规模效益是决定公司生产成本的基本因素。当企业达到一定的资本投入或生产能力时，根据规模经济的理论，企业的生产成本和管理费用将会得到有效降低。对公司技术水平的评价可分为评价技术硬件部分和软件部分两类。技术硬件部分，如机械设备、单机或成套设备；软件部分，如生产工艺技术、工业产权、专利设备制造技术和经营管理技术，具备了何等的生产能力和达到什么样的生产规模，企业扩大再生产的能力如何等。另外，企业如拥有较多的技术人员，就有可能生产出质优价廉、适销对路的产品。原材料和劳动力成本则应考虑公司的原料来源以及公司的生产企业所处的地区。取得了成本优势，企业在激烈的竞争中便处于优势地位，意味着企业在竞争对手失去利润时仍有利可图，亏本的危险较小；同时，低成本的优势，也使其他想利用价格竞争的企业有所顾忌，成为价格竞争的抑制力。

（2）技术优势。企业的技术优势是指企业拥有的比同行业其他竞争对手更强的技术实力及其研究与开发新产品的能力。这种能力主要体现在生产的技术水平和产品的技术含量上。在现代经济中，企业新产品的研究与开发能力是决定企业竞争成败的关键，因此，任何企业，一般都确定了占销售额一定比例的研究开发费用，这一比例的高低往往能决定企业的新产品开发能力。产品的创新包括研制出新的核心技术，开发出新一代产品；

研究出新的工艺,降低现有的生产成本;根据细分市场进行产品细分。技术创新,不仅包括产品技术,还包括创新人才,因为技术资源本身就包括人才资源。现在大多数上市公司越来越重视人才的引进。在激烈的市场竞争中,谁先抢占智力资本的制高点,谁就具有取胜的把握。技术创新的主体是高智能、高创造力的高级创新人才,实施创新人才战略,是上市公司竞争制胜的务本之举,具有技术优势的上市公司往往具有更大的发展潜力。

(3) 质量优势。质量优势是指公司的产品以高于其他公司同类产品的质量赢得市场,从而取得竞争优势。由于公司技术能力及管理等诸多因素的差别,不同公司间相同产品的质量是有差别的。消费者在进行购买选择时,虽然有很多因素会影响他们的购买倾向,但是产品的质量始终是影响他们购买倾向的一个重要因素。质量是产品信誉的保证,质量好的产品会给消费者带来信任感。严格管理,不断提高公司产品的质量,是提升公司产品竞争力行之有效的方法,具有产品质量优势的上市公司往往在该行业占据领先地位。

2) 产品的市场占有率

分析公司的产品市场占有率,在衡量公司产品竞争力问题上占有重要地位,通常从两个方面进行考察。其一,公司产品销售市场的地域分布情况。从这一角度可将公司的销售市场划分为地区型、全国型和世界范围型。销售市场地域的范围能大致地估计一个公司的经营能力和实力。其二,公司产品在同类产品市场上的占有率。市场占有率是对公司的实力和经营能力的较精确估计。市场占有率是指一个公司的产品销售量占该类产品整个市场销售总量的比例。市场占有率越高,表示公司的经营能力和竞争力越强,公司的销售和利润水平越好、越稳定。公司的市场占有率是利润之源。效益好并能长期存在的公司,其市场占有率必然是长期稳定并呈增长趋势的。不断地开拓进取,挖掘现有市场潜力,不断进军新的市场,是扩大市场占有份额和提高市场占有率的主要手段。

3) 品牌战略

品牌是一个商品名称和商标的总称,它可以用来辨别一个卖者或卖者集团的货物或劳务,以便同竞争者的产品相区别。一个品牌不仅是一种产品的标志,而且是产品质量、性能、满足消费者效用的可靠程度的综合体现。品牌竞争是产品竞争的深化和延伸。当产业发展进入成熟阶段,产业竞争充分展开时,品牌就成为产品及企业竞争力的一个越来越重要的因素。品牌具有产品所不具有的开拓市场的多种功能:一是品牌具有创造市场的功能;二是品牌具有联合市场的功能;三是品牌具有巩固市场的功能。以品牌为开路先锋,为作战利器,不断攻破市场壁垒,从而实现迅猛发展的目标,是国内外很多知名大企业行之有效的措施。效益好的上市公司,大多都有自己的品牌和名牌战略。品牌战略不仅能提升产品的竞争力,而且还能够利用品牌进行收购兼并。

4. 经营策略实例

<h3 style="text-align:center">李嘉诚谈楼市:内地房价太高 百姓难以承受</h3>

——我一生的原则是不会去赚"最后一个铜板"

记者:在香港,有市民对记者说,香港现在就是"李家的城",说你"地产垄断"之类的,对此你怎么看?

李嘉诚:1979年我收购和记黄埔之前,它在香港以外的地方是零投资,投资海外是由我开始的。当时我就知道香港的市场有限,我不断到外国投资,今天证明我的做法是对的,如果集中在香港投资,根本是蠢事! 二三十年前我已预见香港这个情况,不是我聪明,而是香港就几百万人口,能做多少生意呢?

其实和黄的香港业务占全球投资比例约为 15%,长实在香港的投资占全球的约 1/3,如果地产做得少一点,比例会更小。

记者:那你也觉得现在内地楼市的价格已经太高?

李嘉诚:是的,价格涨太高,一般老百姓已经难以承受。所以近期也看到政府出台了调控政策,譬如买二套房限贷等。现在投资地产的公司也有危险,要很谨慎、很小心,我一生的原则是不会去赚"最后一个铜板"。

高卖低买本来就是正常的商业行为,但就全世界而言,从来没有批评过我们撤资,唯独香港传言不断,令人遗憾。

资料来源:南方都市报. http://gd.qq.com/a/20131128/002197.htm.

6.2.2　技术面分析

1. 道氏理论——技术分析的鼻祖

道氏理论是所有市场技术研究的鼻祖。尽管它经常因为"反应太迟"而受到批评,并且有时还受到那些拒不相信其判定的人士的讥讽(尤其是在熊市的早期),但只要对股市稍有经历的人都对它有所听闻,并受到大多数人的敬重。但人们从未意识到那是完全简单的技术性的,那不是根据什么别的,是股市本身的行为(通常用指数来表达),而不是分析人士所依靠的商业统计材料。道氏理论的形成经历了几十年,1902 年,在查理斯·道去世以后,威廉·P. 哈密顿和罗伯特·雷亚继承了查理斯·道的理论,并在其后有关股市的评论写作过程中,加以组织与归纳而成为今天我们所见到的理论。他们所著的《股市晴雨表》《道氏理论》成为后人研究道氏理论的经典著作。

值得一提的是,这一理论的创始者——查理斯·道,声称其理论并不是用于预测股市,甚至不是用于指导投资者,而是一种反映市场总体趋势的晴雨表。大多数人将道氏理论当作一种技术分析手段——这是非常遗憾的一种观点。其实,道氏理论的最伟大之处在于其宝贵的哲学思想,这是它全部的精髓。雷亚在所有相关著述中都强调,道氏理论在设计上是一种提升投机者或投资者知识的配备(aid)或工具,并不是可以脱离经济基本条件与市场现况的一种全方位的严格技术理论。根据定义,"道氏理论"是一种技术理论;换言之,它是根据价格模式的研究,推测未来价格行为的一种方法。

2. 波浪理论

1) 波浪理论的产生

道氏理论告诉人们何谓大海,而波浪理论指导你如何在大海上冲浪。

波浪理论(Wave Principle)的创始人——拉尔夫·纳尔逊·艾略特(Ralph Nelson Elliott)提出社会、人类的行为在某种意义上呈可认知的形态(patterns)。利用道琼斯工业平均(Dow Jones Industrial Average,DJIA)作为研究工具,艾略特发现不断变化的股价结构性形态反映了自然和谐之美。根据这一发现,他提出了一套相关的市场分析理论,精炼出市场的 13 种形态(pattern)或谓波(waves),在市场上这些形态重复出现,但是出现的时间间隔及幅度大小并不一定具有再现性。后来他又发现了这些呈结构性形态的图形可以连接起来形成同样形态的更大的图形。他提出了一系列权威性的演绎法用来解释市场行为,并特别强调波动原理的预测价值,这就是久负盛名的艾略特波浪理论。

2) 波浪理论的基础——五升三降

波动原理有三个重要概念:波的形态、波幅比率、持续时间。其中最重要的是形态。波有两个基本形态:推进波 5—3—5—3—5 和调整波 5—3—5。

波动原理具有独特的价值,其主要特征是通用性及准确性。通用性表现在大部分时间里能对市场进行预测,许多人类的活动也都遵循波动原理。但是艾略特的研究是立足于股市,因而股市上最常应用这一原理。准确性表现在运用波动原理分析市场变化方向时常常显示出惊人的准确率。

在 1938 年《波动原理》一书和 1939 年一系列的文章中,艾略特指出股市呈一定的基本韵律和形态,5 个上升波和 3 个下降波构成了 8 个波的完整循环。3 个下降波作为前 5 个上升波的调整(correction)。图 6-1 所示为波动原理的 5 个推进波(impulse waves)和 3 个调整波(corrective waves)。

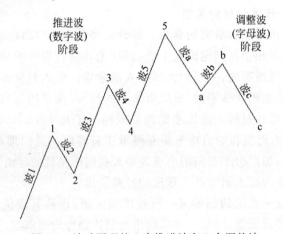

图 6-1　波动原理的 5 个推进波和 3 个调整波

这里我们要简介一下此书中的一些用语。首先 5 波是指由图 6-1 中 1、2、3、4、5 五个波构成的波浪,3 波是指一个由图 6-1 中 a、b、c 三个波构成的波浪。当我们说推进波为 5—3—5—3—5 形态就是指推进波可以由 5 个子波构成,这 5 个子波又分别由 5 波、3 波、5 波、3 波、5 波构成,如图 6-2 所示。

波 1、3、5 称为推进波(impulse waves)或方向波,推进波的基本形态如图 6-2 中[1]所示,是 5—3—5—3—5 形态。波 2、4 称为调整波(corrective waves),波 2 调整波 1,波 4 调整波 3,波 1、2、3、4、5 构成的 5 波由波 a、b、c 构成的 3 波调整。调整波的基本形态如图 6-2 中[2]所示,是 5—3—5 形态。一个完整的循环由 8 波组成,其中包括两种类别的波,即数字波(numbered phase)或 5 波,以及字母波(lettered phase)或 3 波。

接着开始另一个相似的循环,亦由 5 个上升波和 3 个下降波组成。随后又延伸出 5 个上升波。这样完成了一个更大的上升 5 波,并且接着发生一个更大的 3 波向下调整前面发生的上升 5 波。每个数字波和字母波本身都是一个波,并且共同构成更大一级的波。

图 6-2 表示同一级的两个波可以分成次一级的 8 个小波,而这 8 个小波又可以同样

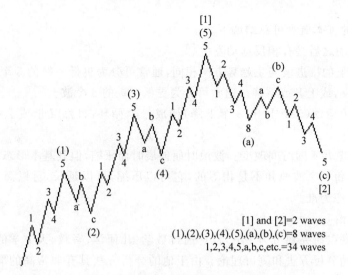

[1] and [2]=2 waves
(1),(2),(3),(4),(5),(a),(b),(c)=8 waves
1,2,3,4,5,a,b,c,etc.=34 waves

图 6-2 各等级波浪的进一步划分

方式分出更次一级的 34 个小波。也就是说,波浪理论中认为任何一级的任何一个波均可分为次一级的波。反过来也构成上一级的波。因此,可以说图 6-2 表示两个波或 8 个波或 34 个波,只不过特指某一级而已。

各等级波浪进一步划分调整波 a、b、c 的形态,如图 6-2 所示的波[2],是 5-3-5 形态(5-3-5 Pattern)。波(2)又与波[2]的形态相同,(1)与(2)始终与[1]、[2]的形态相同,仅是大小程度不同而已。

图 6-3 进一步明确了波的形态与波的等级之间的关系,它表示一个完整的波浪及次级浪数目。

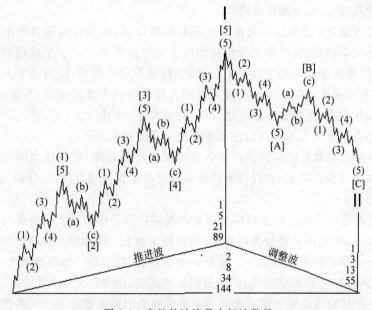

图 6-3 完整的波浪及次级波数目

波浪形成的基本概念可总结如下。

① 一个运动之后必有相反运动发生。

② 主趋势上的推进波与主趋势方向相同,通常可分为更低一级的 5 个波;调整波与主趋势方向相反,或上升或下降。通常可分为更低一级的 3 个波。

③ 8 个波浪运动(5 个上升,3 个下降)构成一个循环,自然又形成上级波动的两个分支。

④ 市场形态并不随时间改变。波浪时而伸展时而压缩,但其基本形态不变。

在实践中,每一个波浪并不是相等的,它可以压缩,可以延长,可以简单,可以复杂。总之,一切以形态为准。

3. 江恩理论

江恩理论是以研究测市为主的,江恩通过数学、几何学、宗教、天文学的综合运用,建立起自己独特的分析方法和测市理论。由于他的分析方法具有非常高的准确性,有时达到令人不可思议的程度,因此很多江恩理论的研究者非常注重江恩的测市系统。但在测市系统之外,江恩还建立了一整套操作系统,当测市系统发生失误时,操作系统将及时地对其进行补救。江恩理论之所以可以达到非常高的准确性,就是将测市系统和操作系统一同使用,相得益彰。

江恩在 1949 年出版了他最后一本重要著作《在华尔街 45 年》,此时江恩已是 72 岁高龄,他坦诚地披露了纵横市场数十年的取胜之道。其中江恩 12 条买卖规则是江恩操作系统的重要组成部分,江恩在操作中还制定了 21 条买卖守则,江恩严格地按照 12 条买卖规则和 21 条买卖守则进行操作。

江恩认为,进行交易必须根据一套既定的交易规则去操作,而不能随意地买卖,盲目地猜测市场的发展情况。随着时间的转变,市场的条件也会跟随转变,投资者必须学会跟随市场的转变而转变,而不能认死理。

江恩告诫投资者:在你投资之前请先细心研究市场,因为你可能会作出与市场完全相反的错误的买卖决定,同时你必须学会如何去处理这些错误。一个成功的投资者并不是不犯错误,因为在证券市场中面对千变万化、捉摸不定的市场,任何一个人都可能犯错误,甚至是严重的错误。但成败的关键是成功者懂得如何去处理错误,不使其继续扩大;而失败者因犹豫不决、优柔寡断任错误发展,并造成更大的损失。

江恩认为有以下三大原因可以使投资者遭受重大损失。

(1) 在有限的资本上过度买卖。也就是说操作过分频繁,在市场中的短线和超短线是要求有很高的操作技巧的,在投资者没有掌握这些操作技巧之前,过分强调做短线常会导致不小的损失。

(2) 投资者没有设立止损点以控制损失。很多投资者遭受巨大损失就是因为没有设置合适的止损点,结果任其错误无限发展,损失越来越大。因此学会设置止损点以控制风险是投资者必须学会的基本功之一。还有一些投资者,甚至是一些市场老手,虽然设了止损点,但在实际操作中并不坚决执行,结果因一念之差,遭受巨大损失。

(3) 缺乏市场知识是导致在市场买卖中遭受损失的最重要原因。一些投资者并不注重学习市场知识,而是想当然办事或主观认为市场如何如何,不会辨别消息的真伪,结果被误导,遭受巨大的损失。还有一些投资者仅凭一些书本上学来的知识来指导实践,不加区别地套用,造成巨大损失。江恩强调的是市场的知识和实践的经验。而这种市场的知识往往要在市场中摸爬滚打相当时间才会真正有所体会。

江恩理论的测市系统部分很多地方抽象难懂,不易理解,但江恩的操作系统和买卖规则却清楚明确,非常容易理解。江恩的操作系统是以跟随市场买卖为主,这与他的预测系统完全不同,江恩非常清楚地将买卖操作系统与市场预测系统分开,使他能在一个动荡充满危机的年代从事投机事业而立于不败之地。

江恩理论的实质就是在看似无序的市场中建立了严格的交易秩序,他建立了江恩时间法则、江恩价格法则、江恩线等。它可以用来发现何时价格会发生回调和将回调到什么价位。

江恩线的数学表达有两个基本要素,即价格和时间。江恩通过江恩圆形、江恩螺旋正方形、江恩六边形、江恩"轮中轮"等图形将价格与时间完美地融合起来。在江恩的理论中,"七"是一个非常重要的数字,江恩在划分市场周期循环时,江恩经常使用"七"或"七"的倍数,江恩认为"七"融合了自然、天文与宗教的理念。

江恩线是江恩理论与投资方法的重要概念,江恩在 X 轴上建立时间,在 Y 轴建立价格,江恩线符号由"TXP"表示。江恩线的基本比率为 1∶1,即一个单位时间对应一个价格单位,此时的江恩线为 45 度。通过对市场的分析,江恩还分别以 3 和 8 为单位进行划分,如 1/3、1/8 等,这些江恩线构成了市场回调或上升的支持位和阻力位。

通过江恩理论,我们可以比较准确地预测市场价格的走势与波动,成为股市的赢家。当然,江恩理论也不是十全十美的,不能指望它使你一夜暴富,但是经过努力,在实践中体会江恩理论的真谛,它一定会使你受益匪浅。

(1)知识。对获得知识我不能说出更多的。你不可能不花费时间研究而获得知识,你必须放弃寻找在证券市场中赚钱捷径的企图。当你事先花费时间学习得到知识后,你将会发现赚钱是容易的。在获得知识上花费的时间越多,以后赚的钱越多。知识永远不够,你必须学以致用从中获益,通过应用学到的知识,在合适的时候行动和交易以获得利润。

(2)耐心。这是在股票市场中获得成功最为重要的资质之一。首先,你必须有耐心等待确切的买入或抛出点,机会到了后决定入市。当你作交易时,你必须耐心地等待机会及时地离开市场,获得利润。你必须在结束交易获得利润之前就发现趋势确实已经变化。这是对过去市场变化研究之后的唯一结果。从中获得所需的合适知识。

(3)灵感。一个人能得到世界上最好的枪,但是他没有灵感去扣动扳机,则不能打死任何敌人。你可以获得世界上所有的知识,但是你如果没有灵感去买或抛,你就不可能获利。知识给人灵感,使他有勇气在适当的时候采取行动。

(4)健康。除非这个人是健康的,否则不可能在任何生意中获得巨大的成功。因为一颗聪明的心不能在虚弱的身体下工作。如果你的健康受到了损害,你将不会有足够的耐心或足够的灵感。当你处在不良的健康状况之下,你会有依赖性,你失去希望,你有太多的恐惧,你不能在合适的时间采取行动。

(5)资金。当你获得了所有在证券交易中取得成功的资质后,你必须有资金。但是如果你有了知识或耐心,你可以开始以少量的资金获取大的利润。建议你使用止损位,以减少亏损和避免透支交易。

记住永远不要背离趋势。在你发现市场趋势时,随其而动。遵守准则以跟随趋势,不要以猜测和希望来作交易。

6.2.3   可量化的投资策略

下面列举几位金融市场重量级人物的可量化的指标,供投资者参考。

1. 格雷厄姆的价值投资

(1) 市盈率≤16%。

(2) 流动比率≥150%。

(3) 连续 3 年盈利。

(4) 当前支付现金红利。

(5) 最近一年的每股收益大于 3 年前的每股收益。

(6) 市净率(股价/每股净资产)≤3.5。

2. 巴菲特的价值投资

(1) 最近年度股权收益率>平均值(市场及产业)。

(2) 5 年平均股权收益率>15%。

(3) 最近年度毛利率>产业平均值。

(4) 7 年内市值增加值÷7 年内保留盈余增加值>1。

年内市值增加值=目前市值-7 年前市值。

保留盈余增加值=过去 28 季税后盈余总和-过去 28 季现金股利发放总额。

目前市值=最近股价×流通在外发行股数。

7 年前市值=7 年前股价×7 年前流通在外发行股数。

(5) 最近年度自由现金流量÷7 年前自由现金流量-1≥1。

最近年度自由现金流量=最近年度税后纯益+最近年度折旧费用-最近年度资本支出。

7 年前自由现金流量=7 年前税后纯益+7 年前折旧费用-7 年前资本支出。

(6) 市值÷10 年自由现金流量折现值<1。

10 年自由现金流量折现值=自由现金流量现值总和+残值现值。

具有良好成长性的公司市盈率一般较高。一个有效的评估方法就是比较公司市盈率和盈利增长率。市盈率为历史盈利增长率一半被认为是较有吸引力的,而这个比值高于 2 就不太妙了。

3. 林奇的价值投资

市盈率/(盈利增长率+股息生息率)<0.5。

4. 中国林园的价值投资

(1) 企业年利润总额>1 亿元。

(2) 毛利率≥18%,而且首先是稳定,其次毛利率不能是下降的。

(3) 每股盈利≥0.3。

(4) 净资产收益率>10%。

思考与讨论

有个记者采访巴菲特："请问您工作中大部分时间在做什么?"

巴菲特说:"我的工作是阅读。"

记者又问:"那么您主要阅读什么东西呢?"

巴菲特说:"我阅读我所关注的公司年报,同时也阅读它的竞争对手的年报,这些年报是我最主要的阅读材料。"

很多人想知道,为什么巴菲特投资赚的钱比别人多得多。巴菲特的解释是:"别人喜欢看《花花公子》杂志,而我喜欢看公司财务报告。"

问题:谈谈上述这段对话给你的启示。

 典型案例

巴菲特如何在 30 岁前成为百万富翁

如果你在 1956 年把 1 万美元交给沃伦·巴菲特,它今天就变成了大约 2.7 亿美元。这仅仅是税后收入!

巴菲特是有史以来最伟大的投资家,他依靠股票、外汇市场的投资成为世界上数一数二的富翁。他倡导的价值投资理论风靡世界。巴菲特似乎从不试图通过股票赚钱,他购买股票的基础是:假设次日关闭股市,或在 5 年之内不再重新开放。在价值投资理论看来,一旦看到市场波动而认为有利可图,投资就变成了投机,没有什么比赌博心态更影响投资。

30 岁前成为百万富翁

1930 年 8 月 30 日,沃伦·巴菲特出生于美国内布拉斯加州的奥马哈市,沃伦·巴菲特从小就极具投资意识,他钟情于股票和数字的程度远远超过了家族中的任何人。他满肚子都是挣钱的道儿,5 岁时就在家中摆地摊兜售口香糖。稍大后他带领小伙伴到球场捡大款用过的高尔夫球,然后转手倒卖,生意颇为红火。上中学时,除利用课余做报童外,他还与伙伴合伙将弹子球软件机出租给理发店老板,挣取外快。1941 年,他刚刚 11 岁,便跃身股海,购买了平生第一只股票。之后,巴菲特进入宾夕法尼亚大学攻读财务和商业管理。但他觉得教授们的空头理论不过瘾,两年后便不辞而别,辗转考入哥伦比亚大学金融系,拜师于著名投资学专家本杰明·格雷厄姆。在格雷厄姆门下,巴菲特如鱼得水。格雷厄姆反投机,主张通过分析企业的盈利情况、资产情况及未来前景等因素来评价股票。他教授给巴菲特丰富的知识和诀窍。富有天才的巴菲特很快成了格雷厄姆的得意门生。

青年时的巴菲特申请哈佛大学被拒之门外。年少气盛的巴菲特决心自己一试身手。有一次,他在父亲的一个朋友家里突然语惊四座,宣布自己要在 30 岁以前成为百万富翁,"如果实现不了这个目标,我就从奥马哈最高的建筑物上跳下去"。不久,一群亲朋凑了 10.5 万美元,其中有他的 100 美元,巴菲特成立了自己的公司——巴菲特有限公司。创业之初巴菲特非常谨慎。在不到一年的时间内,他已拥有了 5 家合伙人公司。当了老板的巴菲特每天只做一项工作,就是寻找低于其内在价值的廉价小股票,然后将其买进,等待价格攀升。这正是格雷厄姆教给他的秘诀。这些远远低于其营运资本的股票果然为他带来了丰厚的利润,格雷厄姆的"点金术"百试百验。

牛市激流勇退

1957年,巴菲特掌管的资金达到30万美元,但年末则升至50万美元。之后,巴菲特合伙人公司的资本达到了720万美元,其中有100万美元是属于巴菲特个人的。当时他将几个合伙人企业合并成一个"巴菲特合伙人有限公司"。最小投资额扩大到10万美元。情况有点像现在中国的私募基金或私人投资公司。他公司的业绩高出了道·琼斯工业指数20.47个百分点,而巴菲特本人也在当年的《奥马哈先驱报》上获得"成功的投资业经营人"的名头,当年就兑现了他的"百万富翁"狂言。

1966年春,美国股市牛气冲天,巴菲特的股票都在飞涨,但他却坐立不安,因为他发现很难再找到符合他的标准的廉价股票了。虽然股市上疯狂的投机给投机家带来了横财,但巴菲特却不为所动,因为他认为股票的价格应建立在企业业绩成长而不是投机的基础之上。之后两年,巴菲特公司的股票取得了它历史上最好的成绩:增长了59%,而道·琼斯指数才增长了9%。巴菲特掌管的资金上升至1.04亿美元,其中属于巴菲特的有2500万美元。

1968年5月,当股市一片凯歌的时候,巴菲特却通知合伙人,他要隐退了。随后,他逐渐清算了巴菲特合伙人公司几乎所有的股票。一年后,股市直下,渐渐演变成了股灾,到1970年5月,每种股票与上年初相比都下降了50%,甚至更多,美国股市就像个泄了气的皮球,没有一丝生气,持续的通货膨胀和低增长使美国经济进入"滞胀"时期。然而,一度失落的巴菲特却暗自欣喜,因为他看到了财源即将滚滚而来——他发现了太多的便宜股票。

火箭般的致富方式

从股市退出后,巴菲特又盯上了报刊业,因为他发现拥有一家名牌报刊,就好似拥有一座收费桥梁,任何过客都必须留下买路钱。1973年开始,他偷偷地在股市上蚕食《波士顿环球》和《华盛顿邮报》,他的介入使《华盛顿邮报》利润大增,每年平均增长35%。10年之后,巴菲特投入的1000万美元升值为2亿美元。随后,他用1.2亿美元、以每股10.96美元的单价,买进可口可乐7%的股份。到1985年,可口可乐改变了经营策略,开始抽回资金,投入饮料生产。其股票单价已涨至51.5美元,翻了5倍。至于赚了多少,其数目可以让全世界的投资家咋舌。

1992年中巴菲特以74美元一股购下435万股美国高技术工业公司的股票,到年底股价上升到113元。巴菲特在半年前拥有的32 200万美元的股票已值49 100万美元了。1965—1994年,巴菲特的股票平均每年增值26.77%,高出道·琼斯指数近17个百分点。如果在1965年投资巴菲特的公司10 000美元,到1994年,就可得到1 130万美元的回报,谁若在30年前选择巴菲特,谁就坐上了发财的火箭。

思考与讨论

结合上述案例,列出你自己对金融业经营的策略,并在本章创业实践中加以运用与验证。

创业实践

创业实践 6-1　股市创业实践

?	实践主题：股市创业实践
≔	完成这些练习后,学员将能够： 体验上市公司股市经营的技能及运行规律； 公司股票价格达到 400 元
◈	一开始你就拥有总部一个,金融相关部门若干,无其他资产。现金 33 万元,股票价格约 15 元,运作限定在两个城市中,各种类型企业若干,都处于起步阶段

请以单人高手模式进入"5. 驾驭市场",背景说明如下：

> 你的公司上市了,你向股东保证会让股价在30年内达到400美元。如果你做不到这一点,你将被赶下台。

检验方式：以个人是否完成目标、完成目标的时间为检查依据,填写如下表格。

姓名(学号)	公 司 名 称	是否完成目标	完成时间(年)	排　　序

创业实践 6-2　金融业综合创业实践

?	实践主题：金融业综合创业实践
≔	完成这些练习后,学员将能够： 了解金融业经营规则； 体验金融业创业经营的全过程
◈	如果你希望从事的创业活动为金融行业,你就需要掌握金融业的经营规则,思考金融业的创业策略及机会所在,为此请尽快体验金融业经营过程,体验金融业成功的喜悦和失败的经验与教训

1. 金融业创业实践

首先进行分组,每组人数不超过 7 人,然后以多人软件或单人自定义软件模式进入模拟系统,每组按以下要求进行系统设置(提示:金融业在本次模拟中的内容主要包括贷款融资、股票发行、股票投资、公司收购)。

目　　录	子　目　录	设置内容
基本	难度等级	6 级
环境	你的初始资金	高
	其他	系统默认
竞争对手	竞争对手数量	10
	其他全部	系统默认
进口	全部	系统默认
目标任务	数值 1 玩家资产	4 亿
	数值 1 玩家控制的公司任务控制的公司数量	2
	数值 1 其他参数	系统默认
	数值 2 投资回报率	12%
	数值 2 全部参数	系统默认
	产业	系统默认
	产品	系统默认

检验方式:以组为单位,以个人是否完成目标、最后综合得分为检查依据,填写如下表格。

组名:

姓名(学号)	公司名称	是否完成目标	综合得分	排　　序

2. 分组讨论

分组讨论本次创业实践的经验与教训,参赛队员准备一份金融业创业实践的经验总结(PPT 报告),建议包括经营思路、经营过程、经营中出现的问题、处理的方法、体会、金融业创业的机会所在等。

 **进阶技巧**

1. 股票操作技巧

股价主要取决于业绩,所以长期而言股票都能成长。软件中股票只有增发,没有红股或者拆细,所以比较像沃伦·巴菲特,几年之后股价就会飞到天上去,有时股票会从 10 元升到了几千元或更高。

股价的其他影响因素包括以下几项。

(1) 分红。适当的分红有助于增加投资者的信心,提高市盈率。

(2) 投资者关系。每个月在这个部分上花一点钱也有助于提高市盈率。

(3) 对股票的买卖行为。每一笔买卖都会对股价发生影响,不论这个买卖行为是投资者还是某家上司公司做出的。软件中有十几个独立投资者,这些人可以被经营者聘为部门总监,他们也会在城市购置自用的房产(经营者也可以用个人的钱买个人自用的房产,但没有什么意义,大概只能用来哄抬地价),以及在股市自行投资。当所有的 NPC 公司都倒掉或者被兼并后,这些独立投资人还会开设新的公司。关于股票买卖,除了正常买卖,你还可以与其他投资者讨价还价买他的持有股份,你可直接点相关公司的股票选择适当的价格进行。

(4) 随机因素。类似突发事件,这儿的随机因素主要是股市突然崩盘或者长红,以及家畜的流行病(让经营者的农场在相当长时间内无法生产),有人碰到过科研突发事件,才研发半个月就说研发完成,而且完成度相当于研发了 10 年。

初期通过增发新股进行融资时,股价很重要,因为这时的贷款上限太小,无法以贷款扩张。在资金链上站稳脚跟后,利润开始上升,每个月能达到 100 万元以上,这时贷款上限上升了许多,就不需要再通过增发新股进行融资了,股价就变得不太重要了。等到贷款的投资有效益后,利润大幅增加,每个月的营业利润能达到 1 000 万元以上,就主要以营业利润作为扩张资金来源了。

2. 股权控制和并购

软件对于股权控制有以下两条。

(1) 控股超过 50% 时,就可以对 NPC 公司的资金实现部分控制。此时 NPC 的身份从董事长兼 CEO 变成了 CEO。经营者不能控制 NPC 公司的投资,所谓的部分控制就是,经营者可以用 NPC 公司的资金去买第三家公司的股票。NPC 的公司仍会自行进行股市投资的决策,自行进行股市买卖。而且 NPC 公司如果手中现金多的话,会自行进行回购。

(2) 控股超过 75% 时,会出现一个并购的选项,可以具体操作并得到其所有技术。根据中国或者美国的证券法应该是强制合并,在软件中却变成了可并可不并,大概是为了降低软件难度吧。

大概是为了算法上的方便,相互持股在软件中是禁止的。即 A 公司持有 B 公司的股票,同时 B 公司也持有 A 公司的股票,这只有在 A 公司和 B 公司之间没有相互控制(即持股 50% 以上)时才允许,当经营者的 A 公司控制了 B 公司,这时经营者就无法让 B 公司去买 A 公司的股票,只能去买第三家公司的股票。相互持股在会计上的处理是很复杂的,持股比例小的尚可以用原始成本或者市价作价,持股比例大的需要合并报表的会计处理就会复杂到让人想跳楼,没学过会计的人大概是无法体会这种痛苦。

控制的标准,是指所有经营者控制的公司对目标公司的持股比例。例如,经营者作为投资人持有 C 公司的 10%,经营者一开始就有的 A 公司持有 C 公司的 20%,A 公司控制的 B 公司持有 C 公司的 20%,这时经营者或者 A 公司或者 B 公司再购入 1 股,经营者就达成了对 C 公司的控制。因此作为投资人在股市的买进卖出,除了增加个人资产外,还可以用来控制别的公司。

软件绝对控股要求造成的另一个后果就是,经营者无法收购一家持续亏损的企业。一家持续亏损的企业,其股价并不一定立刻就跌到地板上,虽然有网易这种从上市第一天的 23 美元慢慢地跌破 1 美元的事例,但中国的 ST、PT 依然股价坚挺,美国的安然和 WorldCom 也是突然间崩溃的。许多持续亏损的企业后来扭亏为盈,在亏损期间虽然股价低迷,但也没有跌到地板上。在本软件中,持续亏损的企业,其股价仍高于净资产,但是控股超过 50% 的要求,而不是投票愿意合并超过 50% 的要求,使经营者无法接手这家公司。当这家公司倒闭时,经营者只能分到它的资产变卖后的所得,而它的无形资产就成了净损失,另外它的资产变卖后,那些工厂和公司并没有变成无主的小企业,而是就此人间蒸发。

A 公司并购 B 公司之后,经营者可以得到 B 公司的科技,但是无法得到 B 公司的其他无形资产,主要是品牌。B 公司的产品全部以 A 公司的品牌出售,而 B 公司的部分产品在品牌上比 A 公司要强。

在收购中,当公众持股为 0,全部为机构或者独立投资人持股时,经营者可以直接向机构或者投资人买股票,价格是协商的,对方的要价一般会比市价高一些,视经营者控股的程度而定,若经营者的控股达到了 90% 以上,要价甚至会是市价的 3～4 倍。这一点做得比较好,不需要等待别人把股票卖到市场上之后再去买进来。

3. 关于回购

公司在现金多时可以回购股票,因为回购不会造成股价的变动。有些人的做法是,上市时先圈一大笔钱,因为第一年的重点在研发上面,往往股价一直下跌,跌到研发结束要开设工厂和店面进入盈利阶段时,就开始准备回购。回购前先把工厂和店面建设好,这时手中应该还有大量资金。这时抛一点股票,以把价格砸下去,再用公司的现金进行回购,只要留点流动资金就可以了。因为亏损的公司很少有投资人愿意长期持有,所以大部分股份都是在公众手中,回购之后经营者被稀释的控股权又回来了。

第 7 章

创业企业综合实践

- ◆ 体验企业并购操作过程
- ◆ 体验企业整合资源管理的困难与所带来的利益
- ◆ 从创业综合实践中掌握战略决策技能
- ◆ 能够理解企业整合资源管理的操作流程
- ◆ 能够分析企业整合资源管理的商业机会

7.1 企业经营综合策略

汽车界的"鲇鱼"——李书福

他曾被很多人称为"汽车界泛出的一条鲇鱼",他的出现曾带动国内轿车 4 次降价,搅活了中国汽车业闭门造车的"一潭死水",使百姓的购车梦提前实现。他就是人称"造车疯子"、中国民企造车第一人、浙江吉利汽车股份公司董事长李书福。

回顾走过的道路,李书福深有感触:没有国家的改革开放政策就不会有吉利的今天,而吉利汽车的发展史,可以说是民营经济改革开放 30 多年发展史的一个缩影。

没有"准生证"冰箱厂关门

1981 年,18 岁的李书福中学毕业后,向父亲要了 120 元钱,买了架海鸥牌照相机,在街头巷尾拍照片。一年后,他利用赚到的第一笔钱——2 000 元做原始资金,开了个小照相馆,这一年竟然赚到了 1 万多元。

20 世纪 80 年代中期,李书福发现富裕起来的人们开始追求生活质量,电冰箱成了生活中的宠儿。于是他又与人合伙办起了"黄岩县石曲冰箱配件厂",第一年的产值就达到 900 多万元。

1986 年组建起"黄岩县北极花电冰箱厂",以贴牌生产的形式生产电冰箱、冰柜。到 1989 年,北极花电冰箱厂产值达几千万元。每天拉货的车子排起了长队。

1989 年 6 月,国家对电冰箱开始实行定点生产,民营背景的北极花电冰箱厂自然没有列入定点生产企业的名单。于是他无奈地关掉了北极花电冰箱厂的大门,把资产全部上缴当地政府。

如今说起这段经历,李书福显得平静了许多:如果当时没有冰箱厂的关门,也就不会有今天的吉利汽车。但在当时,这曾是李书福内心最深的痛!

迂回造车 不惜兼并国企

1992年以后,李书福回到台州,靠经营建筑装饰材料在市场上一炮打响,开始了二次创业的资本聚集。在政府的支持下,他改租为买,将厂房"买"入,并扩大经营场地,开始了他造汽车的梦想。

吉利要做汽车,但当时的政策是,属于国家命脉的行业都由国家控制。

李书福找到当时的黄岩经委领导,说是要搞汽车,得到的答复是"不可能";找到省机械厅,答复不仅是"不可能",还加上一句:"你去北京也没用,国家不同意,工厂不能建,汽车就是生产出来也不能上牌。"一下子把路封死了。

于是,不甘失败的李书福搞起了迂回战术。他找到了一家濒于倒闭的国有摩托车厂,决定合作生产摩托车。花了一年多的时间把中国第一辆踏板摩托车造出来了。产品投放市场后一直供不应求,到了1998年产量最高时达65万台。公司的产值连续几年高达20亿~30亿元。李书福在兼并台州一家倒闭国企之后,正式获准了吉利摩托车生产权。

未取"准生证"先投十几亿

拿到摩托车"准生证",李书福没有来得及为自己庆功,一个急转身,马不停蹄地奔向了自己的终极目标——造汽车。

董事会通过造汽车的决议后,李书福首先在内部选拔人才。从员工档案中,他发现有3个人曾是汽车厂的工程师。之后,连李书福在内,这4个人就是吉利汽车最初的核心力量。

李书福的造车梦是从模仿开始的:1996年,奔驰刚刚发布新车,李书福买了几辆,照着设计。1997年,他到一汽,把红旗的底盘、前后桥、冲压件、发动机、变速箱、仪表台都买来弄。车身也不用设计了,就照着奔驰做,玻璃钢的,扣在红旗底盘上,做成了奔驰280。第一辆车做出后,李书福兴奋地开出去到街上兜风,自己感觉很风光。

这时有些好心的领导提醒他:没有生产许可证,你造出来的车是"犯法的"。他为此还受到了原省机械厅领导的严肃批评。但李书福不死心,跑到原国家机械部,拿着自己设计的汽车照片给人家看。得到的答复却是:你生产这样的汽车,国有企业怎么办?

1998年,第一辆吉利"豪情"轿车完成下线,这辆车参考了其他厂家的车型,模仿天津夏利,发动机是丰田的。

但是造汽车必须上国家经贸委的生产"目录",否则吉利汽车不管造得多好,也永远是个"黑孩儿"。轿车的目录肯定就别想了,但是客车目录各地好多企业都有。

为了生存,李书福动起了客车的脑筋。根据目录公告,"6"字头的是轿车,"7"字头的是客车,客车和轿车之间是相通的。这时李书福听说有一个生产"7"字头客车的德阳汽车厂停产了,但是目录还保留着,就通过朋友去找。这是德阳司法厅下面的企业——德阳监狱。就在监狱里,李书福执着地开始了走汽车生产之路。

1999年,当时国家计委有关领导视察吉利的时候,李书福情真意切地说:"请允许民营企业大胆尝试,允许民营企业家做轿车梦,大众在上海的投资累计46亿元,而我只需要26亿元就可以造很好的轿车,几十亿元的投资我们不要国家一分钱,不向银行贷一分钱,一切资金由民营企业自负。"尝遍了在国有企业夹缝中生长的艰难与辛酸,李书福自喻就是一棵小草。

2001 年 11 月 9 日,在我国加入世贸组织之前,吉利"豪情"终于登上国家经贸委发布的中国汽车生产企业产品名录公告,获取轿车的"准生证"。吉利集团成为中国首家获得轿车生产资格的民营企业。

回忆起吉利当年造车的经历,李书福笑谈"是托了 WTO 的福"。

资料来源:李秀玲.工人日报.http://www.chinanews.com/auto/kong/news/2008/12-16/1489069.shtml.

如果你有一定技术或资金基础,目标远大,你未来创业计划在综合业务方面,特别希望能从资源整合中获取产品超常效益,你现在需要能够结合所学创业管理的知识与技能,完成以下两个子任务。

任务一:公司综合经营。

任务二:公司收购与资源整合。

任务分析

对创业者的资源整合的管理,涉及多个方面,可在学习本节相应知识链接的基础上,通过 7-1 行业垄断创业实践,进行综合实践,并有所创新地整理出自己资源整合的管理思路。

知识链接

7.1.1　创业与发展

创办一个企业主要关注两个阶段,即草创阶段与发展阶段,其主要特点及相关事项分别介绍如下。

1. 草创阶段

这一阶段的特点是资金链紧张,人员较少,一般每人都是多面手。

草创阶段主要任务,一是快速完成资本积累,二是形成主营业务(公司 70%现金流提供的业务)。

本阶段注意事项包括以下三点。

(1)主营业务须迅速定位完成。创业初期生存是第一位的,一切围绕生存运作,一切危及生存的做法都应避免,最忌讳的是在创业阶段盲目铺摊子、上规模,提出不切实际的扩张目标。在这个阶段应当将较多的成本投入主营业务中去,只有极少的成本(包括资金成本和人力成本)可以用于其他项目中。

(2)财务控制。企业可以承受暂时的亏损,但不能承受现金流的中断,正确测算现金流,必须保证随时用严格的财务工具管理公司,增收节支、加速周转、控制发展节奏。初创企业每一分钱的成本节约都是很有价值的。

(3)管理。这个时期的管理往往都是中央集权制,也就是所有签字、日常管理都是由一把手负责的；创业团队人员必须精干，每个人都独当几面，每个人都清楚组织的目标和自己应当如何为组织目标作贡献，没有人计较得失，没有人计较越权或越级，相互之间只有角色的划分，没有职位的区别，必须以更灵活、有效为原则。还有就是这个阶段更适合以销售为导向，也就是说以非常高的奖金比例来和业务挂钩，这样更容易使初创企业获得市场份额。

初创企业中有一类比较特殊，就是技术型公司，这类公司通常都是引入风险投资来创业，这类公司有其特殊性，因此策略也相对不同。

2. 发展阶段

发展阶段特点是一个企业形成了自己非常稳定的主营业务，同时该主营业务为公司提供了 70% 以上的现金收入，每年还能够比上一年轻松实现盈利。公司净资产为正。符合以上特点的创业企业，应当可以说是进入发展阶段了。

本阶段注意事项包括以下四点。

（1）与初创阶段相比，这时候的你应当更专注。多元化和专业化经营争论了很多年，但那是对于大企业来说的（大企业的多元化也应当是业务相关的多元化，而不是互不关联的多元化），对于发展阶段的企业必须实施专业化的策略。因为这个阶段要开始发力了，企业会进入快速发展的阶段，所以劲要往一块儿使；同时你更无法接受摔跟头，这个时候就好比一个身高 2 米的巨人，每摔一跤都是很沉重的。

（2）这一阶段，创业者应当进行必要的分工了，每一项专业工作都会耗费大量精力，身兼多职只会什么都做不好。同时一把手应当更多地去接触更广泛的社会相关资源。这些可能都是你在初创阶段不会也没必要去接触的。这些资源包括工商、税务、银行、政府关系等。

（3）关于自有知识产权。自有知识产权分为两种：一是贸易、代理型的企业以渠道为主，在更好地维持渠道关系的同时你应当去设计好的商业模式。二是技术型的企业可以考虑引入自己的品牌。

（4）这个阶段的企业可以开始有意地培养一些中层干部。因为有些创业元老未必适合大型企业的运作。这些创业者应当引导他们在未来逐步退位成股东而非经营者，一批中层干部应当被培养起来接班。这样也更有利于维护一把手的长期权威。

7.1.2 家族企业管理

美国学者克林·盖尔西克认为："即使最保守的估计也认为家庭所有或经营的企业在全世界企业中占 65% 到 80% 之间。全世界 500 强企业中有 40% 由家庭所有或经营。"

1. 家族企业的优势

家族企业在所有企业组织形态中，有其特殊性。这种特殊性在于家族企业的所有权掌握在以血缘、亲缘为纽带的家族成员手中，但并不能由此推断家族企业就是一种低效率的企业形式。相反，作为一种制度安排，其本身的存在就说明了其存在的合理性，而家族企业的顽强生命力更是说明它与其他企业形式相比有其优越的一面。当然，利弊相生，不足之处也在所难免，这种特殊性也导致了家族企业诸多根本性的内在缺陷。下面我们就家族企业的先天优势及内在缺陷进行深入分析。

　　在家族企业中,家族成员所有权与控制权两权合一,家族成员既参与企业经营管理,又参与剩余索取权的分配,所以家族式企业中的家族成员有动力经营好企业,这使得面临逆向选择和道德风险的可能性大大降低。同时家族企业中家族成员之间形成了一个小型的团体,团体内部由于经常在一起沟通交流,使得内部成员的信息不对称性以及成员间的协调成本大为降低。不仅如此,由于血缘关系的维系,家族成员对家族高度的认同感和一体感,使其对家族产生了一种神圣的责任,这使得家族成员为家族企业工作都是"各尽所能,各取所需",不计较自己付出的劳动和获得的报酬是否处于合理的比例关系,从而使企业成员间的交易费用大大降低。

　　另外,在家族群体内部还有一种选择性刺激制度,即家族成员必须努力为家族的发展而奋斗,如果某个成员出现道德风险和逆向选择,他就可能会被赶出家族企业。在这种压力下家族企业中的家族成员一般都会比较自觉,为家族企业也是为家族的发展而努力工作。在信息不对称状况减弱和选择性刺激制度下,家族企业中的家族成员与企业签订契约的交易费用大大降低,而且由于家族成员具有共同的价值观和伦理观念以及他们之间存在家族性的默契,所以企业主对员工的监督成本也很低。正是由于交易费用的降低,使家族企业这种组织形式在一定的环境下能体现出相对其他组织形式的优势,这也是家族企业能普遍存在和顽强成长的主要原因。

2. 家族企业的缺陷

　　当代中国社会经济环境中有很多适合家族企业生存的特点,所以,经过近 20 年的迅速发展,用家族制的方法管理企业已经成为 70%～80% 的民营企业的普遍管理模式。从国际上看,即使是市场经济发达的国家,家族企业也是最普遍的企业形式,很多闻名全球的大企业也仍然带有家族的色彩。

　　但是,随着市场经济体系逐步发达和经济日益全球化,纯粹的家族企业只是在一些行业、一定的范围内有着有限的生存与成长空间,不能成为市场竞争中的真正主角。当市场变革速度越来越快、竞争越来越激烈时,完全由家族成员掌控的封闭式家族管理的弊端就显现出来了。

　　弊端之一:组织机制障碍。

　　随着家族企业的成长,其内部会形成各类利益集团,由于夹杂复杂的感情关系,使领导者在处理利益关系时会处于更复杂,甚至是两难的境地。企业领导人的亲属和家人违反制度时,管理者很难像处理普通员工那样一视同仁,这给企业内部管理留下了隐患。

　　家族式企业还有一个很普遍的特点就是,可以共苦但不可同甘,创业初期,所有矛盾都被创业的激情所掩盖,但创业后的三关——分金银,论荣辱,排座次,往往给组织的健康成长造成了阻碍。当对待荣誉、金钱和权力的看法出现分歧时,亲兄弟之间、父子之间都可能出现反目现象。

　　弊端之二:人力资源的限制。

　　家族式企业似乎对外来的资源和活力产生一种排斥作用。尤其是由于在家族式企业中,一般外来人员很难享受股权,其心态永远只是打工者,始终难以融入组织中。另外,由于难以吸收外部人才,企业更高层次的发展会受到限制。正如新希望集团总裁刘永行所说:"家族企业最大的弊病就在于社会精英进不来。几兄弟都在企业的最高位置,外面有才能的人进不来,而且一家人的思维方式多少有些类似,没有一个突破点。大家各有各的想法,要决策某件事就很难,容易耽误商机。"

弊端之三:不科学的决策程序导致失误。

决策的独断性是许多民营企业初期成功的重要保证,许多企业家在成长过程中靠的就是果敢、善断,因为抓住了一两次稍纵即逝的机会而成功的。但是随着企业的发展、外部环境的变迁,生意越做越大,投资的风险也越来越大,企业主的个人经验开始失效,不像创业初期那样,一两次失误的损失还可以弥补回来。这个时候,保证决策的民主性、科学性就显得越发重要。

3. 家族企业管理的思路

宁波方太董事长茅理翔先生对家族企业管理提出了很好的管理思路与务实理论,特别对家族企业发展三阶段理论,明确了家族企业的发展目标,主要内容如下。

(1) 初级(创业)阶段。其共同特点是创业家族百分之百控股。董事长、总经理等高层决策者以及财务、人事、采购等要害职位都由家族成员承担。而对副职与部门经理等执行层领导,采取外聘。同时,也都在积极引进、推行现代企业管理制度,与之相适应,家族企业结合自身实际,也在铸就自己特有的企业精神与企业文化。

(2) 中级(发展)阶段。其特点之一是股权开放,在某些行政和业务骨干或具有不可替代能力的职位上任用外人,给予股权。特点之二是中高层的大部分管理岗位为外聘经理人,实行专业化(职业化)管理。家族一般控制 70% 以上股份,至少在 51%;关键岗位和关系决策的岗位,如董事长、总经理,还是由家族成员担任;企业仍然沿袭初级阶段已基本形成的主要企业精神,推进企业文化建设,这没有发生根本变化。与初级阶段的最大区别就在于,家族创业者开始从个人经验专断治理向制度化的科学管理过渡。

(3) 高级(成熟)阶段。其特点之一是进入股权社会化,以致成为上市公司,创业家族只是相对控股,可少于 50%,最少可小于 10%。特点之二是经理层专业化、职业化,而创业者对企业的控制是通过多年形成的企业文化,使所有员工仍本着多年形成的价值观行事。茅理翔称之为"理念控制"。沃尔玛、福特、西门子、松下、三星等世界著名跨国公司都进入了这一阶段,实行与此阶段相适应的管理模式。

茅理翔从"阶段理论",总结出了家族企业走向兴旺发达的几大准则:家族绝对、相对控股;依靠专业化、职业化管理;时刻注重战略思路明确;严格治理规范,形成制度,以保证安全稳妥的科学决策;强调以价值观为核心的先进文化;关键还在接班顺畅、成功。

4. 家族企业管理案例

格兰仕:子承父荫

2001 年 6 月初,以 CEO 头衔接过格兰仕经营权杖的"小梁总"梁昭贤,就是早在格兰仕还远未成气候时,"老梁总"梁庆德就刻意培养的"太子"了。"小梁总"上任后,很快就为格兰仕赢得了"价格屠夫"的"美誉"。在个性上梁昭贤秉承了父亲严谨踏实的作风。"与其他'名牌'企业相比,格兰仕一直强调的是一个集体、一个团队,因此即使是高层变动,也不会对企业的发展造成太大的影响。"

格兰仕创业之初是个乡镇企业,到了 1993 年年底改制时,才开始向家族控股企业转变。正是在这种变革中,格兰仕的创始人梁庆德成为格兰仕最大的股东。当初,公司第一次改制、镇政府准备退出格兰仕时,格兰仕的主业还不集中,还看不到赚钱的方向,当时一些副总包括总工程师都认为风险太大,不愿意出钱购买格兰仕的股份,而身为格兰仕老板的梁庆德却毅然承担了最大的风险,贷款买下其他员工不愿意买的股份。

但是,当格兰仕呈现出良好的盈利能力时,梁庆德又将当时自己买的股份拿出一部分来分给大家。有风险自己扛着,有利益大家共享,这就是大家都愿意为梁庆德"卖命"的原因。现在的格兰仕,全部骨干所拥有的股份达 20％多。虽然梁庆德将儿子梁昭贤定为自己的接班人,但是,他强调,只要有更好的人选,他的班也可以由别人来接。在盛行让资本说话的时代,格兰仕却反其道而行之,让经理们放手去做。这便是梁氏父子的高明之处。"企业家世袭的做法不利于职业经理人阶层的形成。"这是通常的看法。事实果真如此吗?格兰仕掌舵人梁氏父子与职业经理人其乐融融的气氛,足以反驳这种观点。

7.1.3　资源整合与案例

1. 资源整合的概念

企业在不同生命周期对资源的需求是不同的,资源管理决策依赖于企业的成长阶段,资源整合是企业战略调整的手段,也是企业经营管理的日常工作。整合就是要优化资源配置,就是要有进有退、有取有舍,就是要获得整体的最优。

资源整合的前提是发现资源。列出你所有的资源清单,包括品牌、客户、技术、团队、资金、渠道等。之后对这些资源进行分析,看看哪些是一次性资源,哪些是多次性资源,哪些是过时的资源,哪些是永久性资源,哪些是贬值的资源,哪些是升值的资源,哪些是大众的资源,哪些是独家的资源。

资源整合根据所处的位置不同,可分为以下两方面。

(1) 在战略思维层面上的资源整合。资源整合是系统论的思维方式。就是要通过组织和协调,把企业内部彼此相关但却彼此分离的职能,把企业外部既担负共同的使命又拥有独立经济利益的合作伙伴整合成一个为客户服务的系统,取得 1＋1＞2 的效果。

(2) 在战术选择层面上的资源整合。资源整合是优化配置的决策。就是根据企业的发展战略和市场需求对有关的资源进行重新配置,以凸显企业的核心竞争力,并寻求资源配置与客户需求的最佳结合点。目的是要通过组织制度安排和管理运作协调来增强企业的竞争优势,提高客户服务水平。

资源整合是一个过程,包括资源识别、资源获取、资源开发、组织资源等过程,如图 7-1所示。

2. 资源整合的分类

资源整合分为狭义的资源整合、广义的资源整合及混合型资源整合,其整合方法略有不同,现分别说明如下。

1) 狭义的资源整合

狭义的资源整合是对已知资源的整合,往往被理解成为人、财、物方面的整合,而真正意义上的整合是管理意义上的改革和创新,治理上的变革。

就狭义资源整合而言,一般有两种形式:一是纵向的继承型整合;二是横向的选择型整合。在此主要通过讨论一些案例,来说明这两种形式的特点和要义。

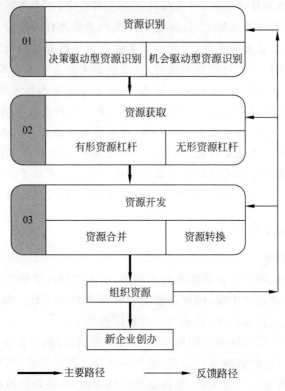

图 7-1　资源整合过程

（1）继承型整合。继承型整合指在原有的基础之上发展自己的后续资源整合。以联想为例，无论是技术转型还是服务转型，都是建立在最初的"贸工技"基础之上的。在面对新的发展形势的时候，就要将过去服务于"贸工技"的资源转变到新的发展战略之下，一切以价值取向和战略发展规划为基准，这种继承型的整合，是在继承的基础上的发展，没有对过去自身资源的清晰认识和对未来发展方向的准确定位，也不可能有好的资源整合。

（2）选择型整合。选择型整合是面向形成核心竞争力的资源整合，这种思路就是有所为，有所不为，对资源进行有选择的整合，提升自己的核心竞争力。世界上很多成功的公司都是通过资源的选择型整合，来凸显自己的比较优势和竞争优势的，选择型整合就是认清自身所具备的资源优势、劣势之后所作出的战略选择以及相应的资源配置，这种资源配置的要点是集中优势资源做强做大。

2）广义的资源整合

广义的资源就是那些已经显现的和现在未显现的、潜在的但是在将来可能会为组织利用的一切资源。包括自然资源和社会经济资源。自然资源和人力资源是人类社会最原始、最基本的两大资源，经济资源除了人力资源外，将随着现代社会经济发展，人们对资源的有用性、有限性或稀缺性和可选择性的熟悉深化，内涵不断拓展，诸如资本、信息、技术、知识等。同时广义资源也是指游离在组织已经进行资源运作之外的泛泛存在的资源，如不同体系的资源，社会进步下产生的新资源、新科技、新材料、新文化、新体制等。其本质是根据社会需要，在一定的社会经济条件下合理地安排资源投向，以便得到最大的经济效益和社会效益。广义资源的整合分为横向的外延型整合和纵向的攀升型整合两类。

（1）外延型整合。外延型整合着重于横向的扩大和对广义资源的采纳、融合。外延型整合提醒组织应该注意周围广大范围内的不同类型的资源，可能是旧有的、别人无用但对自己有用的、别人没有发现的等资源。外延型整合的最大好处就是能很快地扩张，而且成本较低。

整合电视媒体资源　外延收购再上新台阶

广东省广告股份有限公司 2010 年上市，成为"中国广告第一股"。为整合电视媒体资源，2011 年对价收购雅润文化传播有限公司 100％股权以实现双赢目标：广告布局日趋完善，毛利率有望继续提升。

除了增厚业绩外，此次收购对公司媒体、客户拓展和外延战略将产生重要影响：①公司原有资源主要是平面媒体，收购雅润文化后获得了电视媒体的广告代理资源，可以满足广告客户的多元投放需求；②公司原有客户类型多是直接广告主，而雅润文化主要客户为国际 4A 广告公司，交易后有利于客户资源的深度整合；③雅润文化采取买断代理的经营模式，毛利率水平较高，2012 年为 27.3％，尽管市场竞争日趋激烈，仍高于公司目前17％左右的毛利率水平，因此交易有利于进一步提升公司毛利率。

资料来源：http://stock.eastmoney.com/news/1415,20131122339912234.html.

（2）攀升型整合。与外延型整合不同，攀升型整合关注的是纵向的、新型的资源。在这种资源整合中，组织应该具有的是对发展方向的前瞻性、对未来战略的决策性以及对新兴事物的敏感性。攀升型的资源整合本身也会通过资源整合产生前所未有的新兴事物，完成质的飞跃。

3）混合型资源整合

现实生活中，整合并不是单纯的狭义或者广义上的整合，还有很多狭义和广义同时存在的混合型资源整合。

3. 资源整合风险及防范

1）资源整合风险

（1）技术资源整合的风险。寻求技术突破，并将先进技术转移到整合后的企业生产活动中去实现创造价值是组织进行资源整合的目的之一。从技术管理层面上来讲，即使目标企业是一个弱势企业，并购后作为企业子公司对生产设备的改造、更新，对工艺流程的优化以及配套管理都存在较大的冲突。许多企业就是在技术的整合过程中，由于并购后重组企业的技术含量、匹配程度、管理模式、研发战略差距太大而遭到失败。

（2）人力资源整合风险。人力资源整合是在各类资源整合中风险最大的整合。整合后能否使企业发挥最大优势，很大程度上取决于能否有效地整合双方的人力资源。

不同的组织具有自己不同的管理机制，必然对被整合的企业员工造成相当大的冲击，因此在人力资源整合中面临三大难题：第一，来自被整合企业员工的抵制。第二，大批关键岗位的人才及技术能手纷纷跳槽。第三，对企业管理层的聘用和管理也不能随心所欲。

（3）文化整合风险。资源整合能否成功，一个关键因素就在于文化的整合与转换。不同国家、不同地域、不同民族、不同组织都有不同的文化体系，加上企业间存在经营理念、管理模式、绩效考评、薪酬发放、激励机制、企业和员工的沟通行为方式等差异，因而，企业文化冲突十分突出和激烈。多元文化并存的状态，自然就加大了企业文化整合的难度和风险。

（4）财务资源整合风险。企业的财务整合风险是由于负债和融资而给企业财务状况带来的不确定性，常常是由于资源整合时对资金的需求而造成的筹资和资本结构风险。财务整合风险主要包括以下几个方面：第一，目标企业价值评估的风险。这种风险会造成并购企业对目标企业资产价值和盈利能力作出错误的判断，在定价中会接受高于目标企业真实价值的收购价格，并购企业可能由此造成负债率过高和目标企业不能带来盈利而陷入财务困境。第二，流动性风险。流动性风险是指并购后由于债务负担过重，缺乏短期融资，导致支付困难的可能性。第三，杠杆收购的偿债风险。杠杆收购指并购企业通过举债获得目标企业的股权或资产，并用目标企业的现金流量偿还负债的方法。杠杆收购的偿债风险很大程度上取决于整合后的目标企业是否有稳定足额的现金净流量。

（5）品牌资源整合风险。品牌不仅仅有外在的供人们辨认商品的功能，而且也体现了企业的价值观和经营理念。良好的品牌有助于建立公司形象、提高消费者的忠诚度。在资源整合的过程中，必定会遇到如何管理并购后形成的多种品牌问题，是保留，还是放弃，或是通过创新树立一个新的品牌？一般认为，如果一个企业失去品牌形象的强力支持，这个企业在市场上也将逐渐失去原有的优势。

（6）市场渠道整合风险。资源整合的目的之一可能是利用目标企业的原有供销渠道节省新创企业开发市场的投资。市场经济条件下，企业对市场的依赖越来越大，目标企业原有供销渠道的范围及其继续保留的可能性，会影响到并购企业的预期盈利。

2）规避资源整合风险应采取的措施

（1）提高企业技术整合的科学化。在资源整合之前，要做好技术的评价工作。首先要建立技术指标评价体系。企业的技术有四个要素：技术人员、设备、技术知识、技术管理。整合后，并购企业会获得目标企业的技术，需要根据技术四要素对这些技术进行详细的评价、鉴别，评价目标企业的技术先进程度，并考虑与并购企业技术的匹配性。其次建立技术评价模型，对目标企业的技术水平量化分析。通过技术评价，可以对各种技术作出选择。技术选择主要考虑技术的先进性与可接受性、技术的转换成本与连续性、技术支撑体系、经济与社会效益等。完成了对技术的评价和选择之后，可以根据五种模式进行技术整合，即技术引进模式、技术融合模式、技术植入模式、技术拼接模式、技术独立模式。

（2）加强人力资源管理，制定有效政策稳定员工队伍。首先，做好资源整合前的人力资源评估。企业应把人力资源的整合贯穿在全过程中。因此，资源整合前，并购企业应对目标企业的组织结构、薪酬福利制度等人力资源状况进行全面的评估。其次，组建整合管理团队。两种不同文化的碰撞会给员工带来很大的不确定性和信任危机。组建一个由并购双方高层人员和员工代表构成的团队进行过渡期的管理显得格外必要。这样可以加强沟通，增加员工在整合过程中的参与度，一定程度上可以避免心理恐慌。通过这种途径更容易在共同目标上达成一致，有利于并购的融合过程顺利完成。

（3）重视企业文化整合。首先，要识别国别、地域、民族、组织间的差异。由于企业文化冲突很大程度上是由于民族文化的差异造成的,因此对国别文化差异进行分析是整合的关键。其次,企业历史状况研究。对员工来说,企业层面的文化差异显得格外敏感,企业文化是员工在长期的经营实践中形成的有价值的、共性的一种行为规范。最后,建立新的企业文化。企业文化表现出的企业行为规范和经营风格是由隐含在其背后的基本信仰和价值观所决定的。通过正确的引导,员工会寻找一种新的平衡,建立新的心理契约。

(4) 加强整合过程中财务风险的防范与控制。第一,正确评估目标企业的价值。要开展详细的尽职调查,全面了解目标企业的信息。在这一过程中,可聘请经验丰富的中介机构(包括会计师事务所、资产评估事务所、律师事务所等)来对目标企业进行评估。第二,逐步拓宽融资渠道。可通过多渠道进行融资,如首次上市募集资金(IPO)、配股和增发、专业银行信贷资金、非银行金融机构资金、其他企业资金、民间资金和外资等。第三,提高目标企业未来的先进流量防范杠杆收购中的风险。对目标企业的有效重组是防范此类风险的有效措施,主要做法有剥离获利能力较低的资产、对被收购企业的成功管理等。

(5) 品牌资源整合管理。资源整合后面临的品牌资源管理问题主要有三个方面:品牌保护、品牌拓展和品牌的重新定位。品牌保护就是指并购企业保留目标企业的原有品牌,而且通过一定的促销手段,提供一定的资源保证使目标企业的品牌进一步发挥作用。品牌拓展,即在企业的产销经营中将并购企业的品牌转移使用到目标企业的产品上,代替被并购企业原有的品牌的一种行为。对于那些有可以利用但产品已经不适应市场需要的品牌,并购企业可通过对品牌重新定位的方法使其重现生机。

(6) 分销系统和市场渠道的整合管理。分销系统的整合包含两方面,即被并购企业营销组织的设置和营销网络的建设。并购企业一般有两种应对策略:分立或合并。并购一个企业不仅仅只涉及两个企业内部的重组,并购将不可避免地波及企业外部。并购企业必须十分重视对企业同外部边界的管理。这要求并购公司开发出强有力的策略保持或重建目标企业客户的信任和关系。保持和重建的策略一般为:沟通、承诺及一定的促销措施。

4. 资源整合的案例

联想 2003 财年收入约为 30 亿美元,IBM 个人计算机(PC)事业部的年收入 96 亿美元,为什么联想能以 17.5 亿美元的低价吞下这只庞然大物?

联想收购 IBM PC 事业部　　成功演绎"蛇吞象"

2004 年 12 月 8 日,联想集团正式宣布收购 IBM PC 事业部,收购范围为 IBM 全球的台式电脑和笔记本电脑的全部业务。联想获得 IBM 在个人电脑领域的全部知识产权、遍布全球 160 多个国家和地区的销售网络、近万名员工,以及在为期 5 年内使用"IBM"和"Think"品牌的权利。新联想总部设在美国纽约,在北京和罗利设立主要运营中心。交易后,新联想以中国为主要生产基地。

联想收购 IBM PC 事业部的支出总计为 17.5 亿美元。并购以后,新联想的股东构成中,联想控股占有 46.22% 的股份,IBM 占有 18.91% 的股份,公众股占有 34.87% 的股份。并购交易完成后,新联想的年销售额将超过 120 亿美元,成为继戴尔和惠普之后全球第三大 PC 厂商,成为进入世界 500 强的高科技和制造企业。联想此举在国际化的道路上迈出了非常关键的一步。

1. 并购的动因及过程

1) 调整战略,回归主业

20 世纪 90 年代,联想在我国 PC 市场独领风骚。但随着国内市场开放,戴尔、惠普等 PC 国际厂商的进入,方正、同方、TCL 等国内品牌的激烈竞争,使得联想的 PC 业务风光不再。

2000 年,联想在国内的份额已经达到 30%,已触摸到了天花板。发展空间开始受限,寻找新的发展道路已经势在必行。新路子无非两条:一是在国内市场多元化发展;二是到海外发展。在随后几年里,联想的多元化之路走得很不顺利,斥巨资投入的 FM365、赢时通成为网络泡沫的牺牲品,软件、服务、手机以及数码产品领域等也只开花不结果,交了不少学费。

2003 年,联想高层经过慎重考虑决定进行战略调整,由多元化转向专业化,专注于 PC 业务并向国际化发展。企业走国际化道路,有两条路可走:一是靠自我发展,即自己投资新建海外企业;二是进行跨国并购。前者所需投资大且耗时较长,后者则风险较大,但成效快。

2) 拓展海外业务,获取国际一流品牌

2001 年,杨元庆开始带领联想尝试走向国际市场。联想先后与英特尔、微软等跨国公司通过项目合作的方式培养了一批了解国际业务的人才,培训范围包括技术、产品、市场部门。在培养人才的同时,联想开始将部分产品销往国外,并在美国、英国、荷兰、法国、德国、西班牙、奥地利建立了 7 家以及超过 100 家的海外营销渠道。但是,渠道太长,运作不畅,物流成本过高。

2003 年,联想国际化收入占其总收入的比例不到 5%。联想试探性地将产品销往北美和欧洲市场时,发现了两个问题:一是要在强手如林的北美、欧洲市场推广自己的品牌 PC,所耗成本极高;二是渠道组建相当困难。为了尽快拓展海外业务,联想决定并购国际著名品牌。

2. 并购后的资源整合

并购的成功与否,关键是并购后的整合。联想、IBM 作为两家优秀企业,在许多方面存在较大的差异,产生冲突难以避免。为了实现并购后的有效整合,联想对整合采取的策略是:对 IBM,联想更多的是抱着观察、研究、学习的态度,采用双品牌、双市场战术保持过渡期的暂时稳定,而不急于改造;为了使整合顺利进行,联想确定了整合原则:"坦诚、尊重和妥协"。柳传志解释,整合出现矛盾,首要的是"妥协",搞清楚什么是最重要的事情,双方再慢慢腾出时间解决矛盾。

1) 人力资源整合:留用外方人才

在新联想中,杨元庆担任董事局主席,CEO 则由原 IBM 高级副总裁兼 IBM PC 事业部总经理斯蒂芬·沃德担任。在联想 14 位副总裁和高级副总裁中,5 位来自 IBM,另有 5 位的背景是跨国公司或国际咨询公司。事实证明,在并购初期留用斯蒂芬·沃德,稳定了军心,实现了平稳过渡,新联想的国际业务也顺利地扭亏为盈。

IBM 个人电脑业务部门有近万名员工,分别来自 160 多个国家和地区,如何管理这些海外员工,并留住关键人才,提防戴尔、惠普等厂商乘机挖墙脚,对联想来说是个巨大的挑战。为了稳定队伍,联想承诺暂时不会解雇任何员工,并且原来 IBM 员工可以保持现有的工资水平不变。把他们在 IBM 的股权、期权改成为联想的期权。另外,在并购协议中规定,IBM PC 部门的员工并入新联想两年之内,不得重投旧东家 IBM 的怀抱。

联想原想设立双总部,但是原来 IBM 方的部分员工坚持认为要用国际化的形象,还是应把总部设在纽约。这些措施使 IBM PC 人员流失降低到最低程度。到目前为止,IBM PC 部门 9700 多名员工几乎全部留了下来,其中 20 名高级员工和新联想签署了 1～3 年的工作协议。

2) 市场渠道资源整合:留住客户

新联想的最大挑战是保留 IBM 的核心客户,并且打败戴尔和惠普。

为此,新联想采取了相应措施:全球销售、市场、研发等部门悉数由原 IBM 相关人士负责,将总部搬到纽约,目的是把联想并购带来的负面影响降到最低;IBM 在全球发行的《纽约时报》和《华尔街日报》上刊登巨幅广告,向消费者承诺:IBM PC 业务并入联想后,IBM 大部分的经理级主管人员仍会是新公司里的主角,IBM PC 的系统架构也不会改变;2004 年 12 月 13 日联想集团披露与 IBM 之间的附属协议,特别强调,对一些特殊客户(如已签订合同并未交割的政府客户),联想集团将被允许向 IBM 提供这些客户的个人计算机和某些服务。

新联想将使用 IBM 品牌 5 年,这对客户的保留有很大的帮助,联想还会继续用 IBM 的销售模式,继续使用 IBM 的服务,继续使用 IBM 的融资手段,这些对客户来说感觉没有变化。联想和 IBM 一起,一共派了 2 500 个销售人员到各个大客户去做安抚工作、说明情况,这样市场基本上稳定了。

3) 文化资源整合:融合双方优秀的企业文化因素

学者们认为,文化差异造成的文化冲突是跨国并购活动失败的主要原因。

联想与 IBM 的文化冲突,既有美国文化与中国文化的冲突,又有联想文化与 IBM 文化的冲突。如何跨越东西方文化的鸿沟,融合双方优秀的企业文化因素,形成新的企业文化,是联想面临的极大挑战。杨元庆举了一个例子。开会的时候,中国员工习惯不发言,除非领导点名。不发言并不代表同意会议的决定,喜欢下来了再"拉抽屉"。外国人则不同,喜欢主动发言,会上不说,就等同默认会议的结果。开会的时候没有上下级关系,与会者一律平等。东方还是西方?杨元庆的选择标准是看哪种方式有效率,能让公司赢得对手。杨元庆在这一差异上最终选择了西方文化。他最后要求所有员工:开会的时候发言赶紧,过了这个村就没有这个店,一旦形成决议,那就是所有人的意见,下来了再"拉抽屉"将被视为无效。

联想文化融合的过程中,工作中注重对事,生活中注重对人,让生活中情感的东西去缓和工作中琐碎的冲突。一个国际性的企业,就是要包容不同的文化,取长补短,与国际接轨。只有这样,才能够使员工,无论是东方人,还是西方人,都觉得有生存的空间,感觉可以适应环境,可以减少不同文化间的摩擦。联想的处理方式是互相学习,互相取长补短,实现文化上的融合。

4) 品牌资源整合:保留 IBM 的高端品牌形象

根据双方约定,新联想在今后 5 年内无偿使用 IBM 的品牌,并完全获得"Think"系列商标及相关技术。其中前 18 个月,IBM 的 PC 部分可以单独使用,18 个月后到 5 年之间可以采用 IBM 和联想的双品牌,5 年后打联想的品牌。鉴于 IBM 是全球品牌、高价值品牌、高形象品牌,新联想在并购后大力宣传 ThinkPad(笔记本)品牌和 ThinkCentre 桌面品牌,以此作为进军国际市场的敲门砖。与此同时,新联想确定了国内 Lenovo 主打家用消费、IBM 主打商用的策略,两条产品线将继续保持不同的品牌、市场定位,并在性能和价格方面作出相应配合。

联想对于进军国际市场作了充分的准备。早在 2003 年,联想成功地由 Legend 变成了 Lenovo。2004 年 3 月 26 日,联想集团成为国际奥运会全球合作伙伴,通过赞助 2006 年都灵冬奥会和 2008 年北京奥运会,提高 Lenovo 品牌在全球市场的知名度。还聘请国际广告机构创作了全新的广告宣传语——只要你想!

5) 财务资源整合

据 IBM 向美国证交会提交的文件显示,其卖给联想集团的个人电脑业务持续亏损已达 3 年半之久,累计亏损近 10 亿美元,联想凭什么敢接过这个"烫手的山芋"呢?IBM 的 PC 业务毛利率高达 24% 却没钱赚,联想的毛利率仅有 14% 却有 5% 的净利润。IBM 在如此高的毛利率条件下仍然亏损,是其高昂成本所致:一是体系性成本高。整个 IBM 的管理费用要分摊到旗下的各个事业部,PC 部分毛利率相比其他事业部要低得多,利润就被摊薄了,但联想没有这部分费用;二是管理费用高。IBM 历来是高投入、高产出,花钱大手大脚,因此管理费用高昂。譬如生产一台 PC 机,IBM 要 24 美元,联想只要 4 美元;IBM PC 每年交给总部信息管理费 2 亿美元,这里有很大的压缩空间。IBM PC 本身的业务是良好的,联想控制成本能力很强,二者结合可以优势互补,事实上联想并购 IBM PC 业务 3 个月后就实现盈利,意味着并购后的资源整合初步成功。

资料来源:http://wenku.baidu.com/link?url=X-3gAbkDuYPMVhda7aSaAZGzeGKMi8-eXiPLqUx75V0qKONPCnOFTD_6rXFAy5MR9KuN6mnNUNflP-zq0ZYhHfKRTSCnkOYWCcp2M5E-mzm&qq-pf-to=pcqq.c2c.

2004 年联想收购 IBM PC 业务,一举成为继惠普、戴尔之后的全球第三大 PC 企业。"经过 6 年的磨合,联想收购 IBM PC 业务可以说是大获成功了。"5 月 26 日,在联想集团 2010—2011 财年业绩发布会上,联想集团董事局主席柳传志感慨地表示。通过收购,联想得到了需要多年积累的资产:高端品牌、核心技术。2012 年 10 月 11 日,联想电脑销量已居世界第一。

7.2　创业管理总结

雷军的创业体会和创业思路

创业成功的路有千千万,每个人创业成功的经验都不相同。所以,我也只能讲讲自己对创业的体会和我的一些创业思路。

运气是什么

我们经历了一些时代性的机遇。这是我最近几年一直反思的，得到的结论是：光有勤学苦练是远远不够的，关键问题是多一点点运气。从理性的角度来看，其实就是在对的时候做对的事情，这比任何时候用对的人、把事情做对都更重要。

在对的时候做对的事情为什么重要？当时代性的产业机会来临的时候，浪潮会把你推到最前沿，这个浪潮所具备的力量比你自身的力量多很多倍。1999 年互联网浪潮来的时候，我不能够说我理解有多深，但我是真的看到机会来了。我就决定创业，干什么事情？我觉得做电子商务比较靠谱，就做了卓越，干了 4 年以后卖给亚马逊。

在卖掉卓越以后，我就陷入了一个长达半年的思考。我想的问题是，我可以更努力、更勤奋，但是我能不能在成功路上容易一点？因为跟我打江山的兄弟们有好几千人，大将能累死三军，他们很不容易。我不能因为自己的问题让整个组织跟我一样陷入苦战的境地，能不能聪明一点？后来，我找到了答案。这个答案是四个字：顺势而为。很多的创业者很有热情和信仰，但是太有信仰也有问题。

顺势而为讲的是什么呢？《孙子兵法》里提到，在山顶上有一块石头，我顺势而为，跑去踢上一脚，剩下的事情不用做太多，它自己就滚下来了。关键问题要看清楚这个势在哪里，怎么把握。如果你天天在山脚下，怎么踹都没有用。这就是我理解的，在对的时候做对的事情。那么什么是对的事情呢？什么是对的时间点？

两个大机会

我的秘籍是，看 5 年、想 3 年、认认真真做好一两年。具体怎么做？在 2005 年我开始思考，5 年后的中国市场，决定性的力量是什么？5 年后的大山在哪里、山上的石头在哪里？我觉得做事不要苦干，要善于冥想，想 5 年后是什么。而 5 年前我的结论是移动互联网，在移动互联网领域我投资了 6 家公司，在移动互联网各个小的细分市场里，可能都有我的投资。

不过，一开始我说移动互联网是未来的时候，没有人信。后来我终于发现有一个人跟我讲的一样：孙正义。他认为未来十年是移动互联网的十年，移动互联网的规模会 10 倍于今天的互联网。我就满大街去找石头，有一次跑去一家公司，问能不能投 200 万元？他接受了，我说换多少股份？他说 16%，这就是乐讯。5 年前手机上网体验真的很差，我想为什么还有人用手机上网呢？沟通交流之后，我发现，原来 5 年前的移动互联网不是我们用的，是农民工、军人、学生、厨师、保安用的。因为他们没有电脑，能用手机上网是种享受，跟我 20 年前上互联网是一样的。有了这个机缘，我就投了乐讯。后来我发现，手机上网感觉不好，很大的原因是手机浏览器做得不好。所以在 2007 年我就投了 UCWEB，现在一个月差不多有 6 000 万以上的活跃用户。

这就是我几年前的想法。那么，从现在开始，5 年后什么企业会成功？过去 5 年，我觉得第一个机会是移动互联网，第二个机会是电子商务。为什么当时我会觉得电子商务是未来？这次我看的是消费升级，我们中国老百姓好不容易有点钱了，消费会全面升级。2007 年年底，我找了卓越网以前的同事一起创办了凡客诚品。这个公司从创办到完成第三轮融资只花了 9 个月的时间。不过，这个公司真正牛的不是完成了融资。2004 年年底北京市市委书记到凡客诚品参观，发现两年时间我们就能建成这么大规模的企业，他很震惊。在过去 6 个月,最多的一天商品销售额达到 660 万元人民币。过去传统的服装企业,超过 10 亿元需要 10 年努力,过 100 亿元需要再用 10 年,而今天凡客诚品已经超过 10 亿元,才轻轻松松 3 年时间不到。这是过去 5 年里面,我赌的第二个机会。

在中国,创业可能很容易挣点钱过小日子,但是想做成大事情的话,没有决心是不行的。最后,我还是总结一下我们雷家的几条秘诀:第一条,看 5 年,想 3 年,认认真真做好一两年。第二条,在对的时候做对的事情。第三条,顺势而为,不要做逆天的事情。如果你能把握准大的时机,把握好每个看似运气的关键点,你的成功就会变得轻轻松松。

资料来源:http://www.sino-manager.com/201084_17928.html.

雷军的创业秘诀中有值得你借鉴的吗?请你思考雷军的三条秘诀。

任务一:在你的创业计划中,对的事情是什么?合理的动机是什么?

任务二:在你的创业计划中,顺势而为的势在哪里?

任务分析

对于创业的动机与运作方式,企业家雷军提出了一套很好的思路,值得我们学习与借鉴。但关键点还在于实践与思考,提出自己适合的计划与思路,请在创业实践 7-2 亿万富翁之路或再次模拟的基础上,提出自己创业经营计划的秘诀,建议可参考学习进阶技巧中的一些综合类技巧。

知识链接

7.2.1　创新精神与创业精神

1. 创新精神

创新,是企业家的灵魂。与一般的经营者相比,创新是企业家的主要特征。企业家的创新精神体现为一个成熟的企业家能够发现一般人所无法发现的机会,能够运用一般人所不能运用的资源,能够找到一般人所无法想象的办法。

企业家的创新精神体现在以下方面。

(1) 引入一种新的产品。

(2) 提供一种产品的新质量。

(3) 实行一种新的管理模式。

(4) 采用一种新的生产方法。

(5) 开辟一个新的市场。

2. 创业精神

成功的创业者在创业时都有如下四个基本的特征:使命感、产品和服务的愿景、快速创新和自我激励。

1) 使命感

松下电器创始人松下幸之助说:"我的责任就是为公众提供卓越的产品,丰富他们的生活,并带去乐趣。如果我们公司的利润下降、收入减少,就说明了我们没有履行我们的社会责任。"创业家们坚信,他们的事业对全人类有着重要的意义,他们坚信,他们能为消费者、员工,当然也包括他们自己创造价值。我们称他们的工作带有使命感。

2）产品和服务的愿景

在乔布斯的脑海中,有两个最突出的基本观念:客户和产品。乔布斯给我们最大的启发是,他只有单纯的、紧密相关的客户和产品愿景。伟大的创业家同时具备这两个观念！他们既关心产品,又关心客户,二者浑然一体。产品和服务是创业家热情的推动力,也应该是你和你的公司的推动力。

3）快速创新

快速创新是创业家的秘密武器。《孙子兵法》认为,"凡战者,以正合,以奇胜",所谓出奇也就是不循旧轨,打破陈规,造成一种先声夺人的心理态势。成功的创业者正是创新、快速行动使你的创业公司在竞争中脱颖而出。

4）自我激励

德国专家斯普林格在其所著的《激励的神话》一书中写道:"强烈的自我激励是成功的先决条件。"自我激励是创业家非常显著的特征之一。

大连万达集团股份有限公司董事长王健林凭借 860 亿元人民币的个人财富,成为《福布斯》2013 年中国富豪榜的首富。在一次记者会上,回顾自己的创业历程,对于怎样才能取得成功,他这样诠释:"什么叫企业家精神,最重要的两条标准,一是创新或者叫敢闯敢试,二是坚持精神。凡是成功的企业家或者卓越的企业家都接近神经病！什么意思呢？就是自己相信自己这个故事,相信我能做成,失败 5 次、10 次甚至更多次也不怕,接着再干。一个人没有这种坚持、锲而不舍的精神,太圆滑或者太容易放弃,是不会成功的。"

7.2.2　乔布斯给创业者的十三条建议

我经常给创业者讲关于创业的一个原则是:尽你的所能,使少数人获得百分百满意,这样比让大多数人获得一半的满意来得更为重要。这是我从保罗·布希海特（Paul Buchheit）那里学到的。我最近接受了一个记者的采访,他让我说出创业者应该注意的十件事情,我说,这就是其一。但是其他的九个注意事项又是什么？于是我简单罗列了一下,发现原来有 13 条。

（1）选择一个好的搭档。对于创业者来说,一个创业搭档的重要性就有如地点对于房地产的重要性一般。一间房子,你怎么改都行,就是不能改它的地点。对于创业者而言,要改变想法是很容易的,但是要改换创业搭档就很难了。而每一个草创之业能够取得成功,皆离不开其创立者的共同影响。

（2）及早出笼。及早出笼的意思不是说让你的产品第一时间推出市场,而是说,只有当你真正将想法付诸行动之后才表明你在工作了。而这一个过程中你也学会了该做什么样的产品。在此之前,你都只是在浪费自己的时间。这时候,不管你拿出的是什么东西,都不过是用来吊客户的胃口而已。

（3）让你的想法自己进化。这是及早出笼的第二部分。及早出笼,而后反复改进。

不应以为创业就是把某个很美的想法从头脑搬到现实。就和写作一样,大多数的精彩想法都是在实施的时候出现的。

（4）理解你的用户。你可以把一个新兴企业所创造的财富想象成一个长方形,其一边是用户数量,另一边是你改变用户生活质量的程度。而后者是你可以最大限度地加以把握的。事实上,这个长方形的一边的长度将取决于由你控制的另一边的长度。科学上的难题往往不在于答案,而在于问题的提出本身。同样,创业者应该思考用户需要什么新的东西。你对这方面了解得越多,你就越有可能满足用户的需求。很多成功的企业都是靠做一些其创建者需要的东西而起家的,这也是同样的道理。

（5）让少数的用户深爱你的产品,而不是让大多数用户对你的产品口带微词。能让大多数用户热爱你的产品当然是最好的,但是在开始的时候你不大可能做得到这一点。你应当在以下两者中间作出选择:满足一部分用户的全部需要,或者满足所有潜在用户的一部分需要。我建议你选择前者,因为扩展用户群比扩展满意度来得更容易。也许更重要的是,这样做,你会难以向自己撒谎:你以为你已经做到85％的完美了吗?谁告诉你的?说不定那是70％或100％呢?而要是你想知道自己有多少用户,那就是很容易的事情了。

（6）提供让人意想不到的优质客服。我们都经常遭遇劣质的客服。我们经常跟那些垄断色彩浓厚的企业打交道,他们的客服实在是太糟糕了。也许你内心关于客服的想法也因此类经历而降格,不,你不但要把你的客服做好,还要做到让人意想不到的好。想尽办法去让用户过得更开心吧,他们一定会很惊喜的。在创业的早期,你可以在成本范围内提供一些优质的客服,这也是探索用户需求的一部分。

（7）给自己做一个记录表。我是从乔·克劳斯(Joe Kraus)那里学到这点的。一个人要是会去记录某样东西的发展,他就会有一种潜在的意识去改善那样东西。要是你想增加自己的用户数量,那就在办公室里挂一个草图,上面就记录用户数的变化,并且你每天都要作记录。要是那个曲线正在上升,你必然会高兴;要是曲线在下滑,相信你肯定会感到失望。很快你就会明白用户到底需要什么,并且你也会懂得在某个方面去作出改进。需要注意的是,你要搞清楚到底该记录什么东西的变化。

（8）花最少的钱。开支最省这一原则的重要性无须多言。大多数的企业还没能做出用户需要的东西之前就垮了,而其中最常见的原因是他们资金短缺。开支最省几乎等同于不断地、快速地改进。而事实上,这一做法的重要性还不止于此。开支最省能够让一个企业保持活力,这一点跟运动能让人保持活力乃是同一道理。

（9）有饭吃就好。“有饭吃就好”,就是能让企业的创始人满足其基本的生活所需。这不是一种迅速让企业成型的方案(尽管理论上也是可以的),而是一种创意投资的过程。只要你做得到“有饭吃就好”,你就可以彻底改变你与投资者的关系。同时,这也是鼓励士气的好办法。

（10）排除干扰。干扰是新生企业的天敌,这包括各种形式的干扰,而危害最大的就是那些赚钱的副业:白天去上班、搞咨询以及其他有利可图的副业。搞副业也许能让你积聚更多资源,有利于长远发展,但是你必须经常放下手头上的事情去应酬你的主顾。而募集资金也算得上是干扰的一种。还是尽量避免吧。

（11）不要泄气。新生企业走向死亡，其表层原因是缺乏资金，其实深层原因是他们失去焦点。要么是一些无能之辈在控制着企业（他们根本不听别人的意见），要么是那些还在掌控的聪明人开始泄气了。要知道，创业需要巨大的心理承受能力。所以，你要认识到这点，告诉自己不要被难题吓倒。

（12）不要放弃。即使是你感到泄气，也千万不要放弃。留得青山在，不怕没柴烧。当然，这不是放诸四海而皆准的真理，有些人再努力再坚持，也还是不能成为好的数学家。但是创业就不一样了，只要你努力，并经常改进你的想法，就完全有可能成功。

（13）失败的交易就让它们过去吧。我们在 Viaweb 学到的最有用的一个经验就是不要老是希望每一桩交易都获得成功。我们那时有 20 桩交易是失败的，我们开始还坚持跟到底，希望能挽留住我们的客户。可是做了 10 个之后我们决定不干了，就把那些失败的交易当成一些后台程序，让其自然消亡吧。不要寄希望于让每桩交易都成为现实，事实上这经常是不可能的，而这样做你自己也得不到什么好处。

写完以上 13 条建议之后，我问自己，要是只能选一个，我会选哪个。我选"理解你的用户"，这是关键。企业之中心任务就是要创造财富，你能给用户的生活带来多大的改观，就决定了你创造的财富的大小。而最困难的就是去探索用户需要什么。你一旦知道该为用户做什么，剩下的就只是一个做的问题了，而大多数的程序员高手都能很轻易地做到你要的东西。在上述的 13 条建议里，有半数的都包含了"理解你的用户"这一点，这是及早出笼的理由；让你的想法自己进化，这正是理解你的用户的现实体现。要是你能理解你的用户，你就能做出一些让少数人高度满意的产品。而提供优质客服的一个重要的理由是那样你可以更好地理解你的用户。理解你的用户还能有助于提示你的士气，因为在你遭遇巨大挫折，一切都在分崩瓦解之时，有 10 位忠实的用户粉丝将鼓励你继续前进。

7.2.3　创业常用的法律法规

创业者可能会用到一些法律法规，以下列出常用部分，供参考。

1. 基本法律

《中华人民共和国民法通则》《中华人民共和国合同法》《中华人民共和国担保法》《中华人民共和国票据法》。

2. 公司企业法律

《中华人民共和国公司法》《中华人民共和国合伙企业法》《中华人民共和国个人独资企业法》《中华人民共和国中小企业促进法》《中华人民共和国企业登记管理条例》《中华人民共和国公司登记管理条例》。

3. 劳动法律法规

《中华人民共和国劳动法》《中华人民共和国劳动合同法》。

4. 知识产权法律

《中华人民共和国著作权法》《中华人民共和国商标法》《中华人民共和国专利法》。

5. 公司企业税法

《中华人民共和国所得税法》《中华人民共和国税收征收管理法》。

 典型案例

华人首富李嘉诚发家史

李嘉诚,广东潮安人,1928 年 7 月出生于广东潮州市一个贫穷家庭,父亲是一名教师。李嘉诚童年过着艰苦的生活。14 岁那年,正逢中国内地战乱,他随父母逃难,逃往香港,投靠家境富裕的舅父庄静庵,可惜不久父亲因病去世。

身为长子的李嘉诚,为了养家糊口及不依赖别人,决定辍学,先在一家钟表公司打工,之后又到一塑胶厂当推销员。由于勤奋上进,业绩彪炳,两年后受老板赏识,升为总经理,那时,他只有 18 岁。

1950 年夏天,李嘉诚立志创业,向亲友借了 5 万港元,加上自己全部积蓄的 7 000 元,在筲箕湾租了厂房,正式创办"长江塑胶厂"。

有一天,他翻阅英文版《塑胶》杂志,看到一则不太引人注意的小消息,说意大利某家塑胶公司设计出一种塑胶花,即将投放欧美市场。李嘉诚立刻意识到,战后经济复苏时期,人们对物质生活将有更高的要求,而塑胶花价格低廉,美观大方,正合时宜,于是决意投产。

他的塑胶花产品很快打入香港和东南亚市场。同年年底,欧美市场对塑胶花的需求越来越大,"长江"的订单以倍数增长。到 1964 年,前后 7 年时间,李嘉诚已赚得数千万港元的利润;而"长江"更成为世界上最大塑胶花生产基地,李嘉诚也得了"塑胶花大王"的美誉。

不过,李嘉诚预料塑胶花生意不会永远看好,他相信物极必反。于是急流勇退,转投生产塑胶玩具。果然,两年后塑胶花产品严重滞销,而"长江"却已在国际玩具市场大显身手,年产出口额达 1 000 万美元,为香港塑胶玩具出口业之冠。

1963 年,李嘉诚与表妹庄月明(即其舅父庄静庵之女)成婚,翌年生下长子李泽钜,次子李泽楷则在 1966 年出世。

1965 年 2 月,香港发生了严重的银行信用危机,人心惶惶,投资者及市民纷纷抛售房产,离港远走。香港房地产价格暴跌,地产公司纷纷倒闭。1967 年,香港更发生反英暴动,进一步使房地产市场陷入死寂。

不过,李嘉诚却看好香港工商业的前景,认为香港商机十足,不会久乱。他反行其道,在人们贱价抛售房产的时候,却大量购入地皮和旧楼。不出 3 年,风暴平息,香港社会恢复正常,经济复苏,大批当年离港的商家纷纷回流,房产价格随即暴涨。李嘉诚趁机将廉价收购来的房产,高价抛售获利,并转购具有发展潜力的楼宇及地皮。20 世纪 70 年代初,他已拥有楼宇面积共 630 万平方英尺。

1971 年 6 月,李嘉诚正式创办长江置业有限公司,翌年改组为长江实业(集团)有限公司,正式在地产事业上大展拳脚,并在后来多次石油危机和经济萧条的时期,趁楼价下滑,运用人退我进、人弃我取的战略入货,结果在楼市大升时获得巨利,使手上的资金暴增。

20 世纪 70 年代的香港,四大资本最雄厚的英资洋行怡和、太古、汇丰及和记,在许多大企业的生意中,威力只手遮天。李嘉诚决定运用长江实业雄厚资金,收购香港某些具有实力的上市公司,第一个目标便直指怡和集团的主要旗舰"九龙仓"。

他经过仔细研究后,决定采取不动声色、出其不意的战术,派人分散大量暗购九龙仓股票,使九龙仓的股价在短短几个月内由原来的 13.4 元,狂升至 56 元。九龙仓集团感到大势不妙,立即部署反收购行动,在市面上大量购入散户持有的九龙仓股票。无奈资金有限,最后不得不向汇丰银行求助,而汇丰银行与李嘉诚合作多时,双方关系良好,这使李嘉诚有点为难。

其时,资金雄厚的华资财团主席包玉刚,亦正在争夺九龙仓。李嘉诚见好就收,主动将持有的 1 000 万九龙仓股票转让给他,从中获利 5 900 万港元。李嘉诚这一仗,可谓一箭双雕,既避免了与关系密切的汇丰银行产生正面冲突,又使包玉刚领导的华资财团可顺利取得九龙仓控制权。

包玉刚识英雄、重英雄,把手中持有的另一老牌英资洋行和记黄埔的股票,转让给李嘉诚,为他后来入主"和黄"伏下一着。

1978 年,李嘉诚又再以出其不意的战术,收购另一个老牌英资公司青洲英泥,成为该公司董事局主席。不过,最令李嘉诚难忘的胜利,是成功地控制了老牌英资财团和记黄埔。

李嘉诚这次采用的战术,不单是攻其不备,更是迂回包围。他指挥手下以极快速度暗中低价收购"和黄",很快便持有该公司 70% 的股票。"和黄"董事局主席祁德豪发觉李嘉诚的举动后,急忙组织英籍大股东进行反攻,但为时已晚,李嘉诚已夺得先机,加上汇丰银行的帮助,终在股市上成功大量吸纳"和黄"。至 1980 年,李嘉诚已拥有超过 40% 的"和黄"股权。如手到擒来般,顺利登上和记黄埔董事局主席的宝座。

李嘉诚的长江实业,以 6.93 亿港元的资产,控制了价值超过 50 亿港元的老牌英资财团和记黄埔,实为"小蛇吞大象"的奇迹;而李嘉诚更因此成为入主英资财团的首位华人。

当时,许多人追问当中关键性的一役,汇丰银行为何愿意将手上的"和黄"股票卖给李嘉诚。其中原因,直到 1998 年李嘉诚才说出。原来,当年汇丰银行极为欣赏李嘉诚的管理方法,认为由他带领"和黄",必定会发展得更好,所以愿意相助。结果亦证明,"和黄"在李嘉诚手上,不出几年,已发展成为一个国际性的公司,晋级世界数一数二的跨国企业。

20 世纪 80 年代以后,李嘉诚的版图再进行一系列的扩张。除了房地产外,还经营航运服务、电力供应、货柜码头以及零售等,形成一个坚不可摧、在香港举足轻重的大型综合性财团。

另外,自 20 世纪 70 年代起,李嘉诚已开展了海外投资,至 80 年代,他逐步有目的扩大有关的投资比重,进行企业全球性战略,分别在加拿大、美国、英国、新加坡,设立根据地。业绩一年比一年好,还未到 90 年代,他早已成为香港的首富,并且一直保持着这个领导地位。

1990 年后,李嘉诚开始在英国发展电讯业,组建了 Orange 电讯公司,并在英国上市,总投资 84 亿港元。到 2000 年 4 月,他把持有的 Orange 四成多股份出售给德国电讯集团,作价 1 130 亿港元,创下香港有史以来获利最高的交易纪录。Orange 是于 1996 年在英国上市的,换言之,李嘉诚用了短短 3 年多时间,便获利逾千亿港元,使他的资产暴升一倍。

进入 2000 年,李嘉诚更以个人资产 126 亿美元(即 983 亿港元),两度登上世界 10 大富豪排行榜,也是第一位连续两年榜上有名的华人。李嘉诚多次荣获世界各地颁发的杰出企业家称号,还五度获得国际级著名大学颁授的荣誉博士学位。

经过 20 多年的"开疆辟土",李嘉诚已拥有 4 家蓝筹股公司,市值高达 7 810 亿港元,包括长江实业、和记黄埔、香港电灯及长江基建,占恒生指数两成比重。集团旗下员工超过 3.1 万名,是香港第四大雇主。1999 年的集团盈利高达 1 173 亿港元。

2001 年,《星期日泰晤士报》发表全球 50 大富豪榜排名榜,上榜的华裔人士只有 3 名,且全为香港富豪,其中排名最高的是第 23 位的长江实业主席李嘉诚,他还被评为全球最有钱的华裔富商。

由美国《商业周刊》编辑部 180 余位资深编辑及其全球各地 24 位记者评选的"2000 年度 25 位最佳经理人",李嘉诚成为全球唯一入选的华人企业家,名列第 11 位。

2003 年 7 月 16 日,美国《福布斯》杂志在其官方网站上发布了"全球 10 大最有影响力富人榜"。中国香港的长江实业集团主席李嘉诚排名榜单第 5 名。

李嘉诚响应中央政府科教兴国的号召,捐巨资同教育部合作,实施"长江学者奖励计划"。他不仅多年来爱国爱乡,重视教育卫生事业,热心公益,而且一往情深,尽心竭力。

李嘉诚 1993 年说:"我现在的事业,是有比较大的发展,但对我来说,我最看重的,是国家教育和卫生事业的发展。只要我的事业不破产,只要我的身体还好,脑子还清楚(他指了指自己的头),我就不会停止对国家教育卫生的支持。"

正如香港老前辈庄世平先生所说:李先生为人谦和、坦诚、守信,真是名不虚传。从 1980 年开始,他陆续斥资 18 亿元,在中央政府和广东省政府的支持合作下,创建了汕头大学;1994 年捐资 1 100 万元,帮助家乡潮州贫困地区,建了 50 所基础教育学校;1997 年,捐资 1 000 万美元,为北京大学建新图书馆;2000 年,捐资 2 400 万美元,参与国家互联网 Internet II 发展计划,在清华大学建设国家未来互联网技术研究中心等。

多年来李嘉诚总捐款额超过 30 亿港元,七成多捐款用在内地,两成多用在香港。他几乎每年都向内地捐助 1 亿元以上的资财,兴办大量公益事业。

李嘉诚晚上睡觉前一定要看半小时的新书,了解前沿思想理论和科学技术,据他自己称,除了小说,文、史、哲、科技、经济方面的书他都读。这其实是他几十年保持下来的一个习惯。

资料来源:http://info.jj.hc360.com/2009/05/31060571212.shtml。

思考与讨论

结合上述案例,列出你的综合经营策略,并在本章的创业实践中加以运用与验证。

创业实践

创业实践 7-1　行业垄断创业实践

?	实践主题：行业垄断创业实践
	完成这些练习后，学员将能够： 体验行业垄断的技能； 企业净资产达到 20 亿元，垄断零售业和制造业
	你带领的上市公司拥有各类资产 26 个，拥有现金 1.8 亿元，企业净资产 6.6 亿元，零售业排名第 4，制造业排名第 7，零售业和制造业领先的两个公司，股票市值均在 10 亿元左右

请以单人高手模式进入"7. 兼并狂潮"，背景说明如下：

> 你坚定地认为公司扩张的最佳方式就是不断兼并。现在你被任命为一家大公司的总裁，你证明自己的理论是行之有效的。你的目标是用兼并的方式在30年内垄断零售业和制造业，并且让你的公司市值超过20亿美元。

检验方式：以个人是否完成目标、完成目标的时间为检查依据，填写如下表格：

姓名(学号)	公司名称	是否完成目标	完成时间(年)	排　序

创业实践 7-2　亿万富翁之路

?	实践主题：亿万富翁之路
	完成这些练习后，学员将能够： 全方位理解企业经营规则； 体验亿万富翁创富之路
	假若不对你所从事的行业进行任何限制，充分发挥你的创业天才，挖掘你的创业机会的把握能力，在企业发展到一定规模后可兼并与重组一家或多家上市公司，成为亿万富翁，在经历过亿万富翁的经营过程之后，尽情体验一下亿万富翁成功的喜悦与创业的艰辛

1. 亿万富翁之路

首先进行分组,每组人数不超过 7 人,然后以多人软件或单人自定义软件模式进入模拟系统,每组按以下要求进行系统设置(提示:本次模拟中的内容包括以前所有的内容,增加公司收购与整合)。

目 录	子 目 录	设 置 内 容
基本	难度等级	8 级
环境	你的初始资金	低
	其他	系统默认
竞争对手	全部	系统默认
进口	全部	系统默认
目标任务	数值 1 玩家资产	8 亿
	数值 1 玩家自己的总公司任务年运营利润	3 000 万元
	数值 1 其他参数	系统默认
	数值 2 投资回报率	12%
	数值 2 全部参数	系统默认
	产业	系统默认
	产品	系统默认

检验方式:以组为单位,以个人是否完成目标、最后综合得分为检查依据,填写如下表格。

组名:

姓名(学号)	公 司 名 称	是否完成目标	综 合 得 分	排 序

2. 分组讨论

分组讨论本次创业实践的经验与教训,参赛队员准备一份综合创业实践的经验总结(PPT 报告),建议包括经营思路、经营过程、经营中出现的问题、处理的方法、体会、企业创业的机会所在等。

 进阶技巧

1. 港口

每个城市都有几个港口,具体的数量可以在选项中设定。这些港口分为两类:一类提供工业原料和中间产品给工厂;另一类提供消费品给零售店。这些产品代表进口货,其来源是中性的。

零售业的进货来源中,港口是很重要的一块。零售店可以选择从 NPC 的工厂、从自己的工厂以及从港口进货。对于玩家和 NPC 来说,港口是中性的存在,一个港口提供 3~4 种产品。玩家在没钱造工厂时,或者生产技术不高导致产品性能不如港口产品时,或者说自造工厂的产品成本高于从港口进货时,或者是不愿意从 NPC 进货从而壮大经营者的对手时,就会选择从港口进货。最后一种情况只适用于经营者只面临一个 NPC 的竞争时,因为在有多个 NPC 时,NPC 之间的竞争与合作会形成上下游的产业关系,如果 NPC 的产品优于港口的产品,经营者不从 NPC 进货,别的做零售业的 NPC 会从它那儿进货,从而对经营者构成竞争优势。这是一个基本的博弈原理。

港口的供货是会变化的。软件有一个选项,可以控制港口是否持续供货,这是指当经营者持续地从港口采购时,该项产品的进口就不中断。如果经营者的工厂一次性进了很多货一时用不掉,导致长期未向港口采购,港口就会判断为这种产品没有需求而将它换掉。

供货的变化是定时的,具体间隔不明,新出现的产品似乎是依一张随机表而定,而经营者的软件在随机表上的位置似乎一开始就决定了。也就是说每一次开局后的变化都可能不同,但同一次开局的不同存盘文件,其后续发展是注定的。

当供货中断时,新闻系统会通知经营者。如果经营者的店或者厂里设定了自行寻找替代货源,它就会另找一家供货商。在选项里可以把它设定为缺省选项。但是无法设定自行寻找替代货源时,自家企业优先,这是个不足,所以当别人的产品质量或者价格或者品牌比经营者自产的更好时,经营者的店或者厂会置经营者自家的生产企业于不顾。在 COO(营运总监)的设置里可以设置成从自己的工厂寻找替代货源,但 COO 的 AI 只从同城找,在同城有 NPC 供应时不会考虑跨城采购。

港口供货的品质在选项中是可调的,分为高、中、低三档。因为玩家一开始的生产技术是最低的 30,有时甚至根本没有生产技术,也就无法生产一些产品。而 NPC 往往一开局就已经有一定的研发基础,部分产品品质处于中档。因此,港口供货品质的档次决定了经营者不同的竞争和发展策略,决定了经营者在研发、建设、经营方向等方面的侧重和顺序。不同的港口供货档次需要什么策略,这里不再多说,把摸索的乐趣留给学员。

2. 房地产业

房地产业,指的是建大楼或者买大楼,然后租出去或者卖出去。大楼从写字楼到商住楼,有许多规格,对应不同的价格和维持费用。

软件中的地价,每一小平方格有一个基本地价,然后每一个建筑物都会对若干格内的地价发生影响,影响力随距离增大而减少,最大影响距离依建筑物不同而有所不同。

每一座城市,都会有一个城市中心,这儿有着三家传媒大厦、投行和商业银行,以及若干高楼。这儿就是银座,这儿就是地价之王。而房地产的投资,则集中在这个区域,并向四周扩散。因为在地价高的地段,虽然买地花的钱比较高,但收的租金也比较高,而且高楼越建越密,日后的升值空间也大,脱手时也能赚一笔。

软件中那十几位独立投资人,在股市上赚了钱,往往会在市区建一些自用的别墅。这些别墅不能出租,不能用来生钱,玩家也能造,只要有钱想造多少就可以造多少,对玩家来说没有任何意义,结果只是哄抬地价。对于独立投资人来说,用意大概是通过房产增值,在脱手时赚一笔吧。到了软件后期,闹市区都是高楼,想找块地建零售店都做不到,想来做地产的一定赚发了。经营者在损益表里会看到一项资产增值,就是指经营者的房地产的增值和股票的增值,其中房地产增值是包括了经营者工厂所在地皮的增值的。

当拆掉一些市区的工厂和农场以改建商店时,会连地皮的投资一起报废,新建商店居然要重买一次地皮。没法单买地皮,因为地皮成了建筑的附属物。而地皮的转手似乎只有写字楼和居民楼才比较容易,工厂和农场一般没有人要,只好拆掉。

做房地产业的租金的调整是较麻烦的。当随机因素的整体经济下滑时,市场消费会减少,股市下跌,房价、地价也跌,若不及时调整房租,出租率就会很快从 80％～90％跌到10％。NPC 不嫌麻烦,创业实践者可能会嫌麻烦。虽然雇一个 COO,他会自动帮经营者处理一些管理上的事务,但是一般不会自动调整房租。

地价的另一个因素是零售店的布址,地价越高的地方销售越好。民生用品在郊区也能卖得不错,首饰和汽车则一定要在银座开一家专卖店。经营者可以查到其销售量和郊区的专卖店差别很大。

3. 传媒业

每个城市有三家传媒公司,相互间是竞争关系。不同传媒的覆盖面不同,CPM 也不同。CPM 是指每千人次的价格,网络公司卖广告位就是以 CPM 为单位,新浪首页最上方的那条 ads banner 的 CPM 最高时曾经要 40 美元。经营者要在覆盖面和 CPM 之间均衡选择,而且媒体的覆盖面会发生变化,不同的产品也可以选择不同的媒体。

在软件初期,没有多少产品可以卖,因此也没有多少广告开支,3 家传媒公司都是亏损的。随着几家公司的成长,广告开支越来越大,传媒公司开始赚钱,特别是那些实行独立品牌政策的,每个产品都要做广告,想来传媒公司一定是赚得偷着乐。经营者可以买一家下来,把自己的广告生意都交给它去做,肥水不流外人田。

只有在传媒待售的情况下经营者才有机会去买下传媒,而出现待售的条件不明,似乎与传媒是否亏损无关。传媒公司是总体性一次买下的,没有股份和控股的概念。在传媒公司的界面里,经营者可以看到一个持股比例的饼图,这不是不同公司和当地媒体机构的持股比例,而是广告客户在销售份额中的比例(shares),灰色是指中性的第三方对于广告时间(或者广告档位)的购买。如果这张饼图有白色的部分,说明广告位没有卖光;如果全满,可以考虑提价。

传媒间的竞争主要在于节目开发的开支和 CPM 的价格上。节目开发的投入越多,覆盖面就越广,而覆盖面和 CPM 综合决定了广告位的销售。三家传媒公司间覆盖面竞争不像电视梦工厂中的收视率一样是经营者你死我活的竞争,毕竟现实社会中的电台、电视台以及报纸的覆盖面之间是可以重复的。另外在软件中,传媒的覆盖面成长是否和制造业一样有品牌和忠诚度的因素,持续在节目制作上高投入后,降低节目制作的投入,受众是否会和消费品采购一样有消费惯性,这点在软件中的算法尚无从得知。

总体来说,因为不能新设传媒公司,而且 NPC 对于收购传媒似乎是兴趣缺乏,传媒业做得比较简单,毕竟这款软件的精华在于零售业、制造业以及整体经营策略。

4. 综合策略

在本软件中,有许多种经营方法。主要包括以下几种基本的方式。

1) 股市大亨

经营者不用从事生产,只依靠炒股来盈利。如果觉得炒股太麻烦,也可以一上手就尽可能多地吃进股票,甚至包括贷款买股票,等股票上涨后卖掉一点还贷款,然后把别的公司的分红作为自己的现金流入。

2) 地产大亨

经营者不用从事生产,只管建楼收租,也可以考虑卖楼。只是租金的调整,有些经营者觉得太麻烦,而且赚钱可能较慢。

3) 沃尔玛模式

同零售业大亨一样,只管销售不管生产,把所有的产品都打上经营者自己的品牌,把自己的品牌作为核心竞争力。NPC 的 AI 似乎也有专事某一行业的设定,而把上下游的商业机会让给别的 NPC。所以,参与经营的 NPC 越多,这种策略成功的概率就越大。

4) 销售大战

以专卖店对抗对手的百货店,以网点挤压对手的份额,以价格(因为品牌和质量在某一时点是确定不变的)去调整产品的评价。其中一个手法就是专精于某个行业,只开专卖店,然后在研发先行的方针下一个接一个地侵入别的行业。

5) 直扑高附加值产业

经营者只要资金充足,一上手就直扑电脑电了类或者汽车类的高附加值产业,虽然在建工厂和矿场上的投资比较大,但是在销售上的投资小,回报高。一辆汽车能卖 2 万多元,有时甚至能卖 3 万～4 万元,而成本不过几千元,要卖多少牛奶、面包才能挣这么多钱? 高附加值的产业 NPC 都是几年后才会参与,那时经营者早已资金充足,研发完善,也不用打价格战挤压自己的利润空间了。

有些经营者喜欢从低附加值的产业入手,一般只有在资金不足时才会这样做。

6) 防守

经营者上手时尽可能先进入没人做的行业,缺少竞争的市场没有降价的压力。将网点尽可能铺开,以达到 100% 的市场占有率,同时着手加强研发和广告。当几年后别人进入同一个行业时,往往是技术比经营者落后,等到他技术也开发到 100 时,品牌又比经营者落后。

所谓防守,是指当经营者面对竞争而同时又拥有质量或品牌上的竞争优势时,经营者把价格保持在一个合理的位置(就是经营者一开店就默认的价位),而不是将价格上调到使经营者的综合评价只比对手高一点。对手往往会主动降价来使自己的综合评价高过经营者,不然他的产品卖不出去,工厂产能闲置的成本是很可怕的。当经营者的价格政策是合理价位而不是尽可能榨取利润时,对手要取得销售量,往往价格只到经营者的一半,这意味着他工厂销售上的亏损。于是过了半年到一年,他自己会主动转产,退出这个行业。

有时 NPC 会从经营者处进货卖到市场上,经营者看一下自己的产能和网点的具体情况,再决定是否要设定内销。

7）畜牧制品的竞争

这个是内购与外购的问题。畜牧制品的品质取决于农场等级，而不是科技。如果工厂需的原料又是质量越高越好，有时 NPC 的畜牧制品品质很高，但若从 NPC 处采购又担心对方中断供应。

一个做法是，经营者自己设立一个农场生产畜牧，把训练加满，再把价格打低到 1 分钱。NPC 的工厂和农场是各自独立使用 AI 的，绝对不会有只内购的想法，工厂会立刻从经营者的农场采购。而 NPC 的农场就只好降价，一直降到它的总评高过经营者为止。这时经营者的工厂从它农场进货，而经营者的农场则维持训练的状态（除非 NPC 不自产，否则经营者不自购的话就不会有订单），直到农场级别到 9，再从自己的农场采购。

不仅是畜牧品的采购，所有产品的采购都有一个自产还是外购的问题。在技术水平超过 NPC 之前，能外购还是外购，否则落后的技术使经营者的产品只能自我消化，而自我消化时，销售又会受不良技术的拖累。不过对于引擎、车体、芯片这三种高附加值的产品来说，宁可自己赚这笔钱，不然盈利空间就太小了。

8）高品质矿的提价

矿产同时有港口和经营者生产时，可以利用经营者的品质提价，只要经营者的总评高于港口，NPC 就会从经营者处采购。当港口不再提供同种产品时，经营者可以再提价，因为 NPC 的生产线已经投资下去了。当然 NPC 也可能会因为忍受不了高价而自行投资建矿场。

9）产能

有时经营者会为产能苦恼。工厂是一级时，一座大型工厂的产量应付一座城市还远远不够，为此经营者不得不在每座城市设一座大型工厂。等过了几年后工厂达到 9 级时，4 座城市的销量全交给一座大型工厂，产能还有富余。当产能不足时，不是投资于新设工厂，而是投资于特训，也许是个解决办法。但是特训是全员参与的，资金开支庞大，而且会造成浪费。如果软件允许个别企业进行特训就好了。

10）OEM

有人不晓得什么时候要做 OEM，一般做法是，当有钱时，一般会先做汽车业。汽车业都是一城生产、多城销售的。但是有时别的城市当地就有汽车的生产和销售，而自己在品牌和技术上都不如对方，这时在当地的汽车专卖店就会做 OEM。即自己不是从自己的工厂运车出来卖，而是从对手手中买车过来，打上经营者的商标后再卖。等到自己的技术超过了对方时，再转卖自己的车。在经营者等待研发的这个过程中，就用广告加强经营者在当地的品牌。

11）雇人

经营者建立总部并建立相应的办公室后可以雇 3 个人，即销售总监、CTO、COO。工资标准取决于经营者的年销售额，并依个人能力的不同而略有浮动，COO 的工资可以占到年利润的 1/5。当经营者的年利润增加时他们便会要求加薪，因为经营者不知道该加多少比较合适，如果拒绝的话会导致关系恶化，无法再次雇用。所以经营者一般加一点，对方拒绝后再跑到人物信息里聘他。

销售总监是用来加强经营者的零售店的销售的，不知为何选人的标准却是营运的能力。销售总监对于提高销售水平有着很大的影响因素,其中的算法还不清楚。不过有时经营者的销售总监要求加薪,加薪后月利润会增加近一倍。

CTO 能加强经营者的研发,并自行决定新的研发计划,以免研发资源被闲置浪费,当然经营者可以对他的计划作出调整。CTO 的问题在于他会对超过 100 的技术继续研发,而事实上整个经济体系中有近百种技术等待研发。经营者可以通过 CTO 的办公室向别人购买技术,也可以通过自己(CEO)的办公室买技术。买技术时,如果技术低于 80,一般对方都会愿意卖,如果技术高于 80,就只能向该项技术排第二位的公司买,处于领先地位的公司一般不愿意卖技术,当然如果提出更高的价格也是有可能卖出的,别人向经营者买技术时,如果这个技术是正在应用于生产中的,也不建议卖出。

COO 的工资比另两个人高出几倍,同一个人任不同的职位会提出不同的工资要求。COO 是一个自动化管理的助手,其自动化管理的水平与该人在某项能力上的水平有关。软件入门课程的建议是制造业、矿业、种植业强一些比较好,事实上也没有什么选择的余地,许多关卡里所有的人的所有能力指数都不高。经营者主要是指望 COO 能自动给零售业调价,不过事实上他做得并不是很好。另外,零售业向制造业采购时,在同一产品有几个工厂生产时,经常会发生不平衡的情况,一个厂供不应求,另一个厂却产能富余。因为零售店各自的销售波动都是相对独立的,而零售店的进货则是锁定某个供应厂商无法调整。在厂家暂时来不及供货时零售店不会切换到产能富余的厂家采购,因为自动切换只有在厂家完全断绝了销售时才会发生。COO 也不能帮经营者做这件调整工作。

另一个解决同一产品的不同工厂销售不均衡问题的办法,是设立一个仓储中心。因为软件中没有提供仓储中心的建造,建议经营者用一个工厂以"购进—仓储—销售"的方式,从多家厂商购进,再统一卖出。虽然要付一笔小工厂的维持费,但是在管理上方便许多,而且销售不均衡的问题解决了以后,市场潜力的挖掘就更充分了。但是这只能适用于中间产品的销售不均衡,因为工厂不能从工厂购进最终消费品,而商店也不能从商店购进最终消费品。最终消费品从工厂出来后,就只能直接进入面向消费者的销售点,而无法增加一个中间环节。

附录 A　商业计划书

××公司(或××项目)商业计划书

编号：　　　　　　　　　　　日期：

(项目公司资料)

地址：

邮政编码：

联系人及职务：

电话：

传真：

网址/电子邮箱：

保密

本商业计划书属商业机密，所有权属于××公司(或××项目持有人)。所涉及的内容和资料只限于已签署投资意向书的投资者使用。收到本计划书后，收件方应即刻确认，并遵守以下规定。

1. 在未取得××公司(或××项目持有人)的书面许可前，收件人不得将本计划书的内容复制、泄露、散布。

2. 收件人如无意进行本计划书所述的项目，请按上述地址尽快将本计划书完整退回。

目　　录

十二、财务分析

1. 财务历史数据(前 3~5 年销售汇总、利润、成长)

2. 财务预计(后 3~5 年)

3. 资产负债情况

第二部分 综 述

第一章 公司介绍

一、公司的宗旨(公司使命的表述)

二、公司的简介资料

三、各部门职能和经营目标

四、公司管理

1. 董事会

2. 经营团队

3. 外部支持(外聘人士/会计师事务所/律师事务所/顾问公司/技术支持/行业协会等)

第二章 技术与产品

一、技术描述及技术持有

二、产品状况

1. 主要产品目录(分类、名称、规格、型号、价格等)

2. 产品特性

3. 正在开发/待开发产品简介

4. 研发计划及时间表

5. 知识产权策略

6. 无形资产(商标/知识产权/专利等)

三、产品生产

1. 资源及原材料供应

2. 现有生产条件和生产能力

3. 扩建设施、要求及成本,扩建后的生产能力

4. 原有主要设备及添置设备

5. 产品标准、质检和生产成本控制

6. 包装与储运

第三章 市场分析

一、市场规模、市场结构与划分

二、目标市场的设定

三、产品消费群体、消费方式、消费习惯及影响市场的主要因素分析

四、目前公司产品的市场状况,产品所处的市场发展阶段(空白/新开发/高成长/成熟/饱和),产品排名及品牌状况

五、市场趋势预测和市场机会

六、行业政策

第四章　竞争分析

一、无行业垄断

二、从市场细分看竞争者市场份额

三、主要竞争对手情况：公司实力、产品情况（种类、价位、特点、包装、营销、市场占有率等）

四、潜在竞争对手情况和市场变化分析

五、公司产品竞争优势

第五章　市场营销

一、概述营销计划（区域、方式、渠道、预估目标、份额）

二、销售政策的制定（以往/现行/计划）

三、销售渠道、方式、行销环节和售后服务

四、主要业务关系状况（代理商/经销商/直销商/零售商/加盟者等），各级资格认定标准及政策（销售量/回款期限/付款方式/应收账款/货运方式/折扣政策等）

五、销售队伍情况及销售福利分配政策

六、促销和市场渗透（方式及安排、预算）

1. 主要促销方式

2. 广告/公关策略媒体评估

七、产品价格方案

1. 定价依据和价格结构

2. 影响价格变化的因素和对策

八、销售资料统计、销售记录方式和销售周期的计算

九、市场开发规划，销售目标（近期、中期），销售预估（3～5 年）销售额、占有率及计算依据

第六章　投资说明

一、资金需求说明（用量/期限）

二、资金使用计划及进度

三、投资形式（贷款/利率/利率支付条件/转股——普通股、优先股、认股权/对应价格等）

四、资本结构

五、回报/偿还计划

六、资本原负债的结构说明（每笔债务的时间/条件/抵押/利息等）

七、投资抵押（是否有抵押/抵押品价值及定价依据/定价凭证）

八、投资担保（是否有抵押/担保者财务报告）

九、吸纳投资后的股权结构

十、股权成本

十一、投资者介入公司管理的程度说明

十二、报告（定期向投资者提供的报告和资金支出预算）

十三、杂费支付（是否支付中介人手续费）

第七章 投资报酬与退出

一、股票上市

二、股权转让

三、股权回购

四、股利

第八章 风险分析

一、资源（原材料/供应商）风险

二、市场不确定性风险

三、研发风险

四、生产不确定性风险

五、成本控制风险

六、竞争风险

七、政策风险

八、财务风险（应收账款/坏账）

九、管理风险（含人事/人员流动/关键雇员依赖）

十、破产风险

第九章 管理

一、公司组织结构

二、管理制度及劳动合同

三、人事计划（配备/招聘/培训/考核）

四、薪资、福利方案

五、股权分配和认股计划

第十章 经营预测

增资后 3～5 年公司销售数量、销售额、毛利率、成长率、投资报酬率预估及计算依据

第十一章 财务分析

一、财务分析说明

二、财务数据预测

1. 销售收入明细表

2. 成本费用明细表

3. 薪金水平明细表

4. 固定资产明细表

5. 资产负债表

6. 利润及分配明细表

7. 现金流量表

8. 财务指标分析

（1）反映财务盈利能力的指标

① 财务内部收益率（FIRR）

② 投资回收期（PT）

③ 财务净现值(FNPV)

④ 投资利润率

⑤ 投资利税率

⑥ 资本金利润率

⑦ 不确定性分析：盈亏平衡分析、敏感性分析、概率分析

(2) 反映项目清偿能力的指标

① 资产负债率

② 流动比率

③ 速动比率

④ 固定资产投资借款偿还期

第三部分　附　　录

一、附件

1. 营业执照影印本

2. 董事会名单及简历

3. 主要经营团队名单及简历

4. 专业术语说明

5. 专利证书/生产许可证/鉴定证书等

6. 注册商标

7. 企业形象设计/宣传资料(标志设计、说明书、出版物、包装说明等)

8. 简报及报道

9. 场地租用证明

10. 工艺流程图

11. 产品市场成长预测图

二、附表

1. 主要产品目录

2. 主要客户名单

3. 主要供货商及经销商名单

4. 主要设备清单

5. 主场调查表

6. 预估分析表

7. 各种财务报表及财务预估表

附录 B 公司设立登记申请书

附表 1 公司设立登记申请书

名　　称					
名称预先核准通知书文号				联系电话	
住　　所				邮政编码	
法定代表人姓名				职　　务	
注册资本		（万元）	公司类型		
实收资本		（万元）	设立方式		
经营范围	许可经营项目： 一般经营项目：				
营业期限	长期/_____年		申请副本数量		个
本公司依照《公司法》《公司登记管理条例》设立，提交材料真实有效。谨此对真实性承担责任。 法定代表人签字： 　年　月　日					

注：1. 手工填写表格和签字请使用黑色或蓝黑色钢笔、毛笔或签字笔，请勿使用圆珠笔。

2. 公司类型应当填写"有限责任公司"或"股份有限公司"。其中，国有独资公司应当填写"有限责任公司（国有独资）"；一人有限责任公司应当注明"有限责任公司（自然人独资）"或"有限责任公司（法人独资）"。

3. 股份有限公司应在"设立方式"栏选择填写"发起设立"或者"募集设立"。

4. 营业期限：请选择"长期"或者"××年"。

附表 2　公司股东(发起人)出资信息表

股东(发起人)名称或姓名	证件名称及号码	认缴			持股比例(%)	实缴			备注
		出资额(万元)	出资方式	出资时间		出资额(万元)	出资方式	出资时间	

注：1. 根据公司章程的规定及实际出资情况填写,本页填写不下的可以附纸填写。

2. "备注"栏填写下述字母：A. 企业法人；B. 社会团体法人；C. 事业法人；D. 国务院、地方人民政府；E. 自然人；F. 外商投资企业；G. 其他。

3. 出资方式填写：货币、实物、知识产权、土地使用权、其他。

附表 3 董事、监事、经理信息

姓名：_____ 职务：_____身份证件号码：_____

（身份证件复印件粘贴处）

姓名：_____ 职务：_____身份证件号码：_____

（身份证件复印件粘贴处）

姓名：_____ 职务：_____身份证件号码：_____

（身份证件复印件粘贴处）

附表 4　法定代表人信息

姓　　名		联系电话	
职　　务		任免机构	
身份证件类型			
身份证件号码			

（身份证件复印件粘贴处）

法定代表人签字：_____

年　月　日

以上法定代表人信息真实有效，身份证件与原件一致，符合《公司法》《企业法人法定代表人登记管理规定》关于法定代表人任职资格的有关规定，谨此对真实性承担责任。

（盖章或者签字）

年　月　日

注：依照《公司法》、公司章程的规定程序，出资人、股东会确定法定代表人的，由二分之一以上出资人、股东签署；董事会确定法定代表人的，由二分之一以上董事签署。

参 考 文 献

[1] 姜彦福,张帏.创业管理学[M].北京:清华大学出版社,2005.

[2] 李文龙,等.创业管理:企业经营模拟[M].北京:清华大学出版社,2013.

[3] 邱庆剑.世界500强企业管理工具精选[M].北京:机械工业出版社,2006.

[4] 伍宪法.白手创业[M].北京:中国经济出版社,2009.

[5] 理翔.家业长青[M].杭州:浙江人民出版社,2008.

[6] 裴吉·A.兰姆英,查尔斯·R.库尔.创业学[M].大连:东北财经大学出版社,2009.

[7] 阿瑟·汤姆森,等.战略管理:概念与案例[M].10版.北京:北京大学出版社,2004.

[8] 罗伯特·A.巴隆,等.创业管理基于过程的观点[M].北京:机械工业出版社,2005.

[9] 揭筱纹.战略管理:概论、案例与分析[M].北京:清华大学出版社,2009.

[10] 李文龙,等.客户关系管理实务[M].2版.北京:清华大学出版社,2013.

[11] 吴国林.二次创业[M].北京:北京邮电大学出版社,2002.

[12] 杜海东.创业启动[M].北京:清华大学出版社,2009.

[13] 周三多.管理学[M].4版.北京:高等教育出版社,2014.12.

[14] 于成龙.比尔·盖茨全传[M].北京:新世界出版社,2005.

[15] 斯图尔特·克莱纳,等.品牌:如何打造品牌的学问[M].西安:陕西师范大学出版社,2003.

[16] 严中华.社会创业[M].北京:清华大学出版社,2008.

[17] 张涛.创业教育[M].北京:机械工业出版社,2007.

[18] 罗伯特·希斯里奇.小企业大战略[M].上海:上海人民出版社,2006.

[19] 吉文林.开始你的农业创业[M].北京:中国农业出版社,2010.

[20] 帕特里克·M.邓恩,罗伯特·F.勒斯克.零售管理[M].5版.北京:清华大学出版社,2007.

[21] 明茨伯格.明茨伯格管理进行时[M].北京:机械工业出版社,2010.

[22] 沃尔特·艾萨克森.史蒂夫·乔布斯传[M].北京:中信出版社,2011.

[23] 赵文伟.乔布斯最后的忠告[M].北京:时代文艺出版社,2012.

[24] 任伟.王石如是说[M].北京:中国经济出版社,2009.

[25] 吴凌娇,等.网上创业[M].北京:高等教育出版社,2013.

[26] 马克·J.多林格.创业学:战略与资源[M].3版.王任飞,译.北京:中国人民大学出版社,2006.

[27] 宋玉贤.互联网创业导航[M].北京:经济管理出版社,2013.

[28] 张莉,章刘成.企业运营模拟与竞争实训教程[M].北京:科学出版社,2014.

[29] 李时椿.创业管理[M].2版.北京:清华大学出版社,2010.

[30] 杨锡怀,等.企业战略管理——理论与案例[M].北京:高等教育出版社,2010.

[31] Edward F Crawley,等.重新认识工程教育:国际CDIO培养模式与方法[M].顾佩华,等,译.北京:高等教育出版社,2009.

教学支持说明

▶▶ 课件申请

尊敬的老师：

　　您好！感谢您选用清华大学出版社的教材！为更好地服务教学，我们为采用本书作为教材的老师提供教学辅助资源。鉴于部分资源仅提供给授课教师使用，请您直接手机扫描下方二维码实时申请教学资源。

任课教师扫描二维码
可获取教学辅助资源

▶▶ 样书申请

　　为方便教师选用教材，我们为您提供免费赠送样书服务。授课教师扫描下方二维码即可获取清华大学出版社教材电子书目。在线填写个人信息，经审核认证后即可获取所选教材。我们会第一时间为您寄送样书。

任课教师扫描二维码
可获取教材电子书目

 清华大学出版社

E-mail: tupfuwu@163.com	网址：http://www.tup.com.cn/
电话：8610-62770175-4506/4340	传真：8610-62775511
地址：北京市海淀区双清路学研大厦B座509室	邮编：100084